L'Anthropologie Philosophique de
Paul Ricœur :
Mythos, Logos, Praxis.

人間学としてのリクール哲学

ミュトス・ロゴス・プラクシス

久米博
KUME Hiroshi

せりか書房

人間学としてのリクール哲学

ミュトス・ロゴス・プラクシス

目次

第三章　「能力ある人」の主題

第四章　表象から再認への行程

第五章　自己の再認から相互承認へ

序説　人間学としてのリクール哲学

言語のなかに奇跡はないが、言語こそ奇跡である。

＊

人間学（Anthropologie）とは、カント的に言えば「人間とは何か」を考究する学問であり、それはプラトン以来の伝統をもつ。古典的には、魂と身体の二元論、あるいは魂と身体と霊の三元論による人間論の系譜が連綿とある。学問として成立させたのはイマヌエル・カントで、彼は自然学に対して「人間学」と命名する講義を一七七二年に開設し、その講義内容を『実用的見地における人間学』と題して一七九八年に公刊した。一八七〇年代から自然科学の分野での人間学（Anthropologie naturelle）〔日本語では「自然人類学」として、人間学と区別される〕が出現する。そこでそれとの対比で、哲学の立場からの人間学を「哲学的人間学」と称するようになるが、日本語では人類学と混同されないので、人間学のままで通す。

現代においてあらためて哲学の一部門としての人間学を創始したのはマックス・シェーラーであると言われる。近代以降、人間諸科学の発達はかえって人間に関する知を拡散させた。その結果、「人間とは何かを、人間が知らず、しかも自分が知らないということを、人間が知っている最初の時代である」とシェーラーは『人間と歴史』で言い切る。(1) そこで彼は、人間諸科学が獲得したその広汎な知識の利用と、人間的地位の形而上学的解明という両面から、哲学的人間学を構想するのである。ヨーロッパではとりわけ第一次世界大戦後、さまざまな視点や方法による人間学が展開することになる。

ポール・リクールは折にふれて、自分の哲学に「人間学」の名を冠した。たとえば、彼の最初の哲学体系「意志の哲学」の第一部『意志的なものと非意志的なもの』（1950）を、「この哲学は人間学の計画であった」と後年述べている。[2] さらにその第二部「有限性と有罪性」の第一巻『人間、この過ちやすきもの』（1960）を哲学的人間学と明記した。ただしその後の彼の著作で人間学と明示したのはこの巻のみで、第二巻『悪の象徴論』（1960）も人間学と表面的に謳ってはいない。それは「意志の哲学」の総題のもとに発表した三冊の著作が、どれも主題と方法論を異にしているからである。

第一部は〈意志の形相論〉で、『意志的なものと非意志的なもの』の表題のもとに、エドムント・フッサール現象学の形相的還元による意志作用の純粋記述を試みる。そのために「超越」と「過ち」を括弧に入れる。第二部は〈意志の経験論〉で、その第一巻『人間、この過ちやすきもの』は括弧をはずし、有限性のテーマで、過ちやすさの経験、悪の可能性を純粋反省の方法で分析する。第二巻『悪の象徴論』は有罪性のテーマで、「いかにして悪が人間の現実になるか」を神話の象徴論的解釈を通して追求する。しかし企画した第三部〈意志の詩学〉は未完に終わった。このように各巻で主題と方法は異なれ、全体としてリクール哲学が人間学をめざしていたことは明らかである。

リクールが最後まで、自分の哲学を哲学的人間学として構築しようとしていたことは、図らずも死後に公表された文章で明らかである。それは彼が死の直前まで書き綴っていた「断章」のなかにある。

「私はキリスト教哲学者ではない。とかくそのように、ある意味で軽蔑的に、差別的にさえ取り沙汰されているようだが。一方で、私はひたすら哲学者であり、しかも絶対なき哲学者、哲学的人間学に心を砕き、それに専心し、それに配属されている哲学者である。哲学的人間学の一般主題系は、基礎的人間学の名のもとに位置づけられる。そして他方で、私は哲学的表現をするキリスト教徒である。ちょうどレンブラントがひたすら画家であり、絵画的表現をするキリスト教徒であるように、またバッハがひたすら音楽家であり、音楽的表現をするキリスト教徒であるように[3]」

この文中の「基礎的人間学」にリクール自身が注で、「スイスの哲学者で、しかも私と同じプロテスタントのピエール・テヴェナズの表現による」と記している。テヴェナズは「絶対なき哲学」を標榜し、「脱絶対化」した理性による、人間性の探求を試みた。リクールは論文「あるプロテスタント哲学者：ピエール・テヴェナズ」(1956) で、当時ほとんど無名のこの哲学者を紹介した[4]。

このようにリクールの哲学的思索が基礎的人間学の主題から終生離れなかったことは、二〇一三年に死後刊行された彼の論文集で立証される。それは〈リクール文庫〉編纂による、『哲学的人間学』（*Anthropologie philosophique*）という総題をもつ論文集で、その冒頭に、リクールが一九六〇年にミラノでおこなった講演「人間的現実の二律背反と哲学的人間学」[5]が、そして巻末に「エピローグ」として二〇〇四年歳晩のクルーグ賞受賞記念講演「人格的能力と互恵的承認」がおかれ、それらにはさまれて、編者たちが〈意志することの現象学〉〈行動することの意味論〉〈自己の解釈学〉の三つに分類した一四篇の論文が収められている。これを参考にしながら、私はリクール人間学をミュトス、ロゴス、プラクシスの三分法にもとづき、三つの時期に分けて考察してみたい。すなわち、第一は「〈過ちやすい人〉の人間学」、第二は「解釈学的人間学」、第三は「〈能力ある人〉の人間学」である。この三つの人間学は、ひとえにリクール解釈学の主題と方法が革新と発展を遂げていったことにもとづいている。

「過ちやすい人」の人間学

上記のように、リクールは「人間的現実の二律背反と哲学的人間学」と題する講演を一九六〇年にミラノでおこなった。その年に「意志の哲学」第二部「有限性と有罪性」の二巻が同時に博士論文として刊行されたのである。この講演は、『人間、この過ちやすきもの』の方法論を、哲学的人間学としての観点から論じたものである。はじめに彼は、なぜ今哲学的人間学が要請されるのかを述べる。

「哲学的人間学が現代思想の緊急な課題となったのは、その主要な問題のすべてが人間学に集中しているにもかかわらず、それの不在が痛感させられているからである。人間諸科学はばらばらな学科に拡散し、それらが自ら何を語っているか、文字通りわかっていないでいる」。人間学とは、カントが提起する「人間とは何か」の問いに答えるものでなければならない。そしてそれは存在論の更新を求める。すなわち「自らにとって存在が問題であるような、この存在とは何か」[6]。

とはいえそのために哲学的問題を全体的に提起するのは困難であるので、リクールはただ一つの問題を選び、それを『人間、この過ちやすきもの』の中心から取り出す。「それは人間の自分自身との内的不均衡の問題、あるいは無限性と有限性の両極に引っ張られている人間の二律背反的構造の問題」である。

人間の過ちやすさ、可謬性（faillibilité）は自己と自己との不一致に由来し、それは人間が有限と無限の間の中間者であるという状況にあるからである。この不均衡による中間性が、人間を脆く、過ちやすいものにする。この有限な存在としての人間には、「有限の悲しみ」というものがある。「この悲しみは、欠如、喪失、恐怖、悔恨、失望、拡散、不可逆な持続といった否定作用をいわば参入させるような、あらゆる原始的経験によって養われている。明らかに否定性がそれらに合体しているので、この有限性の試練は、まさに否定作用の根源の一つとみなすことができる」[7]。

ただしリクールの構想する哲学的人間学は、有限＝無限の二項対立を論じるところにはない。「はっきり言えば、有限性の概念が哲学的人間学の中心的概念であるかどうか疑わしい。むしろ有限性 - 無限性 - 中間性の三つ組がそうではないか。したがって単純なもの、たとえば知覚から出発するのではなく、また知覚と言葉という二重性から、限定されたものからではなく、限定と無限定の二律背反から出発すべきである。そこにおいて人間的現実の本来的に弁証法的構造の何かを、その場で捉えることが可能になる。そこにおいて不均衡と第三項問題が重要な哲学的問題となる」[8]。

リクールはそこから哲学的人間学の方法を導き出す。「哲学的人間学はその前に、前哲学的な内包を見いだす。すなわち脆く、過ちやすい存在と解される人間のこの不均衡の主題のパトス的、神話的な内包を見いだすのである。混合の哲学以前に、悲惨のパトス、あるいは悲哀感と私の呼ぶものがある。この問題は、前哲学的なもののなかに、非哲学的なもののなかに、哲学の誕生を捉えることを可能にする。悲惨のパトスは非哲学的起源であり、哲学的人間学の詩的母胎である」[9]。そこでリクールは悲惨のパトスの前理解を、プラトンの『饗宴』、『パイドロス』、『国家』のなかの神話に見いだすのである。「神話とは哲学の悲惨である。しかし哲学は、存在し、すべての存在にとっての尺度を与えるイデアについて語ろうとするものではなく、人間について語ろうとするとき〈悲惨〉の哲学となる」[10]。

パトスは人間的現実を合理化できない魂の葛藤であり、それは未分化な星雲のままである。この前哲学から哲学への昇格は、ミュトス（muthos）を解釈して、ロゴス化することにある。リクールはこのミュトスからロゴスへの総合を、超越論的総合と実践的総合とに分けておこなう。それが「純粋反省」の方法である。プラトン神話では、魂の生命的部分としての欲望と、魂の思惟的部分としての理性とが、中間の部分「テュモス（気概）」においてせめぎあうのを描きだす。

純粋反省の第三の契機で、リクールは過ちやすさの源である「感情の脆さ」として、再びテュモスをとりあげる。テュモスは人間の心であり、心の人間性で、そこにおいてビオス（生）とロゴスが混在し、混合する。こうしてプラトンのテュモス概念を精錬することにより、リクールは人間の可謬性を析出するのである。

解釈学的人間学

一九六〇年の講演で、その時点でのリクールの哲学的人間学の考え方が示された。だがその後のリクール哲学の展開に徴してみるなら、彼の人間学はそれよりははるかに規模と内容を豊かにしていく。彼の人間学概念の変革をもたらしたのは、彼自身の哲学の主題と方法の拡充である。実際に一九六〇年に同時に上梓した『人間、この過ちやすきもの』と『悪の象徴論』[11]とでは、共に神話解釈を扱いながら、対象とする神話も、解釈方法も異なっている。『悪の象徴論』以後、リクール哲学は解釈学とテクスト解釈へと舵をきるのである。

人間の悪の可能性がいかにして人間の現実となるかを、『悪の象徴論』で、もはやプラトンの哲学神話でなく、真正の神話の解釈を通して考究するのが、著者の課題である。それは四つの類型に分類された「悪の始まりと終わり」の神話群である。カントの『もっぱら理性の限界内の宗教』のなかの「根源悪論」で言うように、悪の起源は推量しがたく、神秘であり、謎である。そして神話のみが、人間の悪の可能性から現実性への跳躍を表現できる。注目すべきはリクールがここで、神話を広義の象徴表現として扱うことである。

著書の第一部「第一次象徴」は、悪の原初的経験が、穢れといった象徴言語によって表白されることから、解釈の操作によって罪や罪責など、より高次の象徴が産み出される過程を明らかにする。第二部「悪の神話の始まりと終わり」は、第一次象徴の解釈として神話が発生するとして、四つの神話群の具体的解釈を展開する。とりわけユダヤ－キリスト教の「アダム神話」を人間学的神話として、特権的に論じられる。こうして、象徴の次元がリクールの人間学に入ってくる。リクールはそれを「象徴は考えるものを与える」のアフォリズムの実践とする。私はそれを、リクールにおけるミュトスの機能の発見であり、その開発の始まりと見る。『意志的なものと非意志的なもの』の結びは「意志することは創造することではない」[12]であった。とすると「意志の哲学体系の第三部「意志の詩学」は人間の創造行為の解明をめざすものではなかったか。それは予告だけで、未完に終わったが、「詩学」(poétique)を語源的に「制作学」と解するなら、私はその後のリクールの解釈学的著作は挙げて、人間の言語活動の創造性の探求にあったと考えるのであり、それは彼の飽くなき方法論的探求によって裏づけられる。

『フロイトを読む——解釈学試論』[13](1965)でリクールはジグムント・フロイトの全テクストを対象に哲学として解釈し、フロイトの精神分析を解釈学として読み解いた。後に彼はフロイトの科学的理論よりも、彼の発見したもののほうが価値があるとして、フロイト思想を人間学として解する可能性を見いだすのである。

「意志の哲学」の第一部の形相的還元による意志作用の純粋記述から、第二部ではそれの解釈へと移る。リクールは一九六〇年代に、フッサール現象学の超越論的観念論の限界を感じ、伝統的解釈学に、若い現象学を接木する〈解釈的現象学〉の理論を構築する。『諸解釈の葛藤』の巻頭論文「実存と解釈学」はそのマニフェストである。その理論構成に決定的な影響を与えたのがマルティン・ハイデガー『存在と時間』の冒頭の一文である。「現象学的記述の方法的意味は解釈である。現存在の現象学のロゴスは、ヘルメネーウェインすなわち解釈スルという性格をもっているのであって、このものを通じて、現存在に属している存在理解内容には、存在の本来的な意味と、現存在に固有な存在の諸根本構造とが告知される。現存在の現象学は、根源的な語義における解釈学なのであって、この根源的な語義にしたがえば、この語は解釈の仕事を表示している」[14]。ハイデガーはさらに、存在者の存在への問いが忘却されている現状を打破するために、自己の存在を理解しつつ存在する「現存在」の基礎的存在論の解明をめざす。

リクールはここで、ハイデガーとは違う道を選びとる。すなわちハイデガーの基礎的存在論への道を、解釈学的現象学の近道とし、リクール自身はあえて遠回りの道を進もうとする。「近道はハイデガーの流儀による理解の存在論である、私がこのような理解の存在論を近道と呼ぶのは、それが方法論議と手を切って、いきなり有限な存在の存在論の平面に向かい、そこではもはや認識様態としてではなく、存在様態としての理解を発見するからである」[15]。解釈学が精神科学の認識論に還帰するために選ぶ遠回りの道とは、理解の認識論、言語分析の道である。それはテクスト解釈を経由して、解釈された存在を発見する道である。

リクールはその道を三段階で示す。第一はテクストの意味論的理解の段階。第二は意味論的アプローチから自己理解に行く反省的段階。そして最後は理解の存在論の根底にある実存を発見する実存的段階である。テクストをリクールは「文字言語によって固定された一切の言説をテクストと呼ぶ」と定義する。ただし人間学の対象とする固有のテクストは、まずはパトスが形象化されている広義のミュトス的テクストであり、それを解釈によってロゴス化し、概念的思考によって分析的、記述的テクストにするのである。したがって人間学を産み出す言語は、意味を創造する想像力的言語である。

リクールがその観点からテクスト解釈学の特権的対象とするのは、隠喩であり、物語である。彼は言語の創造性探求として、『生きた隠喩』[16]（1975）と『時間と物語Ⅰ－Ⅲ』[17]（1983-85）を、双子の作品として同時に構想したのである。隠喩こそ言語の創造性のもっとも明瞭な表現であるゆえに、辞書に収録された語彙化した死んだ隠喩でなく、「生きた隠喩は」現に生動する現実を指示することができる。

またリクールはアリストテレスの『詩学』におけるミメーシス論を物語論に導入する。詩人はミュトス（筋、フィクション）を制作することによって、行動をミメーシスする、すなわち物語を制作するのである。物語とは人間の行動の創造的模倣である。とすればそのことは過去の人間の行動を叙述する歴史叙述にも類比的に適用されよう。歴史とは徹頭徹尾書かれたものである、とリクールはくりかえし語る。

「能力ある人」の人間学

リクール哲学は一九七〇年代から解釈学的転回、言語論的転回を経て、広義の解釈学的人間学の方向に進む。たしかに著作に「人間学」の名を冠することは稀になるし、「人間学」が中心的用語ではなくなる。だが『哲学的人間学』の二人の編者J・ミシェル、J・ポレーが述べているように、「リクール思想の人間学的射程は、用語の使用をはみ出ており、したがって彼の哲学全体をこの視点から見ることができる」。彼の全哲学を貫くのは「人間とは何か」の問いかけであり、それに彼は「……する人」で答えようとする。たとえば「過ちやすい人」(homme faillible)、「罪ある人」(homme coupable)、「行動し受苦する人」(homme agissant et souffrant)、「能力ある人」(homme capable)など。ここから読みとれるのは、彼の人間論がパトスや情念の静態的分析にとどまらず、行動する人間の可能態から現実態への動的、実践的分析に向かうことで、その到達点が「能力ある人」の人間学である。それを媒介するのは、行動の意味論であり、第一の解釈学試論『諸解釈の葛藤』に続く、第二の解釈学試論『テクストから行動へ』[19]はその理論づけである。

行動する人は必然的に他者関係に入る。『他者のような自己自身』(1990)によって、リクール人間学は明確に倫理学を指向する。彼はそこで、ハイデガー、フッサール、エマニュエル・レヴィナスらの他者論と対決するのだが、そこで彼が、主体を自我ではなく、自己とするのは、それが主語を不定代名詞として彼我相互に置換可能にし、それによって自己は他者との対話関係に入れるからである。自己と他者の非対称は解消できないものの、自己を他者のように、他者として評価することはできる。そこから彼は自己の解釈学の倫理的目標を「正しい制度で、他者と共に、他者のために善く生きること」と設定するのである。

自己の解釈学でまず問われるのは「誰か?」であり、それに答えるのは「私はできる」(je peux;capax)である。それは「私は話すことができる」「私は行為することができる」「私は物語ることができる」「私は自分の行為の責任を負うことができる」の四つの行為に具体化される。「私はできる」の四つの項目で特筆すべきは「私は物語ることができる」であろう。これは自己同一性、アイデンティティに関わる。『時間と物語Ⅲ』の結論で、物語的自己同一性という概念が提示された。すなわち個人または共同体の自己同一性を言うことは、その行為をしたのは誰かを問うことで、「誰?」の問いに答えることは、人生物語を物語ることである。人は自分の人生を物語ることによって、自分自身が誰であるかを自己確認する、というのである。人生における物語活動の重要性を認め、自己理解と物語的理解の相関関係を重視するのが、リクール人間学の特質である。

『他者のような自己自身』でリクールは物語的自己同一性の概念を自己の解釈学の中核に据えて分析する。自己同一性はここで、同一性と自己性に分節され、「同一性としての自己同一性」と「自己性としての自己同一性」とが区別して考察される。自己性は同一性とだけでなく、他者性とも弁証法的対立におかれる、それが倫理的に重要である。

生前発表した最後の著書『承認の行程』[20](2004)で、〈自己の再認〉として「能力ある人」の概念が再び論じられる。そこでは「能力ある人」の無能力、傷つきやすさ、脆さも合わせて論じられる。それは「行動し受苦する人」の受苦の面であり、リクールはそこで「苦しみの現象学」を試みる。『承認の行程』の最後で、著者は〈平和状態での相互承認〉のテーマ扱う。そして自己と他者の非対称を忘却して、単なる相互性（réciprocité）を互恵性（mutualité）に高めて相互承認をめざす、というテーゼを提起して結ぶ。

以上リクール人間学についての簡略な見取り図を描いてきたが、それはヨーロッパ人間学の系譜で、どのように位置づけられるか。これは浅学な私の為しうるところではなく、そこでヨーロッパ人間学について浩瀚な著作をものしておられる金子晴勇氏の『現代ヨーロッパの人間学――精神と生命の問題をめぐって』（知泉書館、2010）を参照する。それによると、ヨーロッパ人間学においで、プラトン主義の心身二元論以後に、キリスト教的「霊」が強調されて、「霊・魂・身体」という三分法による人間学が形成された。哲学的三分法には、カントの「感性・悟性・理性」の三分法がある。しかし近代以降の世俗化の進行により、ヨーロッパ社会では人間性は危機に瀕し、霊性の喪失に直面している。第一次世界大戦終結の一九一八年にヨーロッパの価値観が変動し、さまざまな哲学、思想が出現した。金子氏は現代人間学を創始したマックス・シェーラー以後、二〇世紀にいたるヨーロッパ人間学を、現象学的人間学、対話論的人間学など七つの人間学に分類して論じている。それによると、リクール人間学は、シェーラー、ディルタイ、ハンス・ゲオルク・ガダマーとともに、「解釈学的人間学」として叙述されている。リクール自身、自分の解釈学の系譜を、シュライエルマッハー、ディルタイの解釈学につらなるものとし、とりわけハイデガー、ガダマーの強い影響下にあることを認めているので、リクール人間学を「解釈学的人間学」とするものである。そしてその全体を「ミュトス・ロゴス・プラクシス」の三分法の星の下におく。これら三つの要素が絡み合って、リクールの人間学が展開する、というのが私の作業仮説である。

本書は拙著『テクスト世界の解釈学――ポール・リクールを読む』（二〇一二年、新曜社）の姉妹編をなすもので、初期から遺著までを含むポール・リクールの著作を解釈学的人間学の視点から、その理論構築の行程を具さにたどりつつ、テクストを読み解こうとする試みである。私が理解した限りのリクール哲学をできるだけ正確に読者に伝達したいという意図と願望は、前著と共通である。つねに先哲を参照し、同時に現代の著者と共に考えようとするリクールの態度と方法のゆえに、彼の著作に占める引用は多量で、多岐にわたるが、私はそれをできるだけ要約して、叙述を簡潔にすることに努め、注も最小限にとどめた。

＊リクールが好んで引くこのことばは、言語崇拝でなく、言語の創造力への讃嘆であろう。

第一部

人間、この過ちやすきもの

この第一部は、ポール・リクールが最初に構想した哲学体系「意志の哲学」の総題で刊行された三冊の著書のうち、彼が最初に「哲学的人間学」と銘うった『人間、この過ちやすきもの』を中心に論じる。「意志の哲学」は、次のようなそれぞれ方法論の異なる三部構成として企てられた。

第一部「意志の形相学」
『意志的なものと非意志的なもの』(1950)
第二部「意志の経験論」「有限性と有罪性」
第一巻『人間、この過ちやすきもの』(1960)
第二巻『悪の象徴論』(1960)
第三巻『奴隷意志論』
第三部「意志の詩学」

このプログラムで刊行されたのは三冊のみで、他はなぜ未完に終わったのか。その理由はいくつか挙げられよう。第一部第一巻で著者は意志作用、意志的行為を、フッサール現象学の形相的還元の方法で純粋記述するための前提条件として、「過ち」と「超越」を括弧に入れて主観性に内在することによって、意志と非意志の基本構造を露呈しようとした。第二部第一巻では「過ち」の括弧をはずして、人間の過ちやすさを追求した。そして第三部「意志の詩学」では「超越」の括弧をはずして、主観性の外に出て、人間の創造行為、創造世界の探求をめざすはずであった。

リクール自身の説明によれば、「詩とは、語の根源的な意味において、創造の世界を希求する術である。たしかに記述によって中断されているのは創造の秩序である」。それゆえ「意志の詩学」は「自由の詩学」、「超越の詩学」となるはずであった。晩年にリクールは「このプログラムはまだ駆け出しの哲学者にはまったく無謀であった」と述懐している。しかしある意味で彼はその企てを放棄したのでなく、たとえば『時間と物語』で、時間性のアポリアを「物語の詩学」によって解決するというように、「詩学」は本来の、言語による創造性を指すようになる。

『意志的なものと非意志的なもの』のテーマは、「意志と自由」と「自己の身体」である。「私は意志する」をリクールはデカルトのコギトを参照しながら解明しようとする。コギトから身体は排除されるが、意志作用には意志的なものと非意志的なものとが働いており、身体は非意志的なものを養っている。リクールがめざすのは、「自己の身体」という実存としての身体を包含する統合的体験としての「コギトの奪回」である。意志と非意志の葛藤は自由と必然性の相克である。非意志的なものの必然性を、私は受け入れ、それに同意する。そこに人間性の偉大と悲惨がある。

「意志の哲学」第二部は〈有限性と有罪性〉という総題をもつ。人間はいろいろな意味で有限な存在であり、その有限性のゆえに過ちやすさ、悪の可能性がある。『人間、この過ちやすきもの』では、人間の有限性の表現をプラトンの三つの哲学的神話に表現されているのを純粋反省の方法で分析し、ミュトスを反省によってロゴス化する。さらに第二の反省は、まずパスカルの『パンセ』の「二つの無限、中間」によって、とりわけカントの哲学的人間学を媒介にしておこなわれる。人間存在の脆さは感情的不均衡から由来し、それは人間を根源的に自己分裂として開示する。この分裂の断層に、過ちやすさ、可謬性が現われる。だがそれはまだ悪の可能性にとどまり、人間の現実とはならない。

『悪の象徴論』は悪の現実性を主題として、「悪がどこから来るか」というグノーシス的問題ではなく、「人間が悪を犯すのはどこから来るか」というアウグスティヌス的問題が、真正の神話群の解釈を通して追求される。その神話群は「悪の始まりと終わりの神話」である。悪の起源と同時に悪の終末も神話に求めることができるのである。

「意志の哲学」を中心にしたこの第一部では、意志と自由の葛藤、不均衡な人間性、悪に染まる人といった、人間性の否定的な面に焦点が合わせられているように見える。だがそれはメーヌ・ド・ビラン以来フランス反省哲学が開拓してきた情念世界なのである。ただしリクールはフッサールに学んだ現象学的方法でそれをおこなおうとした。しかし次の意志の経験論では記述から解釈へ移ることになる。そのように主題に応じた方法論的模索をリクールはつねに続けていく。

第一章　意志の現象学――「ひとえに人間的な自由」

第一節　注意力の現象学的記述

リクールがフッサール現象学の洗礼を受けるのは一九三四年で、彼が出席していたガブリエル・マルセルの哲学塾ともいうべき「金曜例会」での友人マクシム・シャスタンから教えられたフッサール『イデーンⅠ』の英訳によってである。一九四〇年から五年間のドイツ軍捕虜収容所生活中に、彼はすでにナチの禁書となっていた『イデーンⅠ』の原書を苦心して手に入れ、その余白にフランス語訳を記した。後にこの仏訳は長文の訳者序文を付して一九五〇年に出版される。収容所内で彼は『意志的なものと非意志的なもの』の草稿を書きためていた。最近復刻された彼の初期論文「注意力とその哲学的連関についての現象学的研究[1]」によって、彼の現象学的研究が第二次世界大戦前から始められていたことがわかった。その論文は彼が一九三九年三月に「西部哲学サークル」の招きでおこなった講演の原稿で、それは翌年同サークルの紀要に掲載されたが、そのときリクールはドイツ軍の虜囚の身であった。

この論文の意図を著者はこう述べる。「この発表の目的は二つある。注意力の厳密な記述心理学を粗描すること。そして真理と自由のような形而上学の大問題への注意力の問題の影響を提示すること」。フッサールの導入する心理学は、従来のような物理学的世界から借用した概念によって説明するのではなく、理解しようとするのである。

注意力の純粋記述にあたって、「注意する」と「知覚する」の関係は解決ずみとみなす。対象に注意すると、対象を知覚するとは、二つの異なる現実ではない。「注意は志向的行為である」。ただし注意力の現象学は、知覚の現象学に従属する。

注意することは、知覚を反省することではない。注意力には対象の選別と、対象を明瞭にするという二つの過程がある。注意は〈あれ〉にでなく〈これ〉に集中する。対象を注意深く知覚するとき、〈地〉と〈図〉の関係で、対象を周囲の環境から際立たせる。その対象は「私が知覚するもの」とは別のものを〈意味〉しないが、〈様相〉を変える。予見にしたがって注意を向ける態度と、無心に心を開いて注意する態度とがある。それは知覚のレベルでは区別されない。しかし注意力の真の名は先取りではなくおどろきである」[2]。

意志的注意と受動的注意はどう区別されるか。その区別は注意力の時間的な性格を考慮するときにのみ現われる。「意志的注意は持続の支配であり、時間内に方向づける力である」。

以上略述してきた注意力の現象学的記述は、他の哲学的問題とどう関係づけられるか。リクールはこう問題を設定する。「注意力の問題は思想の二大側面、すなわち認識と行動、真理と自由に視線を注ぐ、というよりも、両者の接合を、両者に共通の根拠を把握するのを可能にする」[3]。注意力と真理の問題に関し、デカルトは明証性の定義に、注意力との連関を含むことを強調した最初の人である。誤謬は注意力の欠如に起因する。注意力の哲学は、フィヒテのような、明証か自由かという偽りの二律背反を排す。「自由は明証に存する」。自由であることは、観念の内在的連鎖ではなく、諸観念の〈現前〉を維持することである。

注意力は可能なかぎりもっとも個人的な行為である。「真理は注意深い精神の持ち主にのみ現われるとするなら、真理は一般的思考にではなく、ある精神に、彼の歴史的一瞬に現われる」[4]。それは経験的な自我ではない。注意力の哲学は、経験的自我と超越論的〈私〉という価値の対立に導く。「たとえば学者の公平さは、高度に個人的な行為であると同時に、その行為を普遍性のレベルに高める」[5]。

注意力はまた、われわれを自分の行動の主人とする。認識の問題から行動の問題に移るとき、真理の問題と自由な決意の問題との連携が生じる。リクールはそこで自然主義的説明による決定論をめぐる論議を避け、意志と行為の関係を問題にする。「私に依拠するものと、依拠しないものとについて、私は具体的な経験をする」。この経験は、私が世界内にいるという経験と切り離せない。私はこの世界の主人たりえない。そこから決定論と自由との葛藤が生じる。「以上の留保をしたうえで、われわれが注意力について知っていることが、どの程度まで決意についての記述を解明してくれるか」。リクールはここですでに「意志の現象学」に踏みこんでいる。

決意することは、熟慮の過程の終点にあたる。そこでリクールは次のジャン・ラポルトの命題を正当とみなす。「熟慮と決意を意志的にするものは、注意力の恒常的な働きである」。ここにおいて注意力と意志とが結びつく。熟慮することは、悟性を適用することであり、そこに意志の最初の役割がある。それはとりもなおさず、諸観念に注意力を行使することである。

この注意と決意という中心問題に接木される問題の一つに、情念が注意力をそらすこと、がある。そのとき意志は働かなくなる。もう一つの難問がある。「このわれわれの注意をそらす能力、他のことを考える能力は〈未使用のままであり続ける力〉のようにわれわれに見える」[6]。

不注意、あるいは注意力の欠如について、二つのケースを区別できる。一つは注意力がなにかに占有された場合。われわれは一度に多くのことに注意を向けられない。もう一つは注意力の欠如でなく、わたしが注意力を行使する必要がなかった場合。われわれは注意力の欠如を、意志的現象としても、また意志の使用を欠いた意志としてもみなすことができる。このように注意力と意志の関係は、自由の経験の重要な要素である。

こうしてリクールの応召直前に発表された注意力の現象学は、『意志的なものと非意志的なもの』の土台になった、とリクール自身記している。

第二節　『意志的なものと非意志的なもの』
――コギトの哲学における身体の復権

『確信と批判』(1995)でリクールはこの著書の着想から執筆に着手するまでの経過について率直に語っている。まず意志の主題を選んだのには三つの理由がある。モーリス・メルロ＝ポンティが『知覚の現象学』で実現したことを、自分は意志の現象学の領野で試みようとしたこと。次にデカルト、ライプニッツから、スピノザ、マールブランシュまでの間で展開された自由と決定論についての議論に関心をひかれたこと。第三に、悪と罪に関するアウグスティヌス的問題提起に示唆をうけたこと。またマルティン・ルターの『キリスト者の自由』の中の「奴隷意志論」にも影響を受けたこと。

当時のフランスの現象学研究は、志向性の表象的側面に集中していたので、ジャン＝ポール・サルトルのすぐれた研究でも、情念、情動といった領野は未開拓であった。そこでリクールは意志作用の非意志的側面の分析を選び取ったのである。[7]

本格的な執筆の準備は捕虜収容所でなされた。その草稿には彼自身のものだけでなく、収容所内の捕虜大学で彼が講義したのを、聴講者が筆記したものも含まれたという。著作の構成の骨組みができあがっていた。すなわち企投と動機づけのテーマ、習慣と情動の循環を伴った意志的運動のテーマ、そして必然性への同意のテーマである。

意志を主題とする数ある哲学書のなかで、この書の独自性は、題名にあるように、意志作用、意志的行為を、非意志的なものとの相関関係において捉えようとする明確な意図にある。そして上記の三つのテーマで注目されるのは、非意志的なものの身体的要素を重視していることである。「私の身体は諸要素のうちのもっとも根源的な源泉である。諸価値の第一次的な層、つまり生命的価値の開示者である」。私の身体が、私の実存へ導き入れる。

リクールはガブリエル・マルセルの哲学から「自己の身体」のテーマを、カール・ヤスパースの哲学から「意志と自由」のテーマを選び取り、それらを意志と非意志の相互作用のうちに組み合わせる。身体は私の存在に参与していながら、非意志的なものである。意志は自由を行使するが、人間的自由の限界は、意志の限界である。

デカルト哲学は意志の哲学である。真偽の判断をするのは、知性でなく、意志の働きである。リクールはデカルトのコギトをつねに参照しつつ、意志作用を解明しようとする。しかしながらデカルト哲学は強固な心身二元論である。思考を精神に、身体を延長に送り返す悟性の二元論を確立しながら、他方で彼は魂と身体の合一を模索した。リクールのこの書の野望はまさに、この袋小路からデカルトのコギトを救い出そうとするところにある。コギトは「私は考える」だけでなく、「私は意志する」を含むゆえに、意志の問題系の追求は、コギトを統合的体験として記述することに帰結する。リクールはその企てをこう表明する。

> 「〈コギト〉の奪回は全面的でなくてはならない。われわれは〈コギト〉のただなかで、身体と、それによって養われている非意志的なものを見いださねばならない。〈コギト〉という統合的体験は、私は欲する、私はできる、私は生きるなどを包含しており、そして一般的な形で、身体としての実存を包含している」(8)。

リクールは一人称としての、自己の身体と、三人称としての、対象身体を区別する。対象身体の認識は、コギトの中心から逸れて、経験的身体に向かう。経験科学によって捉えられ、〈汚染された〉対象身体と、自己の身体とは峻別されねばならない。「非意志的なものと意志的なものとの関係を理解するには、一人称として捉えられた〈コギト〉が、たえず自然主義的態度から奪回されていることが必要である」[9]。

「自己の身体」とは、誰かの身体、つまり〈私の〉身体、〈君の〉身体というように、ある主観の身体である。他者とのコミュニケーションにおいて、われわれは「自己移入」(Einfülung)によって、他者の身体を読みとる。私はそうして、二人称としての身体を発見する。私自身の認識がつねに何らかの程度で、他者解読の手引きとなる。「汝とはもう一人の我である」。〈対象身体〉も主観から引き離された他者の身体であり、私の身体でもある。

身体はこのように主観として、また対象として姿を現わすが、この二つの身体を重ねることはできるが、一致させることはできない。それは実体の二元論でなく、観点の二元論なのであり、そこでリクールは、二つの身体の相関関係は一致の関係でなく、「診断的 diagnostique」関係でなくてはならないとする。この関係はア・プリオリなものではなく、記号の習得によって徐々に形成されたものであり、それゆえにそれの解明には、純粋記述の方法が要請される。

リクールのめざすコギトの全面的奪回を実現するには、コギトを自己の身体に拡張する必要がある。だがデカルト的コギトは「自己措定」(auto-position)の傾向をもち、自己は自己と循環しがちである。私が私自身とともに形づくる輪からは、身体は物の領界に追放されてしまう。コギトを全面的に回復するには、身体としての実存を包含したコギトでなければならない。そこでリクールは心身二元論において身体の復権を果たそうとするのである。彼のこの身体観にはリセ時代の哲学教師ローラン・ダルビエの影響があることを、彼自身認めている。

次の問題は「意志作用を真にその身体に結びつけている絆は何か」である。リクールはその答えをマルセルの実存哲学に求める。マルセルの方法は実存を対象化して、それを「説明」するのでなく、「具体的接近」によって、実存に参与して捉えようとするものである。マルセルは身体、約束、死、苦しみといった日常の経験を直観でなく、「掘り下げ（ボーリング）」と名づける反省によって実存に到達しようとする。「問題」「第二の反省」「神秘」「受肉」などがマルセル哲学のキーワードである。存在への問いは「問題」として設定される。しかし実存は「問題」解決の方法では捉えられず、「神秘」としてそれに接近しなければならない。「神秘」は私自身が関わりをもつものであるが、その本質が全部私の前にさらされることはない。神秘を認め、それに接近する態度を、マルセルは「第二の反省」と呼ぶ。第一の反省は対象を要素に分解して分析することである。存在の神秘は「私の身体」に具現している。私は私の身体から区別されないものとして存在している。「私とは、私の身体である」。「私の身体とは、私が所有している何かではない」。その存在の神秘をマルセルは「受肉」（incarnation）という言葉で表現する。受肉的思考とは、自己の実存への参与である。マルセルはこの「所有できない身体から由来する不随意性を強調する。この不随意性をリクールが「非意志的なもの」として捉え直していることは明らかである。

　とはいえリクール自身の方法論がマルセルのそれと異なる点も、彼自身次のように明言する。「事実本書のいろいろな分析の源には、ガブリエル・マルセルの著作の深い省察がある。にもかかわらず、われわれはその考え方を、古典心理学によって提起された正確な問題（欲求とか習慣の問題）によって吟味しようと思った。他方でわれわれは、私の身体の神秘によって養われている思惟の要求と、記述というフッサールの方法から受け継いだいろいろな区別を重視する考え方の要求という二つの要求の交叉点に身をおこうと思った。その意図が正当で、成功の見込みがあるものであったかどうかは、この企てを実行することだけが判断させてくれるだろう」[10]。

リクールは哲学の方法論にきわめて厳密で厳格であるが、それは一つの方法を固守することではなく、つねに主題と対象に応じて方法を改良し、進化させていく。『意志的なものと非意志的なもの』では、巻頭に「総序　方法の問題」をおき、選択する方法を徹底的に論じる。それに関しマルセルはある意味で、彼にとり反面教師となった。マルセルの「新ソクラテス主義」は明確な方法論を欠いているゆえに、ある限界につきあたるのである。逆にその欠け目を補ってやまないのがフッサールの現象学であり、リクールは終生現象学的方法に忠実であった。

第三節　純粋記述の方法――「対象を志向する意識」

客観的身体と区別される「私の身体」が動機の源であるような統合的、意志的な経験を捉え、理解するには、観察や帰納の方法、つまり意志作用を経験的事実として扱う方法では限界がある。そこで求められるのは、「還元主義的でなく、記述的な思考、自然主義的でなく、〈コギト〉として現象しているものに忠実な思考であり、要するにフッサールが現象学と呼んだようなタイプの思考が、身体の移ろいやすい直観に、その透明性をもたらしうる」[11]。フッサールの現象学において志向的な意識体験の厳密な学をめざす方法が「記述」なのであり、リクールが記述的方法を採用するのは、その科学性、厳密性のゆえにである。

フッサールの現象学的記述は、F・ブレンターノの心理学的記述とは異なる。ブレンターノは物的現象から、志向性によって心的現象を区別し、それを表象・判断・情動の三つに分類して記述した。現象学的記述は事実の記述ではなく、本質の記述である。すなわち意識に経験されたもろもろの体験を範例として、そこから意識体験の本質を抽出して記述するのである。そして現象学に固有な記述を〈純粋記述〉と呼ぶ。個人の意識体験に立脚する合理的心理学と区別されるためには、個別的な経験的事実でなく、普遍的な本質を捉える〈形相的還元〉をおこなわねばならない。これと同時に「自然的態度の徹底的変更」を実行しなければならない。自然世界全体を括弧に入れて、「判断中止(エポケー)」をおこない、その残余として残るのが〈純粋意識〉である。この純粋意識は世界を意味として構成する〈意味付与〉の領域である。

リクールは「総序　方法の問題」で、「方法の軸になるのは、実践的および感情的な〈コギト〉の志向的諸構造についてのフッサールのタイプの記述である」と言明し、直後にその限界を指摘する。純粋記述だけでは、「神秘」としての自己の身体を捉えきれず、それにはフッサールの方法と、マルセルの実存哲学を結びつける必要が生じる。自我の根源の発見には、構造の理解では不十分である。「意志作用を真にその身体と結びつけている絆は、構造に対する知的な注意とは別の種類の注意を要求する。それは私が〈神秘〉としての私の〈受肉〉に積極的に参与することを要求する。私は客観性から実存に移行しなければならない[12]」。

こうしてリクールはフッサールの『イデーンI』の時期の記述現象学は採り入れるが、その超越論的現象学には疑念をもち、後年彼はそれの観念論を批判し、「解釈学的現象学」に移るのである。

「私の身体」を超越論的主観として構成しようとする態度をリクールは問題にする。意味形成の場である意識の主観性が、内的世界ではなく、世界を超越した主観性とならねばならないとするなら、私の身体的実存が自己肯定的に現前するのを空洞化してしまう。そこで純粋記述から一歩進んで、受肉する実存に参与することが求められる。

「方法の問題」の末尾で、純粋記述を完全に実施するために、「過ち」と「超越」を捨象することを理由づける。情念は身体でなく、意志から生まれる。意志は価値を受け入れる。価値が掟という形で義務を課すのは、情念に関連してである。道徳の理解は情念とともに始まる。過ちは、非意志的なものと、意志的なものとを堕落させることによって、われわれの価値観を変えさせる。また過ちという総体的体験は、神の前に立つ者として経験される過ち、すなわち罪である、したがって過ちと「超越」は切り離せない。逆に「超越」は、自由を過ちから解放する。人間は自由の解放として、救いとして「超越」を生きる。とすると自由の束縛と解放という現実のドラマの純粋記述のためには、過ちと超越は捨象しておかねばならない。それは体験ではなく、一種の思考実験であると言えよう。

第四節　決意すること——純粋記述から選択へ

『意志的なものと非意志的なもの』は、「決意すること」「行動すること」「同意すること」の三部から成る。そのいずれにおいても、はじめに意志的行為を記述し、次に非意志的なものを意志的行為に結びつけるという順序で論議を展開する。

「決意すること」では、決意の純粋記述から始める。決意することは、未来の行動を「空虚に」指示することで、まだ行動ではない。未来の行動の企てをprojetの語で表わすが、これは「前に投げる」の語源から「企投」と訳される。「私は〜をしよう」と決意することは、「自分を決定する」(se décider)ことで、それはまだ前反省的な自己帰責にとどまる。決意には動機を伴うが、それは行動の理由であって、動因(mobile)ではない。私自身の価値判断が動機づけに働きかけるのである。

以上の純粋記述は、次の三点にまとめられる。決意することは、私に依存する行動の実践的可能性を企投すること。その企投を張本人としての自己に帰責すること。私の価値判断によって企投を動機づけること。

ここにおいて、身体的な「非意志的なもの」が動機として介入してくる。すなわち「欲求」と「快楽」である。パンの不在がパンの欲求であるように、欲求は欠如と要求に方向づけられた衝動である。欲求と想像力の総合は、欲求を変質させ、欲求を魅惑する。快は欲求の後、あるいはその満足の途上にある指標である。快は知覚のなかでの出会いであり、その完成である。快は想像力を通して動機に入る。快の先取りが欲求と価値の領域に導く。

苦痛は快の反対ではなく、それとは異質のものである。悪としての苦痛は、快と対比されるものではない。苦痛における身体の支配は、欲求の支配と同じ意味をもたない。想像された苦痛は恐れと呼ばれる。自分の身体と私との関係は、私の自分の歴史に対する関係との類比の関係で理解される。しかし両方とも動機となりうる。

純粋記述は本質を提示してくれるが、実存は本質の極限に現れてくるものである。実存は単に身体なのでなく、選択である。私は身体として、意志作用として「ためらう」。ためらいは求められている選択である。ためらいは選択の不安である。同時に選択の口火となる。決定には時間が必要であり、決意は持続を糧に生きる。選択とは立ち止まる注意で、持続と注意とは含み合う。注意力はコギト全体に拡大されうる。

以上の分析に、一九三九年の「注意力の現象学的研究」が土台になっていることは明らかである。注意とは「〜への注意」であり、注意の志向性は、知覚作用の志向性の直接的で、しかも超越的な志向性である。注意の能動性は、対象を図として地から浮かびあがらせる。注意の真の名はおどろきである。

企投する意識の跳躍が選択を産み出す。選択することは、議論を閉じ、断つこと。注意の停止が、企投の開始であり、熟慮の停止である。選択することは、熟慮した諸理由から好ましいものを出現させることである。選択の瞬間に私は自分に到達し、自分として出現し、実存する。

第五節　行動すること——情動・習慣・努力

決意すると行動するとは、抽象によってのみ区別されるのであり、その区別は時間的というより、意味上のものである。「君は何をしているのか」の問いに、「これをしている」と動作動詞で答えるとき、動作と目的補語との間に、実践的志向性の関係がある。それはもはや表象ではなく、企投を充実させる行動である。身体を動かすとき、それは「対象身体」ではなく「自己の身体」であり、身体は対象ではなく、行動の器官である。道具とは延長された器官にほかならない。そこでデカルト的コギトそのものから、一人称の身体的運動を再発見しなければならない。それは「私は意志する」の身体的展開である。

同時にそこにおいて、意志的なものと非意志的なものとの、劇的な二元性が現われる。身体は不器用で、意のままにならず、無力である。「〈最初に非意志的に遂行したのでないような意志的行動は存在しない〉。身体に対するいかなる意志的〈支配〉も、身体の非意志的な用い方に対する〈再支配〉なのである」[13]。意志的運動のなかに、意志作用と非意志作用の相互性という原理が見いだされる。この新しい二元論を、リクールはメーヌ・ド・ビランの「人間は生命において一元的、人間性において二元的」という命題によって裏書きするのである。

身体を動かす運動の非意志的機能には、「予め形成されているノウハウ」、情動、習慣の三つがある。幼児は学習なしに非意志的なノウハウ（savoir-faire）から出発して、学習により意志的行為をおこなうようになる。情動（émotion）をなぜ非意志的機能として位置づけるのか。情動は、欲求のうちに存在しなかった目的はもたらさないからである。情動は非意志的運動のばねになる。習慣は情動の爆発力の鎮静、馴化である。デカルトの『情念論』は、情動を「驚き」を引き起こす表象に応じて、行動への拍車として記述する。驚きという非意志的なものも、注意力の努力によって規制することができる。情動の本領は、善と悪についての、感情的だけでなく、運動的な先取りをすることにある。喜びと悲しみとは、それらの賞罰的な性格によって、私は喜びにおいて善と、悲しみにおいて悪と一体である。情念（passion）は情動から生まれる。身体全体を増幅器とする情念は、すべて情動の形をとる。愛は身体全体を震わす小さな動顚によって、身体を再び活発にする。

習慣的なものは、想像されたもの、思考されたものなどの一局面であり、新しいもの、驚かすものなどの対極にある。「私は～の習慣をもっている」と言うとき、私は「学習」したのであり、習慣を「身につけた」のである。それゆえに「私はできる」のである。習慣として現われる非意志的なものは、大部分が意志作用の作品である。だが意志が習慣を構成する直接的な力をもっているのではない。習慣は情動のアンチテーゼになりうる。習慣は獲得され、反復強化されることで、案出し、進展する。知も運動も習慣から生じる。しかし時に習慣は自動運動となり、機械、物に堕するおそれがある。ただしその構造に入りこむ自動化は、器用さ、仕事のこつ、勘など有用な働きをする習慣で、これは意識の有益な自然化である。

知的努力とか、想起の努力といったものはあるが、意志の哲学にとっての大きな試練は〈筋肉的努力〉の問題である。意志作用の行き着く先は筋肉である。身体を意志作用の器官として理解させてくれるのは、身体の従順さである。他方、努力の意識を湧出させるのは、身体の抵抗である。この抵抗と従順さの関係を、習慣と情動のレベルで描きだすことが求められる。私が情動と抵抗の関係に入るのは、情動と化した意識によって与えられるもの、いやなもの、不当なものなどを身体に送り返すからである。その意味で、努力とは驚きや愛、憎しみ、欲望から逃げようとする意志作用のことである。しかし裸のままの努力は、習慣の媒介なしには無力である。習慣はまず衝撃を鈍麻させ、次に身体を能動的に行使し、身体をより動きやすいものにする。

しかしながら努力の哲学だけでは、認識理論を構成するには不十分である。真理問題の鍵は、意志についての省察のうちにはない。コギトのうちに「私は意志する」を発見することは、そのために見ること、知ることを犠牲にすることではない。意志によっては産み出されないような、見ること、知ることがあるからである。

第六節　同意すること――「意志することは創造することではない」

決意することは、動機に依拠する意志作用であり、行動することは、能力を働かせる意志作用である。同意することは、必然性とりわけ身体的必然性を受諾する意志作用である。そこにおいて非意志的なものの第三サイクルとして、性格、無意識、生命が現われてくる。

まず、同意することの構造という純粋記述がなされる。Muss es sein? Es muss sein.（こうでなければならないか？　そうでなければならない）。これが同意のきまり文句である。私は必然性を判断し、そうすることで私を必然性から解放する。ただし同意は必然性の判断ではなく、必然性の積極的な採用である。必然性を採用し、すでに決定されたものにイエスと言うことは、必然性を自由へと変換することである。それは自然と自由の究極の和解であるが、そこで純粋記述は難問に突きあたる。それは性格、無意識、生命という三つの非意志的なものの捉え難さによる。これら三つは同じ平面上になく、共通の尺度がないからである。それは私の意志にもっとも近い必然性である。性格生きられる必然性として「性格」がある。それは私であり、私の自然本性である。性格特徴は日常の知恵によって仕上げられた高度の抽象物である。それは抽象的で普遍的な性格特徴の複合物である。性格が私自身に付着する私の本性であるなら、それは私自身と不可分であり、ある意味で運命である。私の性格を変えることは、別人になること、私自身を疎外することである。性格が不変であるというのが、私の自由のあり方にほかならない。私が自分の性格を認識できるのは、それを変容するためではなく、それに同意するためである。

私の意識にとって「隠されたもの」の王国は、精神分析者のいう「無意識」よりも広大である。それは抽象によってしか分離できない二つの中心をもつ。すなわちフランスのモラリストたちが暴く情念の嘘と、本来の意味での無意識である。ここでは後者だけを問題にする。「隠されたもの」は意識に自分を隠すのであるから、それを捉えるには二つの独断論を斥けなければならない。無意識に思考させるという独断論と、意識に意識のもっていない透明性を与えようとする独断論である。

意識は意識にとって透明であるという先入見は、デカルトのコギトに発している。思考するのがつねに自分を意識している自我であることが真だとすれば、思考作用は完全に自己自身に透明であり、意識している通りのものであると言明するのは正当である。そうすると残っているのは、無意識とその結果とを、身体のメカニズムに送りかえし、無意識に、いかなる心理的身分も拒むことだけである。アランはそれをこう宣言する。「無意識とは、自分の身体に威厳を与え、身体を同類として扱うやり方だ。無意識とは自我に対する誤解であり、身体の偶像崇拝である」。この学説の帰結は、意識に自発性しか認めず、〈思考自身には隠された自発性〉を拒むということになる。

フロイトの精神分析的治療の決定的要因となるのは、トラウマ的記憶を意識野に再統合することである。精神分析は意識の否定どころか、感情的もつれを解くことによって、可能的に意志の意識野を拡張する手段なのである。

このように精神分析の意義と役割を評価したうえで、リクールはフロイト的無意識の実在論を批判する。フロイトは無意識を、意識という質だけを欠いた意識的思考と同質の思考として思い描いている。意識とは、自分とは別のものに向けられた無意識の先行的認識に付加された明示的な自己認識だ、と考えるところにフロイトの錯覚の根がある。それは、知覚と自己認識は同じで、したがって認識されるのは自己のみ、あるいは知覚は自分とは別のものに向かい、それに後から意識が加わるのだから、知覚自身は無意識的である、といったジレンマに陥っている。現象学では、知覚は「非反省的な意識」であると考える。知覚が含まないのは、「知覚するのは私だ」という反省的判断である。

無意識は思考せず、知覚も、想起も、判断もしない。にもかかわらず、知覚に、記憶に、判断に似たりする「ある何ものか」が無意識なのである。無意識は思考しないとしても、われわれが精神分析を通して夢や神経症に〈意味を付与できる〉とするのはなぜか。夢が完全な思考であるのは、当人が覚醒時の思考で夢をまとめて語ったものだからであって、「夢みる人の無意識のうちに」思考されたものではない。意味はすでに潜在していて、「夢の作業」が顕在的内容を産み出すように変質させるのである。思考し、潜在的意味を発見するのは、あくまでも精神分析者であり、その後で患者がそうするのである。精神分析の土台となっている方法論的決定論は、自由な主観性の裏面をなす必然性の、不可避で正当な客観化として解釈されるべきなのである。

生命、その有機組織は必然性の根底をなすものであり、無意識の葛藤を養い育て、それに正確に特権的な方向を与えるものである。私は私の生命に責任をもつゆえに、私は「生命のうち」にあり、生命において存在しなければならない。生命の自律は、生体の内的連関の維持に存する有機体の合目的性と、人間の志向的活動とに類似している。だが有機体の合目的性にある意志は、私に依存しない。私は自分の心臓の脈動のために何もすることがないが、私はこの身体を養うために、すべてをなさねばならない。生命は意志の、また一般に意識の「必要不可欠の条件」（condition sine qua non）である。私は自分の誕生の記憶がない。誕生したことに同意することは、生命に同意することである。

問題は私が自分の生命、無意識、性格という必然性に、どのようにして同意できるかである。自由と必然性は相互に否定しあう。必然性が内包する否定は、それが自由を損なうからで、そこに必然性のもたらす「悲しみ」がある。性格がもたらすのは「有限なるものの悲しみ」である。無意識がもたらすものは「無限なるものの悲しみ」である。生命のもたらすのは「持続の不可逆性の悲しみ」である。死は誕生と相称的ではないが、死の観念は偶然性の否定と無関係ではない。

「死は確実、その時は不確実」。私の死の確実性は、私の偶然性についての潜在的不安である。

こうした人間という存在身分の申し立てる「否」に対し、自由は拒絶の「否」によって逆襲する。性格の呈する限界、無意識という闇、生命の偶然性という三重の「否」に対し、自由は三重の願望をもって拒絶をする。第一は性格の全体性への願望である。第二は意識の全体的透明性への願望である。第三は自己を実存として措定する願望である。そしてこの拒絶から同意が奪還される。同意は拒絶に反駁するのでなく、それを超越することになるからである。私はそれに譲歩するのでなく、それを受諾するのである。私が自分の性格を受け入れるのは、その偏狭さを友愛によって補おうと決意するから。無意識に対しイエスと言うのは、それが私の自由さを動機づける無限定の可能性であるから。私の生命を受け入れるのは、それが私の選びではないが、私のあらゆる可能な選択の条件であるからである。

必然性から自由への行程は、事物の主導権にしたがうような自由にたどりつくためである。決意、行動、同意それぞれの契機において、自由は能動であり、かつ受容である。動機を受諾する意志作用は、自分の選択に同意することである。自分がつくったのでない価値、能力、自然本性を受け入れることによって、自分をつくるのである。それは超越でないゆえに、自己を絶対的に措定することをしない自由である。これこそ〈神的〉でないゆえ、「ひとえに人間的な自由」である。

ここに来てリクールは、捨象しておいた超越という観念に言及する。それは「創造的自由」という詩的次元に属する。そして結びの言葉は「意志することは創造することではない」である。これはついに書かれることのなかった第三部「意志の詩学」を予告するものであった。

第二章　意志の経験論――「人間は生来脆く過ちやすい」

「意志の哲学」第二部は「有限性と有罪性」という総題の下に、有限性の主題で第一巻『人間、この過ちやすきもの』が、また有罪性の主題で第二巻『悪の象徴論』が一九六〇年に同時に刊行された。第二巻では、予告されたように「過ち」の括弧をはずす。過ちの不透明で、不合理な性格のゆえに、それは必然的に意志の経験論となる。第一部で到達した結論「ひとえに人間的な自由の根底にあるのは「奴隷意志論」で、「つながれており、また自分がつねに、すでにつながれていることを知る自由意志の謎」に具体的に迫るのが、第二部の課題である。それは窮極に、悪の可能性と現実性の問題に帰着する。リクールは第二部全体の「緒言」で、著書の副題として「倫理的世界観の偉大と限界」を選びえたであろうと述べている。書かれなかった第二部第三巻は「思弁的象徴論」として奴隷意志論が扱われるはずであった。第二部では、全体として倫理的世界観により、自由意志から悪に接近しようとする。「人間の人間性は、仮説的には、悪の示現の空間であり、悪が認められるのは、悪を選択したと告白する自由を表明したときである。悪は犯罪学や刑法の範囲にとどまらず、政治哲学にも関わる。強制収容所の大量虐殺、全体主義体制の恐怖、核兵器の危険にまで達した恐るべき歴史に、われわれが立ち会い、参加したとき、悪の問題は権力の問題を通過せずにはおかない」[1]。

悪と自由の主題で、リクールがつねに参照してやまないのがカントの『もっぱら理性の限界内の宗教』のなかの「根源悪論」である。カントは冒頭から、人間は生来悪に傾きやすい、と喝破する。しかし悪への「性癖」にもかかわらず、人間は絶対的に邪悪ではなく、善への「素質」がある。そこに希望がある。

前述のように、この第一巻をリクール自身「哲学的人間論」であると表明する。悪の人間学的な〈場〉、人間の現実のなかへの悪の侵入点は何かという問いが出され、この問いに答えるために、第一巻としてこの哲学的人間学が試みられたのである。そして彼の人間学の要素として、ミュトスとロゴスがそこに登場する。

第一節　過ちやすさの先理解——二つの作業仮説

「過ち」の括弧をはずした人間存在を、リクールは二つの作業仮説で捉えようとする。第一の作業仮説は「人間は生来脆く過ちやすい」というもので、これは純粋反省の方法で把握できる。しかしそれを具体的に表現するには、第二の作業仮説「過ちやすさは、人間の自己と自己との不均衡に存する」が必要である。この不均衡をさらに押し進めると、デカルトにおける「無限と有限」の間、プラトンにおける「理性と欲望」の間、パスカルにおける「二つの無限」の間が求められる。デカルトの『第四省察』によれば、人間は神と無の中間者なのである。「私自身に立ちかえると、やはり私は無数の誤謬にさらされていることを経験する。そしてそれらの誤謬の原因を探求することによって、単に神の観念、すなわちこの上なく完全な存在という現実は、積極的な観念のみでなく、またいわば無の観念、すなわちあらゆる完全性からこの上なく離れているもののの、ある消極的な観念が私の思惟に現れているのに気づく。そして私がいわば神と無の中間者であり、すなわち至高の存在と非存在とのいわば中間におかれており、したがって私が至高の存在によって創造されたものである限りにおいては、もちろん私のうちには、私を欺き、または誤謬に誘うようなものは何もないが、しかし私が最高の存在なのではなく、欠けるところきわめて多いものである限りにおいては、私が過つとしても怪しむにあたらないほどに、無数の誤謬にさらされていることに気づく」[2]。

しかしこのデカルトによる、神と無の中間者という人間の存在論的性格づけを、現代人のわれわれがそのまま受け入れることは困難である。そこでリクールはデカルトをカント、ヘーゲルによって説明しようとする。人間は天使と獣の間にいるから中間者なのでなく、自己自身において自己と自己との間の関係において中間者なのである。人間が中間者なのは混合的だからであり、混合的なのは両者の媒介をおこなうからである。人間の中間性は、志向と直観、意味と現実存在との弁証法によって発見されうるものである。

人間の有限性を、可謬性の視点から、「自己と自己自身との不一致、不均衡」とリクールは表現する。それは人間が反省以前におこなっていること、哲学以前の理解である。そこで彼は過ちやすい人間の先理解を「悲惨のパトス」に求める。パスカルは人間の状態を「悲惨」（misère）と言い表わした。人間はこの悲惨のパトスをさまざまなイメージ、シンボル、神話によって表現してきた。哲学はこうした前哲学的形象から出発し、次に超越論的反省をおこなうことによって、哲学的人間学を開始するのである。

第二節　〈悲惨〉のパトス論——プラトンとパスカル

ギリシアに生まれた哲学は、神話的思考とたえず対決しつつ、ミュトスからロゴスへの道を探る。プラトンはそのようにして、エピステーメーの意味での「学」の観念を確立した。プラトンにおける悲惨のパトスの先理解は『饗宴』『パイドロス』『国家』の神話のなかにある。そこではパトスがミュトスのほうに近づいている。哲学がイデアについてでなく、人間について語ろうとするとき「悲惨」の哲学となる。人間が中間的存在である限り、悲惨なのは「魂」の状態そのものである。魂はせいぜいイデアに「もっとも近い」ものにすぎない。魂は身体のように「滅ぶべきもの」ではなく、存在への上昇(アナバシス)である。魂は感性的なものから知性的なものへの運動そのものであるが、魂は「当惑しながら」求めているところに、魂の悲惨が現われている。そうした過渡的、中間的な状態にある魂を言い表すのが、神話の言葉である。『国家』第四巻では、「国家」が立法者、戦士、労働者という三つの次元から成るように、魂も三つの部分から構成されるとする。もし国家において三つの部分が、均衡がとれ、よく構成されているなら、国家は完全によいものである。魂の三つの部分が静態的に均衡を保っているなら、魂の混合という神話を必要としない。イデアへの飛躍という観点から眺めるとき、魂は「命令する理性」と「妨げる欲望」との二重の引力をこうむる場として現われる。魂の三部分的構造とは、「思惟的部分」と、非思惟的な「欲望的」部分と、その中間にある「気概（テュモス）」の部分である。テュモスは中間ゆえに、あるときは焦燥や激怒とたたかい、またあるときは憤慨や忍耐となる理性に仕える。このようにテュモスはとりわけ不安定で、脆いものであり、理性の側についたり、欲望の側についたりする。

　テュモスのこの両義性は、魂の静力学のなかでは「中間者」の神話を産み出すが、魂の動力学のなかでは、それは「混合」となり、この混合の発生を語るためには、生成と生殖の根源であるエロスの神話が必要となる。エロスはそれ自身魂の姿をしている。それ自身は善ではないゆえに、エロスは善を欲する哲学者の魂のような姿をしている。『饗宴』では、エロスは富裕（ポロス）と貧窮（ペニア）の間の子とされる。哲学する魂であるエロスは、「富」と「貧」との混合である。リクールは、プラトン的混合が超越的構想力、すなわち肉体と精神にしたがって、すべての生成を包含する構想力を告知している、と見る。

　すべての〈創造〉、すべての制作（ポイエーシス）はエロスの作用である。「ものが非存在から存在へ移る場合、その原因となるものは、いかなるものにあっても制作です」（饗宴 205c）。エロスとは、「意味」の豊かさと、「外見」の貧しさとが一つになっている制作すべての法則である。「すべて制作は欲望から生まれ、そしてすべての欲望は豊かであると同時に貧しい」。

　『饗宴』における存在的貧窮は、『パイドロス』においては、二つの神話として表現される。すなわち脆さの神話と堕落の神話である。魂の三つの部分は、天上を駆けめぐる二頭立ての馬車と、馭者の姿で表わされる。馬の一方は美しくて、よい性質をもち、他の一頭はその反対で、性質も悪い。二頭の馬は互いに妨げあい、馭者は御しきれずに、馬車は渦巻のなかに堕落していく。こうして過ちやすさの神話は堕落の神話となる。

「悲惨」のパトスとして、リクールはパスカルの『パンセ』のなかの「二つの無限・中間」と呼ばれる断章をとりあげる。その語調は神話的でなく、レトリカルで、極大と極小との間の中間という人間の状況は想像力に訴える。二つの無限の間に位置する人間についての考察を、校訂者ブランシュヴィクは、気晴らしの批判へと導く「想像力と習慣の誤謬の章」に結びつける。パスカルはその中間の場を空間的な表象に訴えて描く。「なぜなら、そもそも人間は自然のうちにおいて何ものであろうか。無限に比しては虚無、虚無に比しては全体。無と全体との中間者」[3]。この空間的象徴の喚起力は実存的不均衡にまで及ぶ。「われわれはあらゆる方面で限界づけられているので、両極の中間にあるこの状態は、われわれのあらゆる能力のうちに見いだされる」。無限と無の両極は、始源と終局も意味するようになる。始源と終局の間に位置した人間は、時間的であり、原因論的であり、目的論的である。この不均衡の始源と終局を理解するための「無限の能力」をわれわれはもっていない。

パスカルは別の断章で、「宇宙の無限の沈黙は私を恐れさせる」と記す。この感覚には、信仰者パスカルと科学者パスカルの感性が併存している、とリクールは解する。自然は「あらゆる事物のうちに、それ自身の像とその創造者の像とを刻みつけた」ので、事物そのものの二重の無限性が、科学自体のなかで二重になっている。始源の無は、科学のなかの出発点の問題に反映している。根源が一種の無限小、無であるということは、あまり知られていない。出発点とすることができるような単純観念、単純存在は存在しない。「無に到達するためには、全体に到達するのと同じだけの能力がなければならない」とパスカルは言う。それには繊細の精神が必要なのである。

問題はこの両極の中間にいる人間の状況自体が、人を偽らせるものになっていることである。われわれは何ものかであるが、すべてではない。われわれは存在に関して、あまりに少ししかもっていないために、無限への展望を遮られている。そこで人は気晴らしに向かう。だがパスカルは、われわれが気晴らしに訴えるのは過ちであると言う。「故意の迷妄という悪を、その上にさらに加えるからである」[4]。

パスカルの暴く人間の空間的不均衡は、内心の虚偽として内在化し、その虚偽そのものが自己欺瞞となって悪循環する。このような悲惨についてのレトリックは、それ自体欺瞞的になり、偽り、偽られる人間の条件の逆説を超えさせるものとはならない。

そこで、悲惨のパトスという星雲を、純粋反省の方法によって、判明な形象にしなければならない。

第三節　超越論的総合と実践的総合――ミュトスの哲学的転調

混合の神話、悲惨のレトリックから、いかにして哲学的言説に、そして実践に移行するか。リクールはそれを超越論的総合と実践的総合の二段階でおこなおうとする。彼自身この書はもっともカント的な書と認めるように、彼はもっぱらカントの人間学からその主導理念を援用する。ミュトスの哲学的転調の第一段階は超越論的総合で、リクールはカントの超越論的構想力を、その媒介的機能のゆえに、自由に用いる。ただしそれは必要だが十分ではない、と最初から留保つきで。

この超越論的構想力による分析が必要なのは、悟性と感性との統一を、内観においてでなく、対象、事物に投射することによってのみおこなうからである。反省は内観でなく、事物から出発する。人間はいかにして自己と自己とを媒介するか。超越論的構想力は、反省が介入して悟性と感性の間につくる裂け目で媒介する。一方で感性は、事物が一面しか与えないので、視点を限定するのに悩む。結局私の身体という始源から視点を決定する。この視点の有限性は、対象を受け入れるが、その意味を決定しない。私が視点を超えるのは、意味づけようとして、事物を判断することによってである。だが言語はいかなる視点にも背く。私は私に先立って、言語の世界に入る。言語はここ＝いまの知覚の絶えざるのりこえである。記号のなかにこそ、ロゴスの超越がある。言葉は単なる命名の意味作用を超えて、実存的意味を付加する。

この存在と真理を言う言葉と、視点との間の不均衡は、反省にとっては、悟性と感性との究極の分裂の表明である。そこから媒介の第三項として、純粋想像というカント的問題が出てくる。この第三項は自己の内部では与えられず、事物のなかでのみ与えられる。事物とは言葉と視点に直面してすでに与えられた統一であり、意味と現象の総合である。カントは「カテゴリー」と「純粋直観」の総合が、超越論的構想力によって行われるとする。悟性のカテゴリーは規則のもとにある現象や直観に適用される。そこから『純粋理性批判』の有名な定式が出てくる。

「一方ではカテゴリーに等質的で、他方は現象に等質的で、カテゴリーを現象に適用可能にする第三項がなければならない。この媒介作用をする表象は純粋（いかなる経験的要素もなく）でなければならず、その表象は一方では〈悟性的〉であり、他方では〈感性的〉でなければならない。これが超越論的図式である」[5]（A138）。

リクール自身、構想力的総合はわかりにくいと言う。悟性は何も直観できないし、感性は思考できない。そしてこれら二つの「共通の根」は、われわれには知られないのである。またこの構想力における悟性と感性の総合を「意識」と呼ぶなら、その意識はまだ、コギトの自己意識ではない。

こうして超越論的総合についての省察は、哲学的人間学の第一段階であり、それは必要であるが十分ではない、とリクールは認める。その総合は志向的、形式的にすぎない。混合の神話、悲惨のレトリックには、超越論的反省が理性のレベルにもたらすもの以上の剰余がある。そこで実践的総合に訴える必要がある。

この第二段階は認識理論から、意志の理論への移行、「私は考える」から、「私は欲する」への移行である。有限と無限の媒介は、人格の実践的総合において、行動となる。人格は目的であると同時に実存であり、価値であると同時に現実存在である。そこで実践的有限性は「性格」の観念に要約され、実践的無限性は「幸福」の観念に要約される。そして両者の実践的媒介は「尊敬」

における「人格」の構成によってなされることになる。この見通しに立って、最初にとりあげるのは性格と幸福のアンチノミーである。

行為は純粋行為ではなく、動機づけられた企投であり、欲望の視点から捉えられねばならない。いかなる欲望も…の欠如の感情、…への衝動である。不在の事物のイメージが欲望を開き、それによって欲望は動機づけの領域に入る。欲望はイメージとして明晰でも、感情としては混乱している。感情は私に内向し、世界に対して開かれていない。そこに感情の閉鎖性がある。ここにおいて誘惑としてのエゴイズムが現われ、ストア派はそれを自己愛、自己執着と言った。身体は行動の道具である。行動を習慣的作業に委ねることによって、習慣が形成される。習慣は自我の構成された面を表わす。いったん身につけられた習慣は、獲得された形式を保つ。その形式は「私はできる」に影響する。それが習慣性としての自我である。

以上述べた感情的視角、生来の自己愛、習慣といった有限性の諸相の総計が「性格」の観念を構成する。性格とは、有限な全体として捉えられた私の実存のあり方である。人間としての人間性に私が近づけるのは、私の性格の実存的視角によってのみである。各人を通して「人さまざま」に到達できるのは、性格によってのみである。性格は私の動機づけの全領野の起源として、私の実存の人間性のなかに含意されている。私の性格は一つの事実である。私の出生は私の性格以外の何ものでもない。

性格と弁証法的に反対のものとして考えられるのが「幸福」である。幸福は私の有限性と対をなすもの、一つの無限にほかならない。幸福は一つの全体であって、総計ではない。幸福は個々の行為の成就ではなく、動機づけの全領野に対応する成就であり、それはプラトンの言う「魂全体」、ベルクソンの言う「幸福と名誉の人格的理念」にほかならない。そこで性格と幸福とは、一緒に人間の現実を構成するアンチノミーとしてしか考えられない。性格は指示、言及によって到達されるのに対し、幸福はどんな個人の経験にも含まれず、特別な瞬間に言及される。

幸福と性格の間に与えられる直接的媒介はない。幸福と性格の統一は務めであり、その務めは、われわれが人格の観念と呼ぶものである。幸福と性格の総合は、自己にとっての生成である。それは人格の企投であり、それが企投するのは人間の人間的性質である。カントは、人格は現実でなく、要請であることを知っていた。その要請とはまさに幸福と性格の和解である。私は他者も、自己自身も人格として扱わねばならない。私は他者の〈内に〉ある人格、自己の〈内に〉ある人格を「尊重」しなければならない。「汝の人格、およびあらゆる他の人格の内なる人間性を、つねに同時に目的として扱い、けっして単に手段としてのみ扱わないように行為せよ」とカントは定言命法で定式化する。

人格が理性と実存の総合であるなら、人格の総合をカントは「尊敬」と呼ぶ。超越論的構想力が悟性と感性の和解を、対象の総合を可能にすることによってのみ可能にしたのと同様に、尊敬は理性と幸福の無限性と、欲望の有限性との和解を可能にする。尊敬は人格における総合の条件である。しかしながら尊敬は感性（ここでは欲求）にも、理性（ここでは義務の能力）にも属するゆえに、尊敬の媒介は逆説的であり、そこに尊敬の謎がある。「尊敬において私は従う臣下であると同時に、命令する君主であるが、私は二重の〈帰属〉として以外には、この状況を表象しえない」。尊敬とはまさに「人間の魂の深みに隠された技術」なのである。[6]

ところが感性的なものと、理性的なものとの総合がなされるのは、感情においてである。私の人格がこのように二重に所属することに、人間の脆さが、不調和の可能性が、実存的断層として記入されることになる。

第四節　感情の脆さ——所有・支配・評価

哲学的人間学が人間的現実の脆さの究極の証言を、感情のうちに探し求めるのは、人格構成において、感情がもっとも一般的な機能を働かせるからである。そして過ちやすさの第三の場はここ ろ、感情である。感情は人格の内奥で、不均衡が集中する一点であり、過ちやすさの頂点である。これまでわれわれが探求してきた媒介と総合は、事物と対象についてであったが、感情が「内面化」の動きであるなら、今度はそれを感情においてなされねばならない。

リクールはここで、プラトン神話における「テュモス」の中間的機能を再びとりあげる。テュモスは両義的であり、一方で理性とたたかい、他方でそのエネルギーと勇気として欲望とたたかう。テュモスは欲望の企図であり、怒りの力である。テュモスは感情の結び目であり、そこにおいて葛藤が先鋭化する。それゆえに人間感情を構成するのはテュモスである

このプラトンの直観から、いかにして現代の感情哲学を形成するか。哲学的人間学のとる道は、「テュモスを介して生からロゴスへ」である。これはトマス学派からデカルトにいたる古い情念

論と対立する。その情念論は、少数の基本的情念から出発し、単純から複雑へという方向で、すべての感情を派生させるのに対し、われわれの方法は、要素的なものでなく、不均衡なもの、両極的なものから出発する。

リクールはテュモスを生に方向づけるために、またしてもカントの『実用的見地における人間学』を導きの糸とする。カントはそこで三つの情念を区別する。所有欲（Habesucht）、支配欲（Herrschsucht）、名誉欲（Ehrsucht）。これは単なる情念論ではなく、これら情念の「欲」（sucht）が、歴史のなかに入っていく混迷、錯乱の様相を表わすことによって、感情の転落した相が示される。これらの欲の要求を通して、人間の自己の脆いイメージが得られるだけではない。これらの要求は経済的次元、政治的次元、文化的次元のもっとも根底的な主題を支配している。

所有の情念に内在する「持つ」は、事物との関係において、人格との関係を支配する。所有の犠牲が、他者との関係で支配の道になる。所有欲によって、貪欲、吝嗇、羨望などの情念が説明される。財物は所有されることによって人間的になる。

人間と権力の関係は、所有への関係に二重に含まれている。労働は人間と自然の間の力関係を契機として、人間の人間に対する権力関係を始動させる。その権力関係を導入するのが、所有を機会とした人間関係である。純粋に技術的次元での命令関係は、社会的、経済的体制から出てきた支配関係に発展する。こうした支配＝服従関係にもとづいて感情性は無限に転調する。

第三の情念は名誉、栄誉への情念で、根源的には他者からの評価を得たいとする欲求をそのなかにかかえている。名声の追求のうちには、自己自身の生命の肯定によってでなく、他者による認識という恩恵に頼って生きようとする欲求がある。それはヘーゲルが他者の欲望の欲望と名づけたものに近い。この感情の脆さは、その〈評価〉が単に意見(ドクサ)にすぎないところにある。

他者が私を評価するのは、何らかの客観性にもとづいてであり、カントはそれを人間性と呼ぶ。私が他者から期待するのは、私を私の人間性と呼ぶことによって私を評価することである。私は自己自身を、他者に対する一人の汝として評価する。自己愛は本質において共感と区別されない。私は自分を他者として愛する。

これら三つの要求をすべて満たそうとすると、生命的なものと精神的なものの不安定な機能が、もっとも明瞭に現われる。すでにメーヌ・ド・ビランはそれを定式化した。「生命力において一元的、人間性において二元的」[7]。生命の要求は快楽であり、苦痛の休止であるが、精神的要求は幸福で終結する。しかしながら自己に保証はなく、自己の自己探求に終わりはない。快楽が一時的休息であるなら、幸福は持続する休息である。テュモスは快楽と幸福の間にあって不安である。ギリシア語のテュモスを、ドイツ語では Gemüt（心情）、フランス語では cœur（心）という語で表現する。心は不安である。いつ十分に満ち足りるのか、いつ私は十分に評価されるのか。三つの要求の星のもとに行動が繰り広げられるなら、休息と終わりを知らない。テュモスは生命的なものと精神的なものとの「中間」にいるだけでなく、両者の「混合」でもある。自己であろうとする要求は「全体性」への願望によって鼓舞される。すべてを欲するのは生命でなく精神で、それゆえ休息はない。

人間の感情のこうした特別の脆さに名を与えるとしたら、「葛藤」（conflit）しかない。フロイトは葛藤というものの中心的、本質的な意味を理解した最初の心理学者であった。だが彼はそれの起源を理解するのに失敗した。彼は「超自我」に抑圧の起源をおき、葛藤の次の原因を社会に振り向けてしまった。それに対しわれわれは葛藤の第一の起源を、人間のテュモスという内面性に求めようとする。テュモスは生命的なものと精神的なものとの間に分裂し、快感原則と幸福原則とに両極化されているのである。

第五節　結語――過ちやすさと悪の可能性

過ちやすさのカテゴリーを演繹するために、リクールはカントの「質」のカテゴリーの三つ組、実在性、否定性、制限を人間学に転用して、根源的肯定、実在的差違、人間的媒介の三つ組概念に編成しなおす。根源的肯定を構成する三つの契機は、無限の言葉によって意味される肯定、実践的全体性としての幸福の観念、人間の制作する作品に内在するエロス、あるいは愛である。この根源的肯定が「人間になる」のは、見地（perspective）、性格、生の感情という実存的否定を経てである。

人間が否定性そのものであることは、ヘーゲルからサルトルにいたるまで力説されてきた。この否定は、まず私と他者の、次に私と自己の実存的差違として現われる。自己と他者の対立は、見地の対立である。自己と他者の差違は絶対的ではなく、それが内面化されると、自己と自己との差違となる。それは自らの運命のなかで、理性による全体性の要求と自己自身の存在の偶然性との間の差違である。その要求によって、私がいま、ここに実在する事実を非必然性として考えねばならない。この存在の非必然性が「有限の悲しみ」をもたらす。この悲しみは、欠如、喪失、恐れ、遺憾、失望、分散といった否定作用を加える。

この根源的肯定と実存的差違を総合する「人間的媒介」はカントの第三項「制限」というカテゴリーに相当し、この制限とは人間自身にほかならず、人間の脆さと同義である。ただし人間を直接的に考えるのでなく、根源的肯定と実存的差違との「混合」として考えるのである。人間とは有限の悲しみにおける「肯定」の喜びである。総合はまた事物においてもおこなわれる。職人の活動、芸術家の活動などは、要求と偶然性を自己自身において媒介する。しかしそれのもたらす総合は脆いものである。自己と自己との不一致という裂け目が、人間を根源的な葛藤として明示する。

人間のこの脆さが、どんな意味で過ちを犯す能力であると知られるのか。第一に、人間に固有の制限が悪を単に可能にするのである。その場合、過ちやすさが悪の侵入の機会となる。とはいえ悪の可能性が現実性になるには、飛躍があり、乖離がある。この乖離は過ちやすさの人間学的記述と倫理との間の乖離を反映している。倫理は善と悪との現実の対立を見いだしている。ベルクソンは、悪は現実的であるからこそ、可能であると言った。悪は過ちやすさを開示するが、そこから逆に、過ちやすさは悪の条件であると言える。

無垢（innocence）とは、過たない過ちやすさで、それは弱さ、脆さであっても、堕落ではない。無垢は神話によってしか表象しえないとしても、無垢の神話の本質は堕落を告発する根源的なものの象徴を与えるところにある。私の無垢とは、私の根源的な素質の想像的変容である。私が〈善〉を理解しないなら、もはや〈悪〉も理解しないであろう。悪がどれほど根源的であっても、善はさらにいっそう根源的なのである。

過ちやすさの概念は積極的な意味で、悪の可能性を含んでいる。それは過つ〈能力〉である。悪は「措定される」。それと同時に過ちやすさから、過ちに移行するのを確認する必要がある。それが第二部「有限性と有罪性」の第二巻の課題である。

「序言」で述べたように、リクールは一九六〇年の講演で、『人間、この過ちやすきもの』を哲学的人間論として、その方法と実践を問題として論じた。しかしその後の彼の哲学の展開に徴してみるなら、それが彼の哲学的人間学の第一段階であることは明らかである。『人間、この過ちやすきもの』はたしかに、可謬性の様態として、テュモスの中間者なるゆえの「有限の悲しみ」というパトスの描写にすぐれている。問題はロゴスからプラクシスへの移行にある。リクールはそれをカントの超越論的総合と、実践的総合の二段階で行うのだが、それは正直のところ、人格の静態的分析と記述の域を出ない。人間学における具体的なプラクシスは、「私はできる」の行動の存在論の出現をまたねばならない。

第三章　悪の象徴論――「アダムにおいてすべての人が罪を犯した」

「有限性と有罪性」の第一巻では、人間の「過ちやすさ」「過つ能力」を分析した。第二巻『悪の象徴論』では、「なぜ、いかにして過つか、罪を犯すか」の問題が扱われる。その第一部「第一次象徴―穢れ、罪、罪責」は罪という宗教意識の告白がなぜ原初的な象徴表現をとるのか、その告白がどのように神話化されるのか、そしてその神話がどのように思弁化されて、原罪観念などが生まれるのかの過程をシンボリズムとして論じる。そして第二部「悪の始まりと終わりの神話」では四つに分類された悪の始まりと終わりの神話群を解析し、それらを循環させる。罪の告白、悪の神話、そしてそれについての宗教的思弁、これらはすべて宗教言語、すなわち象徴言語で表現される。「もっとも原初的で、もっとも神話的でない言語も、すでにして象徴言語である」というのが、本書をつらぬくテーゼであり、本書を境にリクール哲学は、現象学的記述から、象徴解釈へ、さらに広義のテクスト解釈へと展開するのである。

悪、あるいは罪の問題を探求するのに、リクールはなぜはじめに原罪観念といった神学的概念を論じることをせず、告白の言語から出発するのか。原罪観念とは、キリスト教における根源的な悪の経験を合理化しようとして、キリスト教固有の思考によって練りあげられ、伝統によって保存されて、キリスト教的人間学の礎石となったものである。それはキリスト教的な罪の経験の到達点であって、出発点ではない。リクールはその出発点を、「告白」というもっとも原初的で、洗練されない、しかし自発的で、真率な言語表現に求める。それが、自分自身について語る言葉を通してなされることが重要である。罪の暗い経験はロゴスによって光を与えられるのである。「言語は情動の光である。告白を通して過ちの意識は、言葉の光のなかにもたらされる」[1]。

しかし告白の言語は、「私は罪を犯した」という直接的表現でなく、「私は穢れた」という象徴表現をとる。罪の経験をはらんだ告白の言語は必然的に象徴言語となる。というより、言語は本質的に象徴的なものである。罪穢れは汚れという物質的象徴で語られる。それを解釈して罪という抽象言語がつくりあげられ、それを解釈して罪の神話がつくりだされ、さらにそれを解釈して原罪観念が産み出される。

リクールはこのように有罪性の言語表現を、三つの次元の象徴として構成する。一次的象徴は告白の言語。それの解釈として、神話という二次的象徴が生まれ、さらに三次的象徴として思弁的言語がつくり出される。これら三つの次元の象徴は、告白、神話、思弁と円環構造をなし、解釈を循環させる。こうしてリクールは有罪性の言語表現を、シンボリズムの世界として包括的に捉えるのである。

第一節　象徴世界とその解釈――「象徴は考えるものを与える」

象徴が出現する領域は、宇宙、夢の世界、詩的言語の世界と広大である。宗教的象徴もこれら三つの次元との関連で理解される。[2]

まず天空、太陽と月、水と植物の上に、人間は聖なるものの顕現、ミルチャ・エリアーデのいわゆる聖体示現（ヒエロファニー）を読みとる。天空が聖なるものを示現するのは、それが至高性、崇高性、無限性、不変性などを啓示するからである。穢れのシンボリズムも、宇宙的なものに結びついている。穢れそのものは、異常なもの、恐るべきもの、魅惑し、嫌悪させるものに付着している。

夢のシンボリズムでは、宇宙的な聖なるものが心的なものに移行する、と理解される。夢のさまざまな形象には、個人の生活史の投影にとどまらず、文化に共有されている表象、人類全体のフォークロアにたどり着くものがある。それは人類の歴史の古層への潜行と重なりあう。

詩的想像力は宇宙的および心的象徴を包含する。ただし詩的イメージは言語的イメージである点で、想像的イメージ一般と区別されねばならない。ガストン・バシュラールが言うように、詩的イメージは「われわれを語の存在の根源へひきもどす」。詩のなかでは、象徴は「言語を誕生させる」瞬間に捉えられる。

これら三つの、宗教のシンボリズム、夢のシンボリズム、詩のシンボリズムは、ばらばらに存在しているのでなく、互いに類似した構造を呈しており、それらを形相的に分析することによって象徴の本質に接近できる。

第一に、象徴は記号（signe）表現である。それぞれの意味志向は言葉によって媒介される。宇宙の諸要素が聖体示現となるのは言語表現を介してであり、夢もまた語られうるものである。

第二に、象徴が記号表現であるのは、二通りの志向性をもつから、字義通りの意味という第一の志向性を通して、第二の志向性を類比的に思念するのである。汚れという物質的意味を通して、不浄な穢れた存在である人間の状況を指し示す。

第三に、字義通りの意味と、象徴的意味の間には類比的な関係がある。第一の意味が類比的に第二の意味に、われわれを同化させるのである。

第四に、象徴は寓喩とは区別されねばならない。寓喩では、二つの意味の間に翻訳の関係があり、一度翻訳されると、寓喩は無用となる。歴史的に見ると、寓喩は神話を寓喩として扱う一つの仕方であり、解釈の一種であった。それに対し、象徴は解釈に先立ち、解釈を喚起する。

第五に、象徴は記号論理学（logique symbolique）とは無関係である。象徴言語は内容に拘束された思考法である。第一の志向性と第二の志向性との間に緊密な結びつきがあり、類比の操作によってのみ、象徴的な意味が得られる。

第六に、象徴は自然発生的に形成され、直接に意味を与える。神話は物語の形をとって展開される象徴である。たとえば、追放は人間疎外の一次的象徴であるが、アダムとエバの楽園からの追放の歴史は、二次的な神話物語である。〈捕囚〉が一次的象徴であって、神話ではないのは、それが人間の疎外を類比的に意味することになった歴史的出来事だからである。同じ疎外がエデンの園からの追放という空想的歴史を産み出す。この空想的歴史が「太古の昔」（in illo tempore）に起こった歴史としての神話である。

象徴作用のあらゆるレベルで捉えられた告白をこのように反復することは、純粋に記述的な現象学にとどまる。信者の心が語るのを、哲学者は想像力と共感をもって反復し、そこから暫定的に動機と原因を探る。問題はこの反復をいかにして反省に統合するかである。問題解決の原則「象徴は考えるものを与える」という格率は最後に与えられる。

第二節　穢れ――「いかなる悪も象徴的には穢れである」

穢れの観念はどの宗教にもある象徴であるが、明確に表象されず、広く拡散して捉えがたい。穢れは汚れのように感染する物質に似た何ものかの観念であろう。穢れは怖れさせる。不浄に対する怖れと清めの儀式の背後には、われわれの過ちに関わる感情と行為がある。穢れとされるものの一覧表では、悪と災いに分かれていない。行為の悪（mal-faire）の倫理的な領域が、状態の悪（mal-être）――苦しみ、病気、死、挫折――の宇宙生物学的領域と区別されていない。穢れは神の神聖性の告白、人間相互の絆の尊重、自己尊重と結びつくことによってのみ悪となる。穢れの引き起こす不安のなかに、罰の先取りが潜み、それが悪と災いの結びつきを強める。罰は悪として人間にふりかかり、あらゆる苦しみ、挫折を穢れの兆候へと変えてしまう。

穢れの一覧表は広がりだけでなく、タブー侵犯の重大さによって特徴づけられる。とりわけ近親相姦、男色、堕胎など性的な禁止には過度のものがある。性的穢れは前倫理的であり、それが倫理的になるのは、殺人者の穢れが、人間への攻撃となるのと同じである。(3)

穢れへの怖れは、タブー侵犯への報復としての罰への怖れである。報復と穢れの結びつきは、いかなる制度、法にも先立つ。報復は苦しみを引き起こす。フランス語で mal が悪と苦痛を意味するように、その両義性によって、苦しみの悪は過ちの悪にとりこまれる。穢れと苦しみの結合は、因果応報の論理によっていっそう強固になる。病気になり災厄に見舞われるのは、罪を犯したからだ。この合理化に反発したのはヨブであり、罪の倫理的世界を、苦しみの物理的世界から引き離すためには、彼のような証人が必要であった。逆に罪が意味を獲得するには、苦しみの合理的説明では困難になった。それはタブーの全領域におよび、タブー自身のなかに罰と苦しみを含んでいることになる。これが聖なるものの経験に反映すると、聖なるものは超越的な力による人間破壊として表象されるようになる。

いかなる悪も象徴的には穢れであり、穢れは悪の最初の図式である。ギリシア人は穢れの図式を哲学的に置き換えたのに対し、ヘブライ人はそれを強烈な罪意識にたかめる。ギリシア人が過去を表象し、信仰を言い表す仕方こそが、悪を主題化するうえで、ギリシアのなしうる唯一の貢献である。穢れの主題は、その文学を特徴づけ、それが西洋文学の源流になったのである。

穢れへの怖れは、それが罪の領域に近づくことによって、意味を変える。怖れが倫理的特質を得るのは、言葉を通してである。告白の言葉によって、怖れや不安は、他者と自分自身へと開かれる。表現された怖れは、倫理的な志向性を含んでいる。それは正当な罰への要求を含意している。罰の否定的な契機には、何らかの秩序への尊崇が潜んでいる。このように秩序との関連で意味をもつ罰を先取りすることは、怖れそのものが意識から消え去るであろうという希望を含んでいる。

罰に対する怖れを完全に超越することはない。怖れはもう一つの秩序に到達するための手段であり、そこにいたれば怖れは愛と混じりあってしまうであろう。(4)

この結びの言葉に、リクール自身の終末論的希望を見ることができよう。

第三節　罪――「わたしの罪からわたしを清めてください」

穢れの象徴から罪の概念への推移を、リクールは宗教史的にでなく、現象学的類型論として捉えようとする。穢れと罪の意味論的差違は明確にされねばならない。罪の告白者は神との人格関係に入ることによって、穢れの世界から罪の意識へ移る。しかしヘブライの罪思想は、穢れの表象と断絶しなかった。贖罪の儀礼がそれを証言している。(5)

詩編五一でダビデは神の前に「あなたに、あなたのみにわたしは罪を犯し、御目に悪事と見られることをしました」と告白する。「神の前」のカテゴリーが、罪観念を支配している。ヘブライ人にとっては、神との契約を根底にした神の前である。神との契約という絆が前提にあり、契約の破りが罪となる。その神は〈絶対他者〉ではなく、人間のことを気づかう、人間志向的な神である。契約においてイニシァティヴは神にあり、神はユダヤの民を選び、出現しては、沈黙する。契約は〈ことば〉（davar）として反省領域に入ってくる。davar はギリシア語の logos に翻訳された。このことはすべての言語が翻訳可能であることを示している。ロゴスのなかに ratio（理性）と oratio（ことば）の統一がある。はじめにあるのは〈本質〉ではなく、〈神の現前〉である。そして掟は現前の一様態である。罪は抽象的な規則の違反でなく、人格的な絆の侵害である。(6)

ユダヤ人はさまざまな法典を作りあげたが、そのなかにヘブライ的罪経験を求めなければならない。罪意識の多彩なパレットは、契約の広大な言葉と釣り合っている。その言葉は、〈思弁〉以上に広大である。ジャン・カルヴァンが『キリスト教綱要』の冒頭で述べているように、旧約聖書における神と人間とについての認識は、ギリシア語の意味での「思惟」ではなく、預言者は「思惟」していない。預言者は叫び、脅かし、命じ、呻き、大喜びする。預言は対話的な言葉に匹敵する広さと深さをもっている。この対話的状況のなかで、罪は湧き起こる。その言葉はロゴスとは無縁な言葉でありながら、ロゴスというギリシア語訳で異邦人に伝わったのである。

預言者は罪について考察しているのでなく、罪を弾劾している。預言者たちはそれぞれに罪を発見している。預言者アモス、ホセア、イザヤは、ヤハウェの民がヤハウェによって〈破滅させられる〉のを告知する。神は自分の民に敵対者として現われる。こうして罪は、神の怒りと預言者の憤りとの結合のなかに示される。預言者の要求は、道徳的な仕方以上に遠くまで射程に入る。神による要求は無限であり、それがセム族の古い法典に適用されると、無限の要求と有限な掟との間の緊張となる。[7]

牧者アモスははじめて、公正と正義を礼拝や儀礼にまさるものとして確立した。アモスが列挙した悪徳の数々は、彼が〈不正〉と呼ぶ悪の表徴であり、公正と正義はアモスの根源的な要求を示している。

ホセアは、夫婦の絆についてのやさしいメタファーを罪意識に導入する。優しい神とは、姦淫の妻の情人に嫉妬を抱いている夫のことである。姦淫は罪のメタファーである。神は離婚を申し渡す主人である。ホセアはこの離婚を申し渡された妻を、悲嘆の底から立ち返らせようと努めるのである。

イザヤにとり、神は至上権と尊厳をもつ神であり、それに対し人間は「唇と心が穢れている」。罪は人間の傲慢、驕り、偽りにある。この観点からイザヤは武力や同盟関係に助けを求めてはならないとして、非武装による服従を信仰とする。権力が挫折し、時代不安が増大するにつれて、罪意識は進行する。罪は神を絶対他者にしてしまわないか、イザヤはこの問いを神との契約という基底に置き換えて捉えようとする。契約の絆は、唇と心の穢れた人間と神との間の〈倫理的な距離〉をどのようにのりこえさせてくれるか。

預言者の道徳と、祭司やレビ人の儀礼主義的、律法主義的道徳とは対立する。預言は多様な違反から罪一般に遡り、律法は罪一般から多様な違反へと降っていく。申命記は儀礼主義的で律法主義的であるが、信仰と愛についての無限の勧告を述べている点で、申命記は罪を内面化している。イエス・キリストが律法を超えることとともに、律法の保持をも教えたとき、彼が律法の概要を次の申命記六章四〜七節から引き出したのは偶然ではない。「聞け、イスラエルよ。我らの神、主は唯一の主である。あなたは心を尽くし、魂を尽くし、力を尽くして、あなたの神、主を愛しなさい。今日わたしが命じるこれらの言葉を心に留め、子共たちに繰り返し教え、家に座っているときも、寝ているときも起きているときも、これを語り聞かせなさい」。

ユダ王国に襲いかかった大動乱に際して、エレミヤはアモスの咆哮を再びとりあげる。「あなたがたは、自分たちの罪のゆえに滅びるであろう」。律法主義的な敬虔を通して広まった偽りの安心感を、エレミヤの無抵抗は告発する。破局は徹底的になされねばならず、イスラエルにはもはや国土も神殿も王もあってはならない。こうした政治的ニヒリズムは、ヘブライの罪意識にとって本質的である。エレミヤやエゼキエルの敗北主義のなかに彼らが潜ませているものは、ヤハウェの絶対性への信従という無限の要求である。

イスラエルの宗教は、人間が神を見ると必ず死ぬという確信に貫かれている。この怖れに呼応している真正の表象が「神の怒り」である。怒りとは、神聖性の具現として、神が人間にむける顔である。神の怒り、主の日という象徴は、イスラエル共同体の政治的運命と直接に関係している。民族が断罪されていると感じるのは、あくまでも民族としてであり、ホセア書、イザヤ書などの共同体の未来に関する預言という迂路を経てのことである。歴史的な挫折が、断罪の象徴として建てられている。

罪意識は、主の日の象徴を通して、また敵対する歴史という象徴を通して、ヤハウェのもう一つの顔を露呈させる。それは歴史の主としてのヤハウェである。神の怒りは神聖性それ自体から発する怒りであるように見える。この怒りが転位して、「主の僕」の苦しみと、「人の子」が僕の身分になることを経由しないと、神の怒りが神の悲しみにほかならないことを理解しえないだろう。

第四節　罪のシンボリズム——虚無としての罪

罪の経験は預言者や告白者によってさまざまに言語化される。それらはシンボリズムとして体系化されうる。穢れのシンボリズムと同様、罪のシンボリズムも何かの実在についての表象である。穢れが清浄と対比されて意味をもつように、罪もまた「贖い」と対にして考えられねばならない。罪のシンボリズムが神との人格的な関係の喪失であるなら、贖いのシンボリズムは「立ち返り」である。(8)

ヘブライ語聖書では、罪は一連の具象的表現によって言い表わされる。それらは比喩として解釈できる。まず「的をはずす」を意味する語根があり、それが第二の「曲った道」の象徴と結びつくと、罪とは「まっすぐな道からの外れ」を意味する。第三は「反逆」の象徴で、神からの人間の意図的分離を示す。これはギリシア的「傲り(ヒュブリス)」と違い、ヘブライ的ヒュブリスには、神の怒りの象徴と、偽りの神々に対するヤハウェの〈嫉み〉とが混在している。第四は「さまよい」で、罪びとの陥っている状況を表わす。それは疎外や孤独といった近代的象徴を予告する。

背き、逸れ、反逆、さまよいといった罪の否定的シンボリズムを、一つは〈息〉の図式で、もう一つは〈偶像〉の図式で分類できる。第一の図式で喚起されるのは「軽い」「むなしい」「変わりやすい」といったイメージである「人は息にひとしく、その日は過ぎていく影にひとしい」(詩編四四)。「むなしさ」の実存的イメージが〈偶像〉のイメージに溶けこむ。「もろもろの民のすべての神は偶像である。しかし神はもろもろの天を造られた」(詩編九六)。これの『エルサレム版聖書』の訳は「もろもろの民のすべての神はむなしい」。偶像の虚無とは、ヤハウェの嫉みである。息のむなしさは、偶像のむなしさである。

〈赦し〉から遡って罪を考察するとき、罪のこの象徴系が新たに浮彫りされる。赦しのテーマは、神の怒りと連関しながら練りあげられる。赦しは「神の悔い」(出エ32・14)のような形をとる。イニシァティヴはあくまで神の側にあり、神は人間を罰せず、立ち直らせるのである。「神は憐みあり、恵みあり、怒ることおそく、慈しみと誠のゆたかな方」(出エ34章)。赦しのテーマを通して、「立ち返り」のテーマに戻される。(9)

悪は、罪過の意識では汲み尽くされない実在性をもつ。それゆえ罪を悔い改める者は、忘れた罪、知らぬ間に犯した罪を悔いることができる。人間は契約のなかにあるという状況のゆえに、罪は意識に対し超主観性を獲得する。罪の超主観的実在のもう一つの特徴は、私の罪が神の絶対的まなざしのもとにあるということである。そのまなざしは自己に対する自覚を引き起こす。この自覚は人間存在の空しさを知る〈知恵〉にまで達する。

根源的な悪のテーマはエレミヤによって表明される。「心はよろずの物より偽なるもの、悪に染まっている」(エレミヤ17・9-10)。神の糾問にも応じない頑なさを、エゼキエルは「石の心」と呼ぶ。

ギリシア悲劇の神学では、神と人間とが結託して悪を産み出す、神の神性が怒りにまかせて悪をつくりだす、とされる。ヘブライ語聖書ではこの神学は痕跡にとどまり、それは神の神聖性によって、また神の憐みによって阻まれている。この神学によって敷衍されている経験は、受動性の経験で、それは原罪を構成する要素の一つとなる。「わたしは咎のうちに産み落とされ、母がわたしを身ごもったときも、わたしは罪のうちにあったのです」(10)(詩編五一)。

罪の象徴のサイクルは、〈贖い〉の象徴系のなかに敷衍される。人間を囚われから解放するには、代償となるものと交換されねばならない。祭儀的贖罪には、赦しのシンボリズムには還元されない何かがある。供犠にはいくつもの種類がある。ホロコースト、酬恩祭、素祭、罪祭、衍祭。しかし強調されるのは供犠の実践であり、基本観念は覆い隠されたままである。祭儀の由来は、預言者たちの出現よりはるか以前、モーセ以前、イスラエル民族出現以前にさかのぼる。イスラエルの信仰は、祭儀を内面化し、形成し直したものである。

捕囚以後の贖罪観念と対応した罪観念は、罪の実在論的側面が強調され、罪の罰が強調される。供犠も赦しと無関係ではなくなる。「こうして祭司が彼らのために贖罪をおこなうならば、彼らは赦される」（レビ記4・20）。贖罪儀礼を赦しという霊的な象徴系に包摂してしまうことも可能である。「血はそのなかの命によって贖いをするのである」（レビ記17・11）。

血のシンボリズムは贖罪儀礼と赦しへの信仰を結びつける。血は魂のためにとっておかれねばならない。血のシンボリズムは贈与のシンボリズムである。「なぜならその血は魂に代わって贖罪をおこなうからである」（七十人訳聖書）。祭儀的贖罪は、悔い改めや赦しの樹の上に、あたかも瘤のように生い出たが、それゆえにかえって贖罪のシンボリズムは赦しのそれを豊かにしたのである。(11)

第五節　罪責――「律法が入りこんできたのは、罪を増し加えるためである」

罪を定義するだけでは足りない。人はその罪をどう自覚するかが問題である。罪責（culpabilité）とは、過ち（faute）と同義語ではない。罪責とは有罪である状態である。リクールはそれを三つの方向で捉える。第一はギリシア的に、罪責を責任と刑罰に結びつける倫理‐法的な省察である。

第二は、ユダヤ教的な良心の咎めに関わる倫理‐宗教的な省察である。第三は、パウロ神学的な、律法のもとで告発され、断罪される意識についての心理‐神学的な省察である。

罪責を罪・穢れと対比させると、「罪ある人」（homme coupable）という新しいカテゴリーが生まれるが、同時に罪・穢れのシンボリズムは依然としてつきまとう。

1　罪ある人の誕生

罪は神の前にある人間の状況を指し示す。罪責とはこの有罪の状況の意識、自覚である。それは「重荷を負っている」という感覚を伴い、罰への予感がある。穢れの段階では、自分は罰の対象にすぎないが、罪責は悪の経験を変革し、自分が悪の張本人であるという意識に変える。つまり罪の内在化である。この内在化から、責任感が生じ、それは処罰を引き受ける主体とする。罪の人格的内面化は、罪の告白を通して成就する。糾問される自己は、自分を告発する。詩編五一は「神の前」と「わたし」の二面をみごとに表現する。「あなたに背いたことをわたしは知っています。／わたしの罪はつねにわたしの前に置かれています。／あなたに、あなたのみにわたしは罪を犯しました」。

「わたしは悪いことをしました」、この罪責意識が悪の尺度となり、意識＝良心（conscience）が究極の審級として登場する。ここにおいて罪と罪責とは完全に乖離し、共同体的な罪から、個人的な罪責へと変換する。これを証言するのが、捕囚期の預言者たちである。いまや民族国家は破壊され、民族は追放されてしまった。共同体的な罪についての宣教は絶望的になってしまった。

なお説得力をもつのは、個人的な罪と、人格的な罪責についての宣教である。バビロンの捕囚たちは、父親たちの犯した罪に対し、代わりに償いをしていることになる。そこでエゼキエルもエレミヤも人格的な責任を主張する。「その時彼らはもはや『父がすっぱいぶどうを食べたので、子どもの歯がうく』とは言わない。人はめいめい自分の罪によって死ぬ。すっぱいぶどうを食べる人はみな、歯がうく」（エレミヤ31・29―30）。エレミヤ、エゼキエル、イザヤは旧い契約に代わる新しい契約を説くのである。

過ちの個人化に応じて、罪責にもいくつかの度合いがあり、また悪人か義人かという両極もある。創世記では、「主は地上に人の悪が増し、つねに悪いことばかり心に思い計っているのを御覧になって、心を痛められた」（6・5）と、「ノアはその世代のなかで、神に従う無垢な人であった」（6・9）とが両立している。罪によれば、人は全面的、根源的に罪人であるが、罪責意識によれば、人はさまざまな度合において有罪なのである。違反に応じて、刑罰も段階的である。こうした罪責意識は、次の三つに分裂する。刑罰的咎め、良心の咎め、パウロの自己義認の咎め。(12)

2　ギリシア人の刑罰経験

罪責意識が最初に展開するのは倫理‐法的経験の方向で、それは裁きのメタファーに覆われている。裁きはもともとポリスの制度である。そしてローマの刑法より、ギリシア人の刑罰経験のほうが、はるかに示唆に富んでいる。それはギリシア悲劇と隣り合っているからで、罪責に関するギリシア語の語彙、ヒュブリス（傲り）、ハマルティア（過ち）、アディキアー（不正）などは、刑罰を通して洗練化されていったのである。

ユダヤ人の罪責は神と人との契約、相互の人格的関係に関連するのに対し、ギリシア人の罪責は都市の立法に関連する。都市は彼らの〈聖なる〉権威である。それは「正義」（ディケー）の合理化で、「不正」（アディケイン）の観念に具象化されている。正義、不正、贖罪はもともと自然に関わるものであったが、今やそれは市民的、法律的カテゴリーに固定化する。

デモステネスは、故意の殺人と過失の殺人の区別を注釈して、「ある人が遊びの最中に他人を殺したなら、立法者は彼が不正を犯さなかったと規定する」と記す。刑罰から罪責へ遡る動きは、内省によって獲得されたものでなく、故意か過失かといったア・プリオリな区別である。ギリシア悲劇におけるハマルティアとヒュブリスは、法的、刑罰的視点から再解釈される。ハマルティアは刑罰的には、言いわけのきく過ちという弱い意味をもつ。『アンチゴネー』で、クレオンは糾弾するコロスに向かって、「思慮の足りない心の過ち」と言い返す。ハマルティアの意味過重性は、有罪性以前に、「モイラ」（運命）を受け継いでいることになる。他方、ヒュブリスは刑罰的思考においては、個人的な違反原理となる。それは能動的違反であり、根本悪ともなるようなものである。ギリシア悲劇的ヒュブリスと刑罰的ヒュブリスとの驚くべき近縁性の根には、それは都市の聖性を冒すものという考えがある。[13]

3　ファリサイ的罪の咎め

捕囚からの帰還後、エズラらに始まるヘブライ語聖書の編纂から六世紀のタルムード編纂までの思想の動きのなかで、ファリサイ派はその結び目をなす。現代のユダヤ教を育成したのは彼らなのである。とはいえ第二神殿時代の宗教も、アモスからエレミヤにいたる預言者に、またそれを通して捕囚前のモーセ的要素に深く根をおろしている。

律法授与が以後のイスラエルの歴史を支配し、その歴史的経験が倫理的に解釈されるがゆえに、イスラエルの一神教は倫理的で歴史的な一神教である。その倫理は選ばれた民の倫理であり、捕囚や解放は歴史的シンボリズムの範型となる。

倫理と歴史のつながりの結果、律法が合理化、普遍化されることはない。律法のもとで、律法によっての生活を現実に組み入れようと努めたのは、ファリサイ派と律法学者である。彼らはバビロン捕囚時代に、エジプトでの捕囚、荒れ野の旅という比較可能な、本質的にモーセ的な状況を案出し、律法を具体的に実践していこうとする企図を抱いたのである。以後ユダヤ民族と個人は、律法によって規定されるようになる。

しかし時代は律法の生成でなく、解釈の時代である。その主役はファリサイ派であり、彼らはエズラからタルムード編者にいたるまで、精神史の中心にあって、ユダヤ民族を今日まで教育してきた。ファリサイ派は本質的にトーラー(tôrâ)の人である。その場合トーラーをギリシア語訳のノモスから切り離し、つまり法律でなく、倫理的、宗教的な主の教えとして理解せねばならない。求められるのは一貫した他律であり、徹底した服従である。

典型的なファリサイ主義の経験による罪責とは、〈咎め〉という他律の全面的な心的支配である。咎めの経験全体が〈違反〉の次元で展開する。善と悪の区別は思弁的でなく、実践的である。

それに〈報い〉の観念が結びつく。功績は報いに値し、罪責とは罪の報いとしての〈滅び〉である。咎めの意識は道徳生活の儀礼化、儀礼の道徳化をもたらす。他律の体制下では、義務の列挙が累積され、命令の解釈が増加してやまない。律法を日常生活に適用させるために解釈したのが、口伝律法として伝えられたミシュナであり、ミシュナの解釈を集めたのがゲマラである。タルムードはミシュナとゲマラを合わせて構成したもので、「パレスチナ・タルムード」と「バビロニア・タルムード」が六世紀に編纂された。こうして掟は増殖していった。

咎めの意識の最後の特徴は、その意識を抱く者は〈分離された〉者だということである。ユダヤ人は異教の民から分離され、ファリサイ人自身も、地方人、農民、異教徒、地の民から分離されたのである。この罪責意識が陥りやすいのが〈自閉性〉であり、それは〈偽善〉となる。福音書でイエスは「偽善的な律法学者、ファリサイ派の人々よ、あなたがたはわざわいである」と言う。煩瑣な規則への違反によって「公平と憐みと忠実」は覆い隠される。こうして受容された他律は疎外と化すのである。[14]

4　自己義認の咎め

パウロは「ガラテヤ書」三〜四章、「ローマ書」七章で律法の呪いを説く。人間が非力なのは、律法の要求を完全に満たせないからである。律法は無数にあり、それを完全に遵守できないとすると、律法によって義認されることはけっしてない。われわれは律法の呪いのもとにある。ここから罪責の地獄が始まる。「律法が入りこんできたのは、罪の増し加わるためでした」（ローマ

5・20)。「罪は掟によって機会を得、わたしを欺き、そしてわたしを殺してしまったのです」(ローマ7・11)。罪とは特定の掟に違反することでなく、「律法を満たすことによって、自らを救おうとする意志」である。「律法に従って生きることを自慢している」自己義認が問題になるのは、律法が死をもたらすよう余儀なくされるからである。以後、道徳と不道徳とは同じカテゴリーに包摂される。それは肉、肉の欲望と呼ばれているカテゴリーである。

律法と肉とを共通項にくくることで、死の新しい意味が明らかにされる。死とは、律法による義認、肉と呼んだ実存体制から産出される果実のことであり、実存が「死の体」となる。「このようにわたし自身は心では神の律法に仕えていますが、肉では罪の法則に仕えているのです」(ローマ7・25)。

罪責のサイクルの極限にある罪責とは、肉の内在性の成就である。咎めの経験で過ちとみなされなかったものが、過ちとなり、律法を遵守して罪を減じようとすることが、罪となる。これが律法の呪いである。罪責意識による告発は、律法が細分化し、法制化することで変質する。罪責の法的シンボリズムは、神との契約の対話的関係を変質させる。

「律法のもとで監視され、閉じこめられ」(ガラテヤ4・23)とあるように、際限のない有罪意識は、閉じた意識となる。それは自分の悪への隠微な自己満足となり、自己満足によってそれは救われることへの絶望となる。

ただしパウロにあって、罪に関する言説は過去形で語られる。「しかし今や……」。パウロにとり、義とは未来から現在へ、外部から内部へ、超越的なものから内在的なものへやってくるのである。義であることは、義認されることに等しい。その法廷的な意味は、終末的なシンボリズムと連関している。義認の超越的、法廷的、終末的な次元が認められた時にのみ、義認の内在的、主体的、現在的な意義は理解されうる。事実、パウロにとって終末的な出来事は、現在、すでにそこにあるものである。逆説は、外在性の極点が、パウロが自由と呼ぶ内在性の極点となっていることである。パウロにとって自由とは、自己のうちにあり、心のなかでイエス・キリストを要約することである。

パウロにとり、人間は律法の行ないなしに義認される。「ところが今や、律法とは関係なく、しかも律法と預言者によって立証されて、神の義が示されました。すなわちイエス・キリストを信じることにより、信じる者すべてに与えられる神の義です」（ローマ3・21）。究極的な罪は、自分を義認しようとするむなしい企図にある。過ちの究極の意味は、信仰義認と自己義認、行いと恩寵を対比することによってしか明らかにされないところにある。パウロはそれをくりかえし示唆する。「信仰が現われる前には、わたしたちは律法のもとで監視され、この信仰が啓示されるようになるまで閉じこめられていました。こうして律法は、わたしたちをキリストのもとへ導く養育係となったのです」（ガラテヤ3・24）。「律法が入りこんできたのは、罪が増し加わるためでした。しかし罪が増したところには、恵みはいっそう満ちあふれました」[15]（ローマ5・20）。

罪責の登場は、人間が断罪のサイクルに入ったことをしるしづける。断罪の意味は、義認された意識にとって、事後にしか現れないのである。

第四章　悪の神話――「はじめに神話があった」

ギリシア語のミュトス（muthos）は多義的であるが、ホメロス以後はロゴスと対比的に、伝承されてきた架空の物語を指すようになる。日本語でそれを「神話」と訳すのは、ある意味で適切であるが、語義を限定している。ここで扱う神話は、事物の起源を説明するだけの「起源神話」（mythe étiologique）や、疑似神話や合成神話と明瞭に区別される真正神話である。真正神話とは、古代人によってその本質が理解され、生きられるものでなければならない。神話の機能はいろいろな現象を説明づけることであるが、その説明はたえず不安、苦悩、死にさらされている古代人を、自然のなかに位置づけ、保証するものである。神話は古代人の世界認識の一つ、世界観である。神話はしばしば祭儀における儀礼と結びつけられる。そのとき神話と祭儀は同時に生きられる。

古代人の神話に対し、現代人の神話もある。それはいわゆる無文字社会で現に語り伝えられている口碑の神話である。周知のように、構造人類学者クロード・レヴィ＝ストロースは、無文字社会のフィールドワークにもとづいて採取した、南米インディアンの一千にのぼる神話を研究した。その成果は『神話論理』（*Mythologique*）の総題で四巻にまとめられた。彼の神話研究は、構造言語学的モデルを適用した神話の構造分析であり、その研究目的は神話の構造の抽出、分析であって、解釈ではない。収集された神話は「共時態の神話」であり、文字により伝えられ、歴史的に解釈を重ねられてきた「通時態の神話」とは異なる。[1]

リクールはレヴィ＝ストロースとの神話をめぐる討論で、構造言語学的方法は共時態においては成功するが、共時態を通時態に優先させるため、神話の歴史性が捨象されてしまうところに限界があると指摘した。レヴィ＝ストロースはその批判を一部受け入れて、こう答える。たとえば古代ユダヤ教のような、民族誌的コンテクストの欠けているところでは、自分の方法の適用は留保すべきである。聖書をはじめ、古代インドの仏教神話集、日本の記紀神話のような、原歴史的古代文献は、編纂者の意図的な解釈や知的操作を経ているからである。[2]

リクールは神話解釈に通時性を積極的に取りこむ。旧約聖書においては、神話の歴史化、歴史の神話化が連綿となされてきた。そこに記されているイスラエル民族の歴史は、「生きた伝承として精錬しつつ、その歴史を歴史的に解釈することによって」その意味が明らかになる。それは伝承、伝統の再解釈であり、「歴史の理解に歴史的性格を付与する」ものである。

解釈によって啓示される神話の真理とは何か。「はじめに神話があった」とポール・ヴァレリーは言う。神話は好んで歴史の形をとる。神話が語る「はじめ」は、絶対のはじめ、太古の昔である。太初に一連の模範的、決定的な出来事が起こり、その結果人間は現在の状態になった、というのが神話特有の説明の仕方である。それが人間の条件に合致している限り、その説明は否定しえない。神話的意識を脱して、歴史的意識に生きる現代人は、その神話的真理を受け入れられるか、が問題である。

リクールは神話を、象徴言語によって織られた物語とみる。神話を解釈するには、まずそれがまとっている擬似ロゴス、擬似客観性をはぎとり、仮面の下に隠れている象徴の啓示的な力を獲得しなければならない。それは神話の破壊でなく、真のミュトスの発見であり、回復である。神話を神話として理解すること、これが神話解釈にあたってのリクールの作業仮説である。

第一節　悪の神話

悪の問題を考究するのに、なぜ神話解釈から始めるのか。それは人がいかにして悪をなすかを、物語として普遍的に、しかも具体的に示すことができるからである。リクールは悪の神話の機能として、次の三つを挙げる。(3)

第一に、全体としての人間を範型的な物語のなかに〈包括〉することである。すべての時代を代表する一つの時間において、人間は具体的普遍として表わされる。アダムは人間を意味し、そこでパウロは「アダムにおいてわれわれすべては罪を犯した」と言う。

第二に、人間の経験は物語を通して普遍化される。過ちの始まりと終わりを物語ることによって、神話は人間の経験に方向、速さ、緊張を与える。起源と成就の間、聖書で言えば、創世記からヨハネ黙示録の間に、展開の糸が張りめぐらされる。

第三に、神話は人間存在の謎を解こうとする。人間の基本的なあり方――無垢の状態、被造物の身分、本質的存在――と、現実のあり方――穢れ、罪ある人、罪責――との間の不調和こそが謎である。その人間の原初の本質的存在から歴史的実存への移行、すなわち切断にして接続を、神話は物語によって説明しようとする。

以上三つの仕方で、悪の神話は過ちの経験を世界の中心におく。

悪の起源神話として、グノーシス主義の神話がある。グノーシス主義はシンクレティズムの典型というべきもので、それはおびただしい神話を産出した。リクールは次の理由でグノーシス神話を疑似神話とし、真正神話とは認めない。第一に、グノーシス神話群は自然発生的な神話ではなく、既成の宗教に寄生して、その神話を意図的に改変するからである。第二に、グノーシス神話は、教義を説明するために作られ、加工された「創作神話」である。グノーシス神話は好んでアダム神話にとりついて、それを独自の悪の神話に仕立て上げる。しかしアダム神話は悪の起源神話ではない。第三に、グノーシス神話では寓喩性がまさり、象徴性が欠けている。神話は寓喩に還元され得ない[4]。

神話において象徴は物語形式をとる。神話において窮極に意味されるものが、それ自体ドラマ形式をもつからこそ、物語も〈出来事〉と〈人物〉とで織りなされるのである。この原ドラマによって、神話は多様化される。悪の起源と終末に関する神話もまた、前述の三つの根本性格により、原ドラマを展開する。神話意識自体は未分化であっても、それは分化した多様な神話を産み出すのであり、それをいくつかの類型に分類することはできよう。そこでリクールは悪の始まりと終わりの神話を、次の四つの類型に分類する[5]。

第一は「創造のドラマ」で、そこでは悪の起源は事物の起源と同じ外延をもつ。神が創造行為を通して戦う相手のカオスが、悪の起源であり、したがって救いは創造と同一である。これは礼拝の構成にも認められ、礼拝は悪の起源と終わりに対応している。礼拝は世界の起源においてなされた闘争のドラマの儀礼的反復にほかならない。

第二は「堕罪のドラマ」である。すでに創造を終えた世界に、不合理な出来事として、人間の堕罪が起きる。創造のドラマは堕罪の観念と両立しないはずである。救いがあるとすれば、それは原初の創造に対する新しい結末としてである。そこで創造のテーマと、救いのテーマの分割が起こる。救いのテーマは歴史的なもので、創造のテーマは宇宙論的である。悪の問題は、創造を終えた世界のなかに突発した堕落として、創造の問題から離れる。

第三は悲劇の類型である。それはギリシア悲劇において十分に開花していた。悲劇的人間観の背後にあるのは、〈悲劇神学〉である。それによると、神は人を誘惑し、盲目にし、さすらわせる。避けえない過ちは、悲劇的英雄の存在と区別されず、彼は過ちを犯していないが有罪である。救いは〈罪の赦免〉ではない。しかし悲劇にも救いはある。それは存在の内奥に内面化され、自分自身への憐みとなるような美的解放である。

以上、創造のドラマのカオス、悲劇的英雄の過ち、原初の人間の堕罪の三つの間の関係は複雑であるが、三つの神話は共通の場で生じることができたのである。

第四は流刑にされた魂の神話で、前の三つの神話から離れ、孤立した神話で、ギリシア哲学に深く関わる。その神話は人間を魂と身体とに分け、魂の彷徨に関心を絞る。流刑にされた魂と、原初の人間の過ちは、しばしば混じり合う。そしてその影響力は、堕罪神話と合体する。

第二節　創造神話——神々の誕生

第一の類型「創造神話」は、シュメール＝アッカドの神々の系譜神話で明示される。そこでは神々の誕生の結果として、世界の生成が語られる。シュメール神話ではエンリルが最高神であるが、のちにバビロン王朝成立後は、バビロンの都市神マルドゥクが最高神となる。まず原初の母ティアマットと、原初の父アプスが形成する液状のカオスに、神々が生まれる。マルドゥクが形成されると、ティアマットは怪物たちを生んで、マルドゥクと戦う。マルドゥクがティアマットを殺すと、そこから宇宙（コスモス）が生まれ、ティアマットの解体された肢体から、宇宙のいろいろな役割が生じる。反逆して殺された神々の血から、エアが人間を創造する。エンリルもマルドゥクもともに嵐の神である。首都ウルを破壊するエンリル、洪水を起こすマルドゥク。シュメール人において、有罪の神々という観念は形成されなかったが、神々の計画、陰謀、暴力を指して、シュメール人は悪と言った。神話が神々に与える意図や行動は、人間が悪と認め、悔いるものにほかならない。

アッカド神話における洪水は、エンリルがイシュタルに反目して起こしたもので、洪水は創造を原始のカオスにもどす。バビロニアの大洪水物語で、洪水を起こす動機はあいまいなままで、神々の混乱のなかでなされる。人間の過ちのテーマは、洪水神話によって隠され、妨げられている。シュメール‐バビロニア文化に、真の意味の堕罪神話がないということは、彼らの神話が展開するのは、世界の創造観であることを証明する。悪ははじめから存在し、神々の生成のうちに

含まれているのである。(6)

創造神話のドラマが人間の歴史に入るための最初の入り口は礼拝と儀礼である。そこにおいて創造行為は観念的に反復され、それに能動的に参加することによって、それは更新される。バビロニアの新年祭で、創造のドラマは復活する。そのなかでマルドゥクが死ぬと、国民は嘆き、典礼の助けを得てマルドゥクは解放され、彼の即位が反復される。国民は行列をつくってそれに参加する。最後に、聖婚によって生命が更新され、農耕儀礼が宇宙叙事詩のなかに挿入される。

祭のなかで王が役割を演じる。王ははじめ辱められ、王の悔い改めによって、王は再任される。王が祭に参加することで、バビロニアの思想は、宇宙ドラマを人間の歴史に移住させる。王は国の内外で暴力と戦うことで、王として資格づけられるのである。創造神話の頂点は戦争神学にあり、王＝敵の関係がそのドラマの中核となる。敵とは邪悪な者であり、戦争はそれへの罰である。まず悪があり、次に秩序があるからには、悪は秩序設立に属するもの、という二重の地位が悪に与えられる。(7)

バビロニアの創造ドラマという神話類型の潜在的形態として、ヘブライ図式とギリシア図式を挙げることができる。ヘブライ語聖書では、ヤハウェ統治の詩編(四七、九三、九五、一〇〇編)は、「神は王である」という叫びをくりひろげる。「主はいと高き神、畏るべき方、／全地に君臨される偉大な王。／諸国の民を我らに従わせると宣言し、／国々を我らの足もとに置かれた。」(四七編)。また敵に対する戦闘は、創造ドラマの図版を用いて表現される。たとえば詩編九では、ヤハウェは砦の塔として現われ、敵を鎮める。歴史の悪は宇宙の悪と連結され、敵のテーマは創造のドラマに置きなおされる。

王というパラダイムは、次の三つの方向に延長される。①地上で統治する王は、原初の人アダムの方向。②王を歴史化し、敵に、エジプト人、ペリシテ人、アッシリア人の相貌を与える。③王の終末論的統治の方向。礼拝の図式では、王は勝ち、救いはなされ、創造は完成する。

こうして創造のドラマは、新しい「人の子」像に向かっていく。創造は一気に善になる。悪が出現し、世界に入るには、別の神話が必要になる。歴史に内在する「救い主」から、超越的で天的な「人の子」への移行では、初めの像に、モーセの次元、「主の僕」の次元がつけ加えられる。海の怪物のイメージも、宇宙的なものから歴史的なものへと変わっていき、それに応じて原初の人も、人間的なものになる。ここにおいて人間の悪は、新たな神話、堕罪神話を見いだす。[8]

創造ドラマの突然変異的形態としてリクールが挙げるのは、ギリシア神話におけるティターンのテーマである。ティターン族とは、ウラノス（天）とガイア（地）とから生まれた六柱の男神と六柱の女神などで、オリュンポス神族以前の原始の神々である。ティターン族とオリュンポスの神々との戦いは、一方では創造ドラマの継続で、他方では神々の後のドラマ、〈人間の系譜〉を告げる。ヘシオドスの『神統記』において、プロメテウスはゼウスが人間から取り上げた火を盗もうとして、神々と戦う。プロメテウスはほとんど原人間である。アイスキュロスのほうは彼を、ゼウスに対抗する〈悲劇的〉人物像に変えた。

オルペウス神話では、ティターンはもっと密接に人間系譜論と結びつく。オルペウス神話とは、人間神話、すなわち〈魂〉と〈身体〉の神話である。創世記六章一～四節では、「神の子らが人の子の娘たちのところに入って産ませた」ネフィリムがおり、「これは大昔の名高い英雄たちであった」と記される。これはティターン族に由来するものであろう。ヤハウィストはこの伝説を、洪水を起こさせる人間史の腐敗の原因として、堕罪史に組みこむ。

こうした人間の系譜を語る一連のティターン族の神話は、悪の起源を、神的なものと人間的なものとを媒介する領域に位置づけようとする代表的な試みである。(9)

第三節　悲劇神話

ギリシア悲劇はリクールの少年時代からの愛読書であった。〈悲劇的なもの〉は彼の思索の重要なテーマであり、最後の著作にいたるまでギリシア悲劇は必須の参照項であった。悪の起源と終末の神話において、そのドラマ性は悲劇において極まる。悲劇性のカテゴリーを探求するとき、その出発点はギリシア悲劇でなければならない、とリクールは断言し、その理由を三つ挙げる。

第一に、他のどの悲劇よりもギリシア悲劇において、悲劇的なものの本質が突如として全面的に表明されるからである。ギリシア的現象を通してこそ、その本質を把握しうるのであり、またそれが見えるように展示されるのである。

第二に、ギリシア悲劇は悲劇的なもの自体だけでなく、悲劇的人間観をも提示してくれる。神々によって人間が盲目にされ、破滅させられるというテーマは、まさにギリシア悲劇においてもっともよく展開される。この人間観は、悲劇的神話観のもう一つの面をなす。

第三に、悲劇的世界観が思弁にでなく、スペクタクルに結びつけられるもっともよい例を、ギリシア悲劇は見せてくれる。悲劇的なものは、悲劇的英雄、悲劇的行為、悲劇的結末によって、スペクタクルとして示されねばならない。そこにおいて悲劇神話の象徴的な力が発揮される。[10]

劇とスペクタクルに先立って「前悲劇的テーマ」がある。人間の過ちのイニシァティヴを神が握り、そのイニシァティヴが人間の弱さを媒介にして、「神憑り」として現われるもので、これはすべての文化に共通するテーマである。ホメロスの『イーリアス』には、神が人間を無分別にする、盲目のテーマが力強く表現されている。それは過ちの原因というより、過ちそのものの起源である。過ちに加えて、死と誕生が偶発性と不可避性の色調をもたらす。誕生は死をモデルにして表象され、それが人間の行為につきまとい、それを無力、無責任なものにしてしまう。重要なのは、その表象が神話を通してなされることである。

ホメロスにおいては、人間の盲目の起源は、ゼウス、運命の女神モイラ、復讐の女神エリニュスにあるとされる。運命（モイラ）こそ、このような力のもっとも非人格的な面を表わし、人間は選択したものを選べず、行為を多元的に決定してしまう。そこで悪の起源をゼウスに帰しても誤りではない。ゼウスは至高神として、過ちの責任を引き受ける。迷妄の女神アーテーはゼウスの娘である。[11]

悲劇神話は神性に善と悪を集中させる。神性の悪は「悪意」という心理的形態をとる。神的悪意が人格化されると、「神の嫉み」となって現われる。ギリシアの賢人は神の嫉妬を、人間のヒュブリスへの罰とみなすことで倫理化しようとした。悪は嫉妬に由来するのでなく、傲りが第一の原因である。こうして人間の傲りの最初の悪が悲劇を招くとされる。

悲劇の結節点は、邪悪な神と反抗する英雄との対決にある。アイスキュロスは『縛られたプロメテウス』で、前悲劇的テーマを結晶化する。ゼウスが人間の族を滅ぼして新しい族を創ろうとするのに、ティターン族の神プロメテウスは人間を憐み、火を与え、技術を教える。ゼウスは怒って彼を岩に縛りつける。同情するオケアノスの娘たちとともに、プロメテウスは奈落に落ちる。邪悪な神のテーマと英雄の偉業のテーマが衝突するところに、本来の悲劇性が現われる。ゼウスとプロメテウスは、悲劇神学と悲劇人間学との両極を表わしている。

プロメテウスの悲劇は、運命と自由の弁証法的運動から生まれる。自由は運命成就を遅らせ、その成就を偶然と思わせる。そして最後に、ある〈結末〉で突如運命を成就させる。英雄の自由は不可避性のなかに不確定性の芽を導入する。そこに固有の残虐性が生まれ、恐怖へと変わる。プロメテウスのヒュブリスだけゆえに悲劇的なのではなく、幸福が過剰なものへの欲求を産み出し、それがヒュブリスを産み、不幸を産むのである。

プロメテウスは二つの意味をもつ人物像である。一方で彼は無垢な存在として、人間たちの恩人である。彼が与える火に、人間存在が要約されている。悲劇は、この彼の人間愛が、彼自身の不幸と人間たちの不幸の原因となるところにある。他方で、プロメテウスは神の怒りに直面する人間の怒りという意味をもつ。岩に縛られたプロメテウスに自由はないが、妥協しない意志をもつ。それは〈挑戦〉の自由であるが、〈参与〉の自由ではない。彼はゼウスの転落の秘密を握り、存在を無にするものをもっている。この破壊的自由のゆえに、プロメテウスは反撃され、奈落に転落する。ここにゼウスの罪責に含まれるプロメテウスの罪責がある。

リクールはここで、プロメテウスを有罪者にして犠牲者とする悲劇の根源にある「火の盗み」という本源的なテーマに遡る。ソフォクレスの『オイディプス王』でも、近親相姦と殺人はオイディプスの悲劇以前におこなわれている。プロメテウスのあの盗みは善行であったが、その善行は盗みであった、プロメテウスはもともと無実の有罪者であったのである。[12]

創造神話において、悪は創造行為の裏面であり、救いは創造そのものにあった。悲劇神話では悪の終わりはどうなるか。悲劇の観点では、英雄＝主人公への同情、憐み以外の解放を排除する。恐怖は終わり、復讐の連鎖は断たれ、神の義は法のなかに示され、裁きは終わる。しかしながら、悲劇的なものの終わりは英雄にとっての解放ではない。悲劇的なものの終わりは、神性に善と悪を集中させる悲劇神学そのものの破綻によって、詩人に気づかれる。ゼウスが邪悪な神であることは最終的に訂正される。悲劇神学の崩壊は、創造神話に移行することによって可能となる。たとえばマルドゥクがティアマットを征服したように。

ギリシア宗教は、アポロン的形態であれ、ディオニュソス的形態であれ、儀礼を超えたところでは、悲劇性の真の終わりを提供しない、とリクールは断定する。悲劇性からの解放がなされるとすれば、悲劇性の内部においてのみである。すなわち詩的言語の崇高性に結びついた魂を浄化する悲劇のスペクタクルそのものによってである。それを通して観客は主人公とともに泣き、歌う合唱に入っていく。神話は観客のなかにあり、観客自身の演出によって、自分自身を恐れ、嘆くのである。恐怖と憐憫は悲劇のもつ力によって、審美的転位をなしとげる。[13]

第四節　アダム神話

「アダム神話はすぐれて人間学的な神話である。アダムは〈人間〉を意味する。しかしすべての〈原人〉神話が〈アダム〉神話なのではない」とリクールは冒頭から言明する。彼は四つの神話類型はサイクルをなすとして、その最高位にアダム神話をおく。なぜならアダム神話はキリスト教的神話の枠を超えて、普遍性をもつからである。アダム神話が人間学的神話である理由をリクールは三つ挙げる。(14)

第一に、アダム神話はその起源説明的機能によって、悪の起源を現在の人類の〈祖先〉に帰すが、その祖先の条件はわれわれの条件と同質である。堕罪以前に、アダムは超自然的完全さを具えていたというのは、付随した思弁にすぎない。堕罪というシンボルはこの神話本来のものではないゆえに、この神話を堕罪神話とせず、アダム神話とする。この神話本来のシンボリズムは罪のシンボリズムであり、そこからこの神話を〈逸脱〉の神話とする。

第二の理由は、アダム神話という起源神話は、悪の起源と善の起源を〈二分〉しようとする極端な試みだからである。この神話の意図は、創造されて善なる状態にある、より〈原初の〉起源とは区別される、悪の〈根源的〉な起源を根拠づけるところにある。この原初的と根源的の区別は、アダム神話の人間学的性格にとって本質的である。この区別が、神の創造行為によってすでに絶対的な始まりをもった創造世界のただ中で、人間を悪の始まりとするのである。アダム神話がつくられた時代に、自由の概念はこの第二の始まりの支えとしては練りあげられていなかった。だが自由の力は物語のなかに構造化されている。〈可謬性〉の物語の後に、〈能犯性〉の状態がくるのである。この神話は、無垢から罪への移行を、一つの出来事として描いている。

第三に、アダム神話は最初の人を中心的像にして、蛇と、蛇のパートナーとしてのエバといった、いくつかの像を従属させている。そこからアダム神話を他の悪の神話と関係づけることは可能だが、それがアダム神話の中心的意図ではない。

リクールは神話を第二度の象徴とする。それを中心に三つの段階が区別される。罪に関する原初的象徴の段階。次にアダム神話の段階。そしてそれについての原罪という思弁の段階。

旧約聖書において、アダムは重要な人物ではない。預言者たちはアダムの息子たちの名を挙げても、アダムを知らない。新約聖書においても、イエスはアダムの物語に言及しないし、悪の始まりをアダムに帰すことをしない。「アダムのテーマを深い眠りからよび覚したのはパウロだ」。パウロは〈古い人〉と〈新しい人〉を対比するために、キリストを第二のアダムと名づけた。そこでキリスト論がアダム論を不動のものとして確立し、アダム像は人類の祖として個性化された。ただし原罪の教義はアダムの堕罪を歴史化して、後世に害をなした、とリクールは激しく論難する。

ともあれアダム神話を出現させたのは、ユダヤ民族の生きた経験である。神々のドラマの神話や、邪悪な神の悲劇神話と対比して、神を神聖とするユダヤの倫理的一神教は、神々の闘争を一掃し、創造は闘争でなく、言葉によってなされ、悪の起源は人間に求められる。神を絶対の善とする神学は、人間を告発し、その罪の自覚はユダヤの悔い改めの精神となる。そこからリクールは、アダムの堕罪神話の目標は、創造の存在論的出発点を悪の歴史的な出発点から分離するところにある、と断定する。悔い改めは個人の次元だけでなく、共同体の次元でもなされる。神話はアダムすなわち人、の名を挙げることによって、人間の悪の具体的普遍性を明らかにした。そこに神話の普遍化の機能がある。

アダムとエバは、イスラエルがカナンから追い払われるように、楽園から追放される。この失楽園の神話と意図的に接合された洪水神話は、ちょうど捕囚から帰還するように、新しい被造物が水害から現われ、浄められることを象徴的に示す。ノアはアダム（人）でもあり、それゆえ追放され、水から救出される人、再創造された人を指す。こうして先史的神話は、裁きと憐みの緊張を、あらゆる時代、場所に向けて拡大するのに役立つのである。

人間の罪は神の聖性によって暴かれる。それが反転すると、人間を悪として創造した神に非難が向けられる。悔い改めの精神はこの危機的瞬間に神話を産み出す。すなわち創造の始まりとは別に、悪の始まりを設定し、罪が、そして罪を通して死が世界に入りこむ原因となった出来事を描く神話である。これが神話の第三の機能である。

ヤハウィストの記述する創世記第三章の神話は、ただ一人の人間、ただ一つの行為による、ただ一つの出来事に、歴史の悪全体を要約しようとする。他方でこの神話は一連の時間経過のなかで、複数の人物を登場させてドラマを展開する。最初の人間、あるいは最初のカップルが禁止に背いたために、楽園から追放されるのを描いたこの神話は、民族の歴史に照合されると、新しい意味をおびる。民族の始祖とされたカップルは、王国から追放された人間のモデル、新たに始まる悪の原型となる。「アダムにおいてわれわれは一人であり、皆である」。最初の人という神話的形象によって、人間の多重的な単一性が、歴史の起源に集約される。[15]

　堕罪の一瞬、最初の人が禁断の実を食べる。この唯一の行為が区切りをなし、それは一方で無垢の時を終わらせ、他方で呪いの時を始める。これは創造物語に堕罪物語が挿入されたからである。創世記一章から二章四節までは祭司文書に属し、それ以下はヤハウィスト文書に属する。「神はお造りになったすべてのものを御覧になった。見よ、それはきわめてよかった」(創世記1・31)。この創造物語において、ヤハウェは自然の力と混同されることなく、天と地の創造主として普遍的な歴史の主となる。二章四節以下の堕罪物語は、創造物語より以前につくられた。ヤハウィストの人間観によれば、無垢な人間は堕罪以後、性に目覚める。知性、労働、性は悪の華となる。偉大性と有罪性という人間の二面性は、神の禁止によって浮き彫りになる。この禁止のもとでの生をパウロは霊的自伝でこう表明する。「わたしはかつては、律法とかかわりなく生きていましたが、掟が登場したとき、罪が生き返って、わたしは死にました。そして命をもたらすはずの掟が、死に導くものであることがわかりました」(ローマ7・10)。

　ドラマは蛇と女の間に起こる。蛇の質問「園のどの木からも食べてはいけないなどと神は言われたのか」は、女に疑念を起こさせ、制限を強制に変えてしまう。導き手であったはずの掟は強制となる。有限の意味がかすみ、欲望が噴き出し、欲望自体を欲望する無限性となる。蛇の問いかけの真意は「悪無限」である。自由の有限性を歪める違反によって、善悪を知り、神に似る。そのために被造物としての人間の有限な状況が見えなくなり、欲望が人間の現実をなしているかのように見える。この有限な自由の構造が堕罪の機会である。悪は自由によって可能となる。「こうした批判の暗号化された形態が神話である」とリクールは言う。[16]

エバは「第二の性」としての女ではない。「すべての女はアダムにおいて罪を犯し、すべての男はエバにおいて罪を犯す」。

堕罪の出来事以前に、蛇は登場しており、神々の系譜神話で唯一生き残った怪物である。それは単に被造物なのである。ヤハウィストは蛇に誘惑の役割を担わせる。罪を犯すことは、外部からの誘惑に屈することに等しい。蛇とはわれわれが知らない、われわれ自身の一部である。「主なる神は女に向かって言われた。『何ということをしたのか』。女は答えた。『蛇がだましたので、食べてしまいました』」（3・13）。この弁明の巧妙さは、誘惑をすっかり外在化させてしまったところにある。

蛇の象徴の意味はそれだけではない。蛇はさまざまな〈外部〉を表わす。人間の歴史的経験において、悪はすでにそこにあることを見いだす。エデンの園に、蛇はすでにそこにいたのである。そこに悪の根源的外在性、宇宙的構造がある。それは創造前のカオスの一面で、ヨブは獣＝カオスの宇宙的次元を認めた。蛇のテーマを徹底すると、人間は絶対的に邪悪ではなく、誘惑された悪者にすぎないことになる。悪の起源に同意することで、人間は邪悪になるのである。絶対的邪悪者という極限の表象は、罪告白や悔い改めの精神では接近できない領域であることを、リクールは認める。「誘惑の外在的な構造を離れれば、私にはサタンが誰なのかさえわからない」。

アダムの象徴は始まりについての象徴であるが、未来に向けた歴史的経験の全体とつながっていることを、ヤハウィストは意識していた。というのも、浄め、憐み、義認といった〈赦し〉の象徴系が、穢れ、罪、罪責の象徴系と並行しているのである。義認の象徴系は神話段階のシンボリズムを通して、「父の子」（第二のアダム）といった終末論的シンボリズムと結びつく。創世記におけるアブラハムの信仰、「アブラハムは主を信じた。主は彼の義を認められた」。このアブラハム像は、アダム像への最初の応答のようである。[17]

イスラエル人は自分たちの歴史をかえりみて、そこに希望の矢を見る。しかし約束の成就はたえず延期される。その間に、シナイ山の契約、律法の認知、礼拝の整備が挿入される。約束を決定的に「終末論化」したのは、歴史的な挫折の経験である。終末に関するさまざまな神話的イメージを通して、救いは未来から現在へやって来る、と希望をもつようになる。その終末論的表象は、先史の表象に類似しており、来たるべき人の表象は、最初の人の堕罪と同質である。

ダニエル書や黙示文学に出てくる「人の子」の像は、最初の人でなく、来たるべき人の像であり、終末の人である。それは世界の裁き手、来たるべき王という二重の機能をもって、最終の未来へ導く。

新約聖書では、イエスは人の子という称号で自分を三人称で指し示した。それは最初のキリスト論とみなすことができる。次にイエスははじめて、死と苦難の観念を人の子像に組み入れた。共観福音書はこれら基本的イメージをイエスに収斂させて、それらをゆたかにした。イエスの赦しと癒しとは、新しい支配の二つのしるしとなる。「苦難の僕」像から〈代受苦〉という観念がもたらされたが、人の子像はその行為に、天上性と同時に地上性も強調している。「あなたがたがわたしの兄弟のうちでもっとも小さいこれらの者のひとりにしたことは、あなたがたがほかならぬこわたしにしたことである」。人の子は裁き手であるとともに、代わりに苦しむ犠牲者である。「人の子が来たのは仕えられるためではなく、仕えるためである」(マルコ10・45)。

パウロは二人のアダムを比較して、決定的な役割を演じる。彼はローマ書五章一二〜二一節で、「一人の罪によってすべての人に有罪の判決が下されたように、一人の正しい行為によって、すべての人が義とされて、命を得ることになったのです」と相似を見いだしただけではない。「しかし恵みの賜物は罪とは比較になりません。一人の罪によって多くの人が死ぬことになったとすれば、なおさら、神の恵みと一人の人イエス・キリストの恵みの賜物とは、多くの人に豊かに注がれるのです」。「相似」がこの「なおさら」に反転したおかげで、恵みの賜物は新しい被造物の幕開けとなる。

古い人から新しい人への動きを、パウロはアダム論の用語で書き換えることで、歴史神学に道を開いた。第二のアダムは第一のアダムより大きい。第一のアダムは、第二のアダムをめざしている。パウロにとり、この第二のアダムの範型が存在論的に重みを増すのは、イエス自身が歴史的人間で「神の形で存在」し、神の型、形、姿を完成させているという信仰による。

第五節　流刑にされた魂の神話

オルペウス教の神話に完全に実現されているこの神話類型は、人間を魂と身体に分割するもので、あらゆる人間学的二元論がこれを合理化しようと努めている。プラトン派、新プラトン派がこの神話に養われていることは事実である。前述の三つの神話類型と比較すると、この流刑にされた魂の神話だけが〈魂〉の神話であると同時に〈身体〉の神話である。この神話が語るのは次のことである。神的な起源の〈魂〉がいかにして人間的になったのか。悪しき〈身体〉がどのようにして魂を手に入れたのか。魂と身体の混合がいかにして人間にその人間性を開かせ、魂と身体の原初の差違を忘却する場としたのか。(18)

この神話の原型はこうである。子供のディオニュソスはティターン族に殺され、その手足は煮られ、貪り食われた。ゼウスは雷を送ってティターン族を罰し、彼らの灰から現在に人類を生じさせた。ゆえに現在の人間は、ティターン族の悪い本性と、ディオニュソスの神的本性を同時におびている。現在の人間の条件をなす魂と身体の混合は、以前の犯罪に由来し、悪は受け継がれる。

プラトン派の哲学は、オルペウスの「古いことば」と言われるものを前提としており、完全な形のオルペウス神話は、哲学よりも後の時代のものである。プラトンは『クラテュロス』で、身体（ソーマ）を牢獄（セーマ）としたのはオルペウス派であると言明する。身体は魂が負い目を償うための牢獄である。身体は悪の起源ではなく、魂の償いのための道具になることで、流刑の場所になるのである。ソーマをセーマとする根拠のない語源学によって、身体は囚人の拘束所となる。(19)

オルペウス教の贖罪観念によると、身体という懲罰の場は誘惑と汚染の場でもある。魂は囚われることで、再犯者にもなる。『パイドン』では、生の意味と死の意味の変質が語られ、眠りと目覚めが交代するように、生と死は交代し合うと説かれる。

ここで第三のテーマ「地獄の懲罰」が導入される。これはオルペウス教の宣教の中心で、地獄が生の同義語であるように、生は地獄の反復であるとする。これは生と死の循環という神話に由来し、オルペウス教は輪廻と転生という古い印欧的テーマに戻ったのである。身体についての理解の中心となるのは、地獄と身体の類比である。身体内での贖罪は浄罪どころか、再犯、累犯となるのであり、そこから魂の流刑のテーマが出てくる。

　身体を懲罰のための道具とする解釈は、その反動として、魂は他界から来る神的なものという新たな解釈を産み出す。身体に流刑になった魂は、ひそかに自由を熱望する生を送っているのである。

　神による魂の熱狂の祭式について、オルペウス教の独創性は、神の憑依よりも、身体外へ、他界への脱出を重視したことにある。憑依された魂は神的なものにならなくてはならない。そしてオルペウス教は人間を「死すべきもの」でなく〈神〉として定義するまでにいたる。知恵とは自分に神を認めること。エンペドクレスによれば、〈神的な〉魂とは、死すべきものではなく、それは〈生成の道〉から解放されることができる。たしかにプラトン以前に、魂の不死性は永遠性になっていず、魂の永続は「形相」の永遠性になっていなかった。しかし神話は死と生の循環を想像することで、それを触発した。神話では不死性は再生という想像的図式に捉われているが、「ミュトスはすでにロゴスである」。それは理性を与える。[20]

　オルペウスの人間系譜物語で重要なのは、人間はディオニュソスを殺害したティターンの荒々しい本性と、彼が同化したディオニュソスの本性をともに受け継いでいることである。しかしこの二元論は忘れられ、ティターン神話は悪の起源を超人間的な出来事や存在に移して、人間を無罪放免してしまった。だがわれわれはティターンの灰から生まれたのだから、ティターンは人間の他者ではない。プラトンの言う「われわれのティターン的性質」とは、悪に染まり、それを受け継いでいる部分なのである。神話的時間では、悪は先在している。「まさしく悪は選択であり、かつ相続である」。

第六節　神話群のサイクルとアダム神話

悪の神話とみなされる神話群を四つの類型に分けてこれまで分析してきた。「すべての神話は何らかの仕方でわれわれに語りかけている」というのがリクールの基本的立場である。ただしそれは神話すべてを平等に扱うことではなく、一つの視点から神話群を位置づけて、理解しようとするのであり、リクールはその視点としてアダム神話を選ぶ。彼は例によってそうする理由を三つ挙げる[21]。

第一に、アダム神話から原罪の教義を導き出すアウグスティヌス以来の伝統にリクールは反対するからである。原罪ではなく、罪の教義から神話へ、神話から罪の告白への志向的関係を顕現させるのに、アダム神話は最適である。

第二に、アダムの物語を次の二つの意味で解釈することから始めなくてはならない。すなわち歴史によって〈非神話論化〉された起源寓話として、またこの非神話論化によって制約から免れた啓示的象徴として解釈するのである。ここでいう非神話論化とは、起源説明的な神話の言語を批判し、象徴言語としての神話を神話として解釈し、その意味を回復する作業である。

第三に、アダム神話の卓越性とは、他の神話を廃棄することでなく、逆に他の神話をアダム神話によって生かし、再生することにある。アダム神話を理解することによって、他の神話を理解するのである。

アダム神話と他の神話とのこうした内的関係によって、神話群の間の循環性が露呈されよう。

悲劇神話

悲劇神話がアダム神話に近いというのは、アダム神話自体が、悲劇の人間の一部と悲劇の神の一部さえも再確認するからである。アダムにおいてすべての人が犯す罪、その不可避性はまさに自由のうちに巻きこまれている。この宿命を象徴的に表現しているのが悲劇神話である。この運命は自由に含まれているのだから、必然的に過ちとして感じられる。それゆえ悲劇神話は倫理的に罪告白の裏面に結びつく神話として再確認される[22]。

ヤハウェとイスラエルは律法を関係の絆とする。そこから神自身が倫理的な神となる。歴史は裁きの場であり、人間の経験全体が懲罰的性格をおびる。こうした道徳的世界観を破ったのが「ヨブ記」の描く、罪なき者の苦難である。義人の苦難の謎は、倫理的神学の産物である。ヨブが再び見いだしたのは悲劇の神ではないか。『縛られたプロメテウス』の抗議は、ヨブのそれに匹敵しよう。しかしヨブは神に抗しながら、やはり神に訴える。ヨブは倫理的視点をこえて、信仰の新しい次元にいたる。

アダム神話の理解が、悲劇から受け継いでいるものが二つある。一つは預言者が告発している当の人間に対する憐みである。預言者の神は、立法者と裁判官を伴った神である。もう一つは、神の深淵を前にしたときの畏れと戦きである。悲劇神学がつねに可能だからこそ、神は隠れた神である。この神学が可能なのは、苦しみがもはや罰として理解されることができないからである。悲劇神話がアダム神話を助けるのは、後者が先に前者をよみがえらせるからである。自分は悪をおこなう人間であると告白する者だけが、悪がつねにすでにそこにあることを見いだすのである。アダム神話は表であり、悲劇神話は裏である。

イザヤ書五三章四‐五節の〈贈与〉となった苦難が人々の罪を贖う。この苦難の僕の悲劇性は、ギリシアの英雄たちの悲劇性を超えている。苦難を神の贈与とする、苦難＝贈与こそが、憐憫が正義に適うための段階となる。

創造神話

神々の系譜神話は、倫理的一神教によって粉砕された。倫理的一神教において神だけが神聖であるから、人間だけが罪のうちにある。しかし、ゆえに神に罪はない、という最後の言葉は言われていない。なぜなら悪こそが存在の原初的契機であるという、より洗練された〈存在＝神論〉が、たえず現われてきたからである。ヘラクレイトスの宇宙論、十四世紀のドイツ神秘思想、そしてドイツ観念論において、悪が存在の苦しみのうちに根づいているとされる。それを悲劇の側で考えると、悲劇的なものとは告白しえないものであるゆえに、神の水準では思考しえないものである。それに対し、神々の系譜論は悲劇性を事物の起源に移して、それを存在の論理に合致させる。この存在の悲劇‐論理を打破するのは、人間による悪の措定である。アダム神話によれば、悪は存在の一カテゴリーではない。悪の存在の絶対的発生という誘惑を斥けうるのは、ただ「キリスト論」のみである、とリクールは主張する。キリスト論は教義である。しかしそれだけが、人間の苦難の最後の可能性としての「苦難の僕」の像を、イエス・キリストという神的人格のうちに含めることのできる教義なのである。イエス・キリストが栄光を与えられるのは犠牲としてである。「誰もわたしの命を奪いはしない。わたしがこの命を与えるのである」。絶対的運命が絶対的贈与であり、ここにおいて悲劇は完成し、消滅する。[23]

流刑にされた魂の神話

オルペウス派の流刑にされた魂の神話は、魂と身体の二元論により、一元論のアダム神話から離れている。この二つの神話が出会うのは、すでにそこにあるものとしての悪の経験においてである。アダム神話では、蛇とエバによる誘惑の受動的経験であるが、オルペウス神話は誘惑の外在性を発展させ、それを身体に一致させる。この蛇のテーマから、身体=牢獄のテーマへの移行は理解できる。ヘブライの悪の経験の一次シンボリズムに遡ってみる。すなわちエジプトでの虜囚の象徴、エジプトからの脱出の象徴である。このシンボリズムにより、バビロン捕囚、そこからの帰還という歴史的経験が、預言者たちに力を与え、ユダヤ教徒を鼓舞した。[24]

ユダヤの歴史神学と結びついたこのシンボリズムは、追放のテーマにその神話的表現を見いだす。堕罪によって追放と滅びの時が開始される。すなわち、アダムとエバの楽園追放、カインの彷徨、バベルの塔建設者たちの四散、大洪水による逆創造、として象徴化される。聖書の捕囚と、魂の流刑との関係は、ユダヤ民族の〈出エジプト〉とオルペウス派の魂の遍歴（オデュッセイア）の関係に等しいと言えよう。捕囚と出エジプトの象徴は、悪の外在性を示すもので、それをエゼキエルやエレミヤたちは身体のシンボリズムで表現した。

魂の流刑神話のアダム神話への感染の第二段階は、パウロ、アウグスティヌス、ルターたちの宗教的経験の類型によって表現される。この信徒たちは悪に抵抗する困難を、恩恵によってのりこえたのである。

パウロの言葉づかいは、時にグノーシス的であり、ヘレニズムの知恵的である。彼は「私のうちに住む罪」と言い、身体そのものを「死のからだ」と呼ぶ。パウロの「肉」「からだ」は実存的カテゴリーに属し、内的人間の「霊の欲」と対立する。しかしパウロがグノーシス主義に傾くのを防いでいるのは、第一にキリストの受肉の意味、次にわれわれの身体そのものの贖罪への期待であり、最後に第二のアダムというキリスト論である。

アダム神話の固有性の弱まりとともに、キリスト教的経験も二元論的になる。天上の魂と身体を対立させるプラトン主義的キリスト教は、罪経験を情欲に向かわせ、二元論的になる。身体の象徴性は穢れの象徴性と結びつき、身体が悪の神話性に属するための条件となる。だがパウロやヨハネにおいて、〈肉〉は物理的身体以上のものであり、〈世〉は事物や世界以上のものであることを認めるなら、プラトンにおいても象徴的読み方が必要であり、そこにおいてパウロによる〈肉〉とプラトンによる〈身体〉の間の差違は消える。としても差違がまったくなくなりはしない。パウロはアダム神話によって、悪しき身体という認識を免れているからである。

以上アダム神話の視点から、サイクルをなす神話群を捉え直そうと試みた後に、リクールはこう反省する。神話の解釈学は体系的哲学にとって代わることはできず、それは未完にとどまるものであったが、象徴によって教えられつつ、十分に理性的な哲学の方法論を確立する必要はある。そのうえでリクールはこれまでの神話解釈学によって得られたものを総括する。カオス、神による盲目、魂の流刑という三つの神話によって、堕罪神話が超倫理的次元に属することが明示された。それによって倫理的世界観にとどまるであろう一切の〈意志の哲学〉の限界が示された。堕罪神話がこれらの神話を必要とするのは、その神話が前提する倫理的な神が〈隠れた神〉のままでいるゆえに、神が告発する罪ある人が、不正の秘義の犠牲者として現われ、それによって彼が〈怒り〉と同じく〈憐み〉にも値するようにするためである。[25]

リクールは神話を象徴言語として捉え、神話解釈を象徴解釈として実践した。宗教的シンボリズムをいかにして哲学的ロゴスに転写するか。そのためにリクールはカントのアフォリズム「象徴は考えるものを与える」を格率として適用する。「象徴は与える」。象徴が与えるものは、思考されるべきもの、という二つを意味する。象徴が喚起する思考は贈り物で、象徴によって与えられる思考と、次に措定し、考える思考との連結が、象徴解釈の企ての臨界点をなす。象徴の直接性と思考の媒介性をいかに両立させるか。象徴は告白に言語を与える。解釈学のないところに、象徴言語はない。この解釈学は、神話の擬似歴史、擬似神学的なものを批判しつつ、神話の啓示する真理に忠実であろうとする。象徴によって与えられる意味と、それを解読しようとするイニシァティヴを結ぶのが解釈学である。それはルドルフ・ブルトマンの言う「信仰と理解の循環」である。理解は無前提ではなく、前理解がある。「理解するためには信じることが必要である」。しかし「信じるためには理解することが必要である」。そこからブルトマンは「新約聖書の非神話化」を唱えた。リクールは単なる非神秘化としての「非神話化」（démythisation）と区別して、「非神話論化」（démythologisation）を実践しようとする。それによって批判するのは、神話の宇宙論的表象、擬似歴史的表現であり、それによって明るみに出すのは神話の真理である。非神話論化はある意味で、再神話化である。[26]

第二部　物語的自己同一性

第一章　解釈学としての精神分析

第一節　傷ついたコギト

リクールのフロイト精神分析への関心は、彼のリセ時代に遡る。彼を哲学専攻に導いた哲学教師ローラン・ダルビエは『精神分析の方法とフロイトの学説』（1936）の著者であり、それは哲学的フロイト解釈の先駆けであった。『意志的なものと非意志的なもの』で、〈非意志的なもの〉として、性格、無意識、生命が挙げられる。ただしその場合の無意識は、フロイトのそれと異なり、意識との相関関係で捉えられねばならないとする。しかし以後リクールはフロイトの学説を全著作にわたって本格的に研究するようになる。ストラスブール大学からパリ大学に移ると、フロイトについての講義を開始し、またフィリップ・ボーメルのセミナーに出席し、いくつか学会発表をおこなうようになる。これは同時代のサルトル、メルロ＝ポンティが精神分析に対して留保的態度をとっていたのと対照的である。リクールが精神分析を解釈学の一種として認めるようになったきっかけの一つは、アントワーヌ・ヴェルゴートの論文「フロイトの精神分析の哲学的興味」[1]（1958）との出会いである。ヴェルゴートは、フロイトの企図にはフッサール的志向性の概念があると見て、それを「フロイトの現象学」と規定し、「フロイトは心的現象が意味によって規定されること、その意味は歴史的であることを発見した」と述べる。リクールはこの論文を読んで、精神分析に対する考え方が変わった、とヴェルゴートに語ったという。[2]

一九六〇年代から七〇年代にかけて、フランスの哲学界はフロイトの正統的後継者と自任するジャック・ラカンのカリスマ的影響力のもとフロイト化され、教育分析を受ける哲学者が続出するという現象が起きる。リクールはそのラカンに招かれて、一九六〇年に開催された「無意識」をテーマにした第六回ボンヌヴァル学会で「意識と無意識」と題する発表をおこなう。[3] この発表は、彼が精神分析を哲学として論じる視点を明瞭に打ち出したものである。彼がここで「意識」を le conscient と形容詞を実詞化し、「無意識」l'inconscient と同じにするのは、意識と無意識を相関させ、弁証法的に扱うためである。冒頭で「〈意識の問題は無意識の問題におとらず難解である〉と告白せざるをえない」と述べる。意識はけっして自明ではなく、意識から出発しようとしても、意識とは何かがわからないという意識の危機がある。なぜなら「虚偽意識」という語が示すように、意識の確実性は真としては疑わしいからであり、また意識とは全体化しえないものであり、それゆえに意識の哲学はないからである。そこで反省によって意識に接近しようとしても、すべての反省には無反省の部分がある。こうして意識への反省的アプローチは挫折し、フロイトの無意識概念の実在論的モデルに頼らざるをえなくなる。

その実在論は認識可能なものの実在論である。フロイトにとって認識可能なものは、欲動そのものでなく、欲動を代表する表象である。フロイトはそれを次のように述べる。「欲動は無意識においても、表象によってしか表わされえない。もし欲動が感情状態として現われてこなければ、欲動はわれわれによって全く知られないままであろう」（『メタ心理学』）。

精神分析は無意識の派生物の研究なのであって、認識できないものは問題にしない。無意識は「表象代表」によってのみ認識可能である。そこから無意識の実在性は、その派生物の〈解釈〉において、〈解釈〉によって構成されることになる。つまり分析によって無意識と結びつけられる諸事象は、他者（分析者）にとってのシニフィアン（能記）だということである。それが精神分析という解釈学の対象となる。

リクールは一九六五年にフロイトの全著作を対象に、哲学の立場からフロイト思想を論じた『フロイトを読む――フロイト試論』を発表する。リクールはフロイトの精神分析を、コギトの哲学への重大な批判、そして主体の哲学への挑戦、と受け止めるからである。精神分析はデカルトがもっとも判明で確実な思考の出発点とした cogito の直証性を危うくする。コギトの哲学において、思考とは意識的思考であり、真理は意識にとって明晰、判明なものである。意識は意味作用の場であり、意味の起源である。また主体は思考によって自己同一性を獲得するのであるから、意識において思考と自我は一致する。このコギトの確実性、明証性に、根本的な異議申し立てをするのがフロイトの精神分析である。他方、すでに見たように、リクール自身も「意志の哲学」の第一巻でコギトは「私は意志する」も含むとして、コギトの全面的回復を企てるのである。

フロイト思想には「主体」という問題意識が欠けている。自我＝エス＝超自我という第二局所論で自我を探し求めても、現われてくるのは超自我であり、エスであって、自我はそのつど逃れてしまう。にもかかわらずリクールが精神分析を並はずれた〈反省の学〉とみなすのは、何よりもそれが直接意識に対する批判だからである。それは、自己欺瞞を犯すこともありうると認めた自己意識の放棄を要求する。フロイトによるナルシシズムの概念の導入により、自我はもはやコギトの主体でなく、欲望の〈対象〉となる。「私は考える」の中心そのものに、欲動が見いだされる。「自我はもはや自分自身の住まいの主人ではない[4]」。

フッサールは、コギトは自分で自分を基礎づける「自己基礎づけ」であるとする。これに対置されるのは、ニーチェの「砕かれたコギト」である。「ニーチェの私は、デカルト以上に疑う。コギトもまた疑わしいとして、コギトの確実性そのものを破壊する」。意識とはまずは虚偽意識であり、その虚偽や誤解を正すのが反省である。意識は所与ではなく、務めであることをリクールは強調する。フッサールも『デカルト的省察』第九節で、コギトは必当然的であっても、十全的ではないと言っている。この批判を受け入れたコギトをリクールは「傷ついたコギト」(cogito blessé)と表現する。「コギトは自己措定はするが、自己を所有しない。それは現実の意識の不十全性、錯覚、虚偽を自認することにおいてしか、その本源的な真理を理解しないようなコギトである[5]」。

この意識批判を受け入れることは、フッサール現象学の超越論的意識の学そのものへの批判にはねかえってくる。そこでリクールは現象学を解釈学に〈接木〉する「解釈学的現象学」の構築へ進むのである。

第二節　欲望の解釈学

一九六五年にリクールが上梓する『フロイトを読む――フロイト試論』の原題は『解釈について――フロイト試論』で、アリストテレスの『解釈について』（Peri Hermêneias）を踏まえており、精神分析を象徴解釈の一環とする意図の表明である。著書の冒頭で、今日あらゆる哲学的探求が交叉しているのは言語の領域であり、「その言語についての大議論に精神分析者も参加している、と私があえて言うのは、じつはこれから私が論証しようとすることなのである」と記す。彼はそれをもっぱらフロイトのテクストの読解と、その哲学的解釈とによっておこなうのである。したがってこの著書は精神分析の実践には関わらず、ポストフロイト派の理論も考慮しないことを前提としている。全体は、問題編、分析編、解釈編の三部から成り、分析編はテクストの読解で、全体の3／5を占め、問題編、解釈編は、フロイト思想からどんな哲学が可能かを問う。

この書は刊行後ラカン派から，いわれなき攻撃にさらされるのだが、ラカンとの理論的対立点は、はじめから明瞭である。ラカンは精神分析に哲学、言語学を導入した。彼は「無意識は言語のように（として）構造化されている」として、構造言語学、レトリックの概念を応用して、無意識の言語的構造を解明しようとした。ラカンは無意識を、シニフィエ（所記）なきシニフィアン（能記）の連鎖として捉え、「無意識の言表とは他者の〈言表〉であって、意識的言語主体の外にあって、自律的存在をもっている」と考える。それに対しリクールは「無意識は言語ではない、ただ言語のほうに押し進められるだけである」とし、「人間とはことばである。なぜなら欲望の最初の意味論は譫妄なのであるから」と述べ、精神分析と言語の関係をこう示す。「精神分析のはじめにあるのは欲望であり、それが窮極に到達するのはことばである」。精神分析は意識への回帰として可能であり、見失われていたことばの意味の回復である。[6]

フロイトの分析理論はいくつもの段階を経て形成されていった。その出発点となった『科学的心理学草稿』で、彼は精神分析を自然科学として構想し、心的現象を量的理論の枠内でエネルギー論的に説明しようとし、さらに後に「抵抗」「抑圧」「圧縮」といった準物理学的隠喩を用いて経済論的な力の葛藤を表現した。他方、精神分析の基礎を据えた書『夢判断』では、夢には意味があるとして、夢の顕在内容から、潜在内容を解釈によって引き出そうとする。したがってフロイトのテクストは力の語法と意味の語法の混合語法で織りあげられている。要するにフロイトの精神分析は観察科学でなく、欲望の解釈学であるという観点から、リクールは彼のテクストを読解するのである。

論文「フロイトの精神分析的著作における証明の問題」(1981)でリクールは精神分析における事実と、自然科学における事実との違いについて論じる。[7] すなわち分析において事実を選択する基準には次の四つがある。第一に、治療の場には〈語られうる〉経験しか入ってこない。第二に、分析の場では、〈他の人に〉語られるという相互主観的状況にある。第三に、精神分析は「物的現実」でなく「心的現実」に関わる。第四に、被分析者の経験のなかから〈物語られるもの〉が選り分けられる。この四つの事実性の基準が、精神分析の理論と治療の範囲を画定している。このことはフロイトの創始したのが、非物質的科学であり、それは歴史的、解釈学的であることを例証している。

フロイトに心的現象への眼を開かせたのは、ジャン＝マルタン・シャルコの催眠術を使ったヒステリー治療であった。そしてヨゼフ・ブロイラーとヒステリーの共同研究を始め、その成果を『ヒステリー研究』(1895)にまとめる。しかしフロイトはヒステリーの「性的原因説」を唱え、それに反対するブロイラーとは決裂してしまう。フロイトは「性的原因説」の補強として、次の仮説を立てる。患者が幼児期に成人から受けた誘惑行為が心的外傷となり、無意識の記憶として潜伏しているが、思春期以後に軽微な性的興奮によってその記憶がよみがえり、さまざまなヒステリー症状に変換するというものである。しかし患者の語った誘惑体験が事実でなく、患者の幻想であったとわかったとき、誘惑理論は挫折した。だがそれは幼児の自然発生的性欲、無意識的幻想の存在を想定させ、フロイトに、「物的現実」と異なる確かな「心的現実」の存在を確信させる。

フロイトは一八九七年頃に、自己分析を経て、エディプス・コンプレックスを発見する。それが彼自身の夢の分析を通して啓示されたことは重要である。そのコンプレックスが普遍性をもつとするなら、それは心的現実としての可能性によってであり、現実性によってではない。誘惑物語はフィクションであることが判明したが、そのフィクションは今や、ソフォクレス作『オイディプス王』的ドラマのフィクションにとって代わる。「真実と、情動を充当されたフィクションとを区別することはできない」とフロイトは言う。この命題は物語理論にとって重要である。心的現実として見れば、夢、無意識的幻想、神話は通底している。また幼児性欲説は、フッサールの「意識の志向性」に呼応するような「性的欲望の志向性」を明らかにした。

フロイトの夢についての第二の重要なテーゼは、顕在夢と潜在夢の区別である。夢とは潜在的な「夢思想」が「意識の検閲」を免れるために、「夢の作業」によって歪曲されて、顕在内容として表現されたものである。したがって夢は「（抑圧された）願望の（偽装された）充足」なのである。夢の真の意味は当人にとっても隠されており、夢を解釈することは、無意識の願望を露呈させることである。フロイトは夢の作業にしたがって、夢を分析し、解釈する。夢の作業には、「圧縮」「置き換え」「形象化」「二次加工」の四つがある。形象化とは、言語や思考を心的イメージに置き換える作業であり、二次加工とは、前の三つの作業の結果を調整し調和させることで、これにより夢は〈物語化〉される。(8)

夢解釈の課題は「（被分析者の語る）夢の顕在内容と、潜在的な夢思想との関係を探り、後者が前者に変わっていった過程をたどることである」とフロイトは言う。無意識は直接に言語化されて現われるのではない。分析者は被分析者の語る言葉の裂け目から、無意識の言語を探りだし、捉えようとする。夢の言語は象徴性をおびている。無意識が象徴表現をとるなら、精神分析全体は、欲望の言語としての象徴の解釈学となるはずである。ところがフロイトの実際の夢解釈はその期待を裏切る。彼は〈形象化〉の作業を象徴化どころか、言語表象から、事物表象への退行と捉えるのである。その結果は紋切り型の解釈となる。

フロイトの夢理論の重要性は、それが神経症治療の域を越えて、文化の解釈に発展するところにある。彼の文化・宗教に関する著作群は、芸術論、宗教論、文化・社会論と広範である。そこでは第二局所論にもとづいて文化と欲望の弁証法が展開される。そこからリクールは「フロイトの文化論全体は、夢や神経症の経済論的説明が単に類比的に転置されたものである」と考える(9)。

フロイトの文化論の第一段階は、夢のモデルの類比的適用である。夢がモデルになる理由をリクールは五つ挙げる。第一に、「夢には意味がある」。夢の思想は覚醒時の思想と変わらない。第二に、「夢は欲望の擬装された実現である」。第三に、「擬装は夢の作業の結果である」。第四に、「夢によって表象される欲望は、幼児的、退行的である」。第五に、「夢は象徴表現をとる」。以上を通して見えてくるのはフロイトの人間観であり、それをリクールはこう要約する。「人間とは擬装、退行、類型的象徴化などの手段をもって欲望を表現できる存在なのである。人間において欲望は仮面をつけて進む。芸術、道徳、宗教などは、夢のつける仮面に類似した形態であり、その変形であり、その限りにおいて精神分析は価値がある」。

夢の類同物（アナロゴン）の典型は芸術作品である。論文「レオナルド・ダ・ヴィンチの幼年期のある思い出」「ミケランジェロのモーセ像」「小箱選びのモチーフ」といったフロイトの精神分析の芸術作品への応用は、精神分析的芸術批評の嚆矢となる。彼の作品分析は、夢の解釈のように、作品の部分や断片から着手して、細部から綿密に全体像を描き出す。この方法は夢の作業と芸術創造の方法を重ね合わせるものである。上記のレオナルド論は、画家の幼児期の願望の作品における充足を主題にしている。モナ・リザの微笑のうちに、画家は「母親に魅惑された男の子の願望充足を描いたのである」とフロイトは解釈するのだが、リクールは「レオナルドの画筆は母親の思い出を再創造せず、それを芸術作品として創造したのである」と見る。[10]

文化の解釈の第二段階は、〈夢幻的なものから崇高なものへ〉である。〈崇高なもの〉は「昇華」〈sublimation〉も意味する。それは人間が欲望をもって、理想的なもの、崇高なものをつくりだす過程である。そこにおいて解釈の重心は、〈抑圧されるもの〉から〈抑圧するもの〉へ移動する。抑圧するものは、政治権力、宗教権力、社会的権力など権力の現象として、その歴史的形態を通して現われる。幼児期から成人まで、先史時代から有史時代まで、歴史をもつのは抑圧するものである。そこでフロイトはエルンスト・ヘッケルの「個体発生は系統発生を繰り返す」という発生論を援用する。エディプス・コンプレックスにおける「個体発生」を一挙に「系統発生」に送り返すことで、発生論の限界を乗りこえようとするのである。「個人のドラマとしてと〈同時に〉人類の集団的運命として、心理的現実としてと〈同時に〉道徳の起源としてのエディプス・コンプレックス」の全体像を、フロイトは閃光のように一挙に発見する。エディプス・コンプレックスとは夢想された近親相姦である。それを人類の歴史における幼児期である先史に投影する。こうしてフロイトは、〈類比〉を一挙に〈系統〉に変えてしまう。[11]

フロイトは『トーテムとタブー』では、トーテムのなかに父親像を見つけだし、人類の起源に「原父殺し」を措定する。つまりトーテムという民族学的材料から、人類の集団的エディプス・コンプレックスを再構成し、それを先史時代に投影するのである。さらにフロイトは宗教を、原父殺しの罪悪感と、父との和解のための一連の企てとして定義する。リクールはこれを「科学的神話」とみなすが、重要なのはそれをまさしく神話として解釈することであると言う。

『モーセと一神教』でフロイトはトーテミズムのレベルでなく、一神教のレベル、ユダヤ教のレベルで、宗教の起源、その歴史を構成しようとする。ユダヤ教は、父のすぐれた代理者というモーセの人格によって、原初の大罪をよみがえらせた。こうして父親像がトーテムに、次に聖霊に、次にヤハウェとイエス・キリストに、と次々に移っていく。『文化のなかの不安』でフロイトはこう述べる。「人間が父親へのノスタルジーにとりつかれるのは、人間が永遠に〈子どものように〉無力だからである」。幼児=人間は自然に直面すると、父にかたどって神々をつくりあげる。慈愛の父なる神こそ、宗教の最高形態である。しかしながらこの慈愛の像もまたフロイトは経済論的に説明するのであり、宗教は明瞭に道徳とは区別されている。[12]

フロイトの〈科学的神話〉はひとえに類比に立脚している。強迫神経症患者の儀式と宗教儀式の類似から、フロイトは「宗教を普遍的強迫神経症として言い表わすことができよう」とまで言う。この類比による宗教の発生論的説明についてリクールは、「この歴史で驚くべきは、この歴史が何の前進も発展も示さず、それ自身の起源を果てしなく繰り返しているだけである」と批判する。

フロイト思想は晩年、論文「快感原則の彼岸」(1920)で「死の欲動」概念を導入して大改鋳がおこなわれる。死の欲動は逆に生の欲動エロスを導き入れ、エロスとタナトス(死)の二元論が展開される。それについてリクールは最後に「フロイトは科学的神話という衣装を着て、心理学が自然哲学に到達するという、彼のもっとも古い願望を満たそうとしたのだ」と結ぶ。[13]

第三節　フロイト精神分析の哲学的解釈

フロイトの精神分析は晩年にますます思弁的、解釈学的傾向を強めていった。それによっても、フロイトの全著作を哲学として読み解こうとするリクールの企ては正当化されよう。一九六〇年代にフランスの思想界は構造主義とフロイト思想に席巻されていた。それをリードしたJ・ラカンは、意味の中心を意識から無意識に移して、コギトの哲学、主体の哲学に挑戦し、かえってフロイトを哲学者に仕立てた。なぜフロイトが戦後にドイツ語圏よりもフランスで広範に受け入れられるようになったのか。フランス哲学の伝統にその土壌があったからと考えられる。精神分析が探求する心的領域は、デカルト、とりわけメーヌ・ド・ビラン以来の反省哲学が耕してきた領域と重なり合うのではないか。とすれば精神分析とフランス反省哲学とは、その探求の方法と場において、共通性をもつと言えよう。

フロイト思想を反省哲学として位置づけるためには、まず精神分析の認識論的地位が問われねばならない。フロイトが主張する、精神分析の科学性とは何か。認識論者、論理学者、言語学者たちによって、精神分析の概念、諸命題、論証法、理論構造が検証され、その結果、精神分析は厳密科学ではなく、科学的理論としてのもっとも基本的な要求を満たしていない、と結論づけられた。そうした攻撃に対して、分析者の内部から、精神分析の心理科学としての再定式化が試みられた。マディソンは操作主義によってそれをおこなった。彼は防衛と抑圧といった理論言語の定義を厳密にし、治療場面での抵抗、制止などを量化して観察言語に翻訳すれば、抑圧理論は実証できると考えた。しかし彼も一部の領域しか観察言語に翻訳できないことを認める。その挫折は精神分析が観察科学でないことを示した。分析者にとって関与的なのは、事実ではなく、その事実が被分析者の履歴のなかでおびる意味である。被分析者の行動の事実が分析者にとって価値があるのは、欲望の歴史にとって有意味なものとしてである。「絶対的に言えば、精神分析において、事実というものはない。なぜならそこでは観察されず、解釈されるからである。というのも精神分析そのものが、患者との口頭言語による作業であるから。患者の〈履歴〉が表現されるようになるのは、口頭言語の場においてである」とリクールは言う。[14]

精神分析的経験は、自然的説明よりも歴史的理解に、はるかに類似している。そこで歴史的動機づけの方向に探求の分野を求めると、それは欲望の意味論に限定されることがわかる。リクールはその欲望の領域を現象学の方法で探索する可能性を探る。事物の外見の自然性を判断中止して、現象を記述してその本質を直観するフッサール現象学の「還元」は、精神分析の直接意識の批判と共通するものがある。コギトの確実性と、自己についての錯覚の可能性との間の断層に、「無意識」の問題系が挿入される。

「志向性」の概念は、フッサール、フロイトに共通の師であるブレンターノから由来する。意識はまずは他なるものへの思念であり、自己への現前ではない。心的現象は、自己意識の力を借りずに意味して、直接に定義可能とする。フッサールの言う、自我の「能動的産出」を再構成する「受動的発生」も、フロイトの無意識を指し示している。また現象学者が、自己の身体の存在様態を意味の存在様態とするとき、それは無意識の存在様態のモデルとなる。言語記号は不在の事物を空虚なままで指示し、現前させる。言語の現象学はこの記号の、現前と不在の弁証法を、語る主体の現実の言語の使用によって実践する。フロイトの論文「快感原則の彼岸」で、幼児が母親不在のパニックを回避しようとして、それを記号化し、糸巻を投げて、いない（Fort）、いた（Da）を交互に声に出す例が語られる。これも現象学と精神分析の並行関係を例証する。[15]

こうした両者のホモロジー的関係にもかかわらず、リクールは精神分析は現象学ではないと言い切る。第一に、現象学は直接意識に対する反省の学であるが、フロイト的無意識は分析技術によって捉えられるものである。現象学の自然的態度と、精神分析の幻想批判とは別の性質のものである。現象学の無意識は精神分析の「前意識」で記述できるが、精神分析の無意識は抑圧によって、意識化から隔てられている、など。

こうして「精神分析は独自で、他に還元できない実践形式」であることが明瞭になる。にもかかわらずリクールが精神分析を体系的に論じるのは、それを哲学的人間学とみなすからである。彼は精神分析を反省哲学の一翼にしようと図る。無論それは彼自身の企てであって、精神分析自体には関わりない。彼はそれを二段階で実現しようとする。まず「主体の始源論」としてフロイト思想を定義し、次にそこからフロイト思想の目的論を導き出すのである。

フロイトには思考や実存の「主体」という問いかけが欠けているゆえに、リクールはそれを主体の〈始源（アルケー）〉として探求するのである。自我を探し求めても、エスや超自我が現われてきて、そのつど自我は逃れてしまう。のみならずフロイトは直接意識を虚偽意識として批判する。この批判によって反省哲学が学んだのは「傷ついたコギト」である。すなわち「自己を措定するが、自己を所有しないコギト」である。そこにおいて、そのコギトの中心に、しかもそれ以前に「私は存在する」（sum）を措定しなければならない。それが主体の始源論である。それは存在欲望が〈すでに〉措定されているという発見である。存在が存在欲望のなかに自己措定しているのを解明するには、直接的経験によっては把握されず、反省と対になった解釈学的方法が要請される。すなわち夢、神話、幻想などを通して解読するのである。[16]

フロイト思想を主体の始源論として理解するだけでは、反省哲学は完結しない。「ひとり目的（テロス）をもつ者のみが始源（アルケー）をもつ」。すなわち主体の始源論を、その目的論と弁証法的関係におく必要がある。なぜなら精神分析は窮極に「意識的になること」をめざすのであり、それによって「主体は自分の実存を欲望として、努力として自分のものとするからである」。それは精神〈分析〉から精神〈総合〉をめざすことであろう。[17]

その目的論を導き出すのに、リクールはヘーゲルの『精神現象学』における意識化の目的論をモデルにする。ヘーゲルにおいて、精神は次に来る精神の諸形態においてのみ意味をもつ。欲望が人間の欲望として現われるのは、他の意識を欲望する欲望としてである。それをジャン・イポリットは「目的論的弁証法」と呼ぶ。ヘーゲルの目的論は一連の精神の形態の前進によって、最後に「自己を確信する精神」になるのである。

フロイトの精神分析はヘーゲルの精神現象学の裏返しである。人間はつねに幼児期に引きもどされる存在であるという退行現象は、逆に意識の目的論においてしか理解されないとして、リクールはフロイト思想に内在する目的論を取り出すのである。潜在的目的論としてリクールは三つの指標を列挙する。[18]

第一は治療関係で、分析者と患者二つの意識の間の相互主観的操作である。ヘーゲルの「主人と奴隷の弁証法」のように、患者は、奴隷の作業にも比すべき分析作業によって主人となり、そこにおいて両者の二つの意識の平等性を獲得し、患者は自己になり、自立する。

第二の指標は同一化である。「自己意識は他の意識においてのみ満足に達する」とヘーゲルが言うように、患者はエディプス・コンプレックスを克服することによって、両親との同一化を果たし、自我を強化する。

第三の指標は昇華である。昇華はリビドーの目標変更で、置換された抑圧されないエネルギーである。昇華は文字通り「崇高化」(sublimation)で、芸術制作や倫理性に働きかける。

この潜在的目的論は、リクールが「還元的解釈学」に対立させる「回復的解釈学」に結びつく。その例証として彼は、ソフォクレス『オイディプス王』についてフロイトに代わる第二の解釈を提示する。近親相姦、父殺しのドラマに続いて、作者は第二のドラマを創造した。それはオイディプス王の自己意識の悲劇、自己認識の悲劇である。盲目の予言者テイレシアスは王に、あなたが父殺しの犯人であると告げる。真実を知った王は自ら両眼をつぶして盲目となり、放浪の旅に出る。盲目のテイレシアスは精神を代表し、真理の光を見る。王は真理を見るために盲目となる。精神分析が真理のための闘争であるなら、これら二つの解釈の弁証法的関係を統一することによって、真価が発揮されよう。

第四節　分析経験の物語性

『フロイトを読む』の最後の章で、リクールはフロイトの精神分析を象徴解釈の一種として論じる。象徴の発生源として、次の三つが挙げられる。第一に宗教現象学にいう〈聖なるもの〉の発生圏として、天、地、水、生命などがある。第二は夢や幻想などの発生圏で、精神分析の対象となる。第三は詩的想像力である。フロイトの夢解釈における象徴の扱いは紋切り型で、象徴の多元決定を妨げている。とはいえ夢と幻想の象徴発生圏は、多様な解釈の可能性を秘めた沃野であるはずである。精神分析の探求と治療の場には、語られうる経験しか入ってこない。分析者が被分析者に語らせるものは、過去の出来事の記憶、個人的な履歴であり、それは自ずと歴史性と、物語性をおびている。分析者は被分析者の示す〈抵抗〉とたたかいながら、想起への道を切り拓く。フロイトはそれを、考古学の発掘作業になぞらえる。過去の痕跡である断片的事実を集め、つないで、一つのまとまった物語＝歴史に仕上げるのである。フロイトの著作で、「症例史」（case history）が重要なのは、それが life story となるからである。物語ることとは、フロイトのいう「事後性」（Nachträglichkeit）と関わる。過去の経験、印象、記憶痕跡が、語りの現在の新たな経験の視点から再組織され、新たな意味と力を得るようになるのである。分析者は過去を物語らせながら、その底に潜んでいる〈失われた物語〉の全体を浮かびあがらせようとする。それは、当人は意識的に否定しながらも、無意識に生活全体に影響している物語である。ロバート・スティールはそれについて、「フロイトは歴史的で、解釈的な科学を創始した。精神分析は個人の失われた物語の全体を語る目的をもって、人生物語をつくりあげることに専念するようになった」と評する。[19]

前述のように、誘惑理論を追求する過程で、それが事実でなく、フィクションであるとわかったとき、フロイトは衝撃をうけ、誘惑理論を放棄して、『オイディプス王』を取り上げた。そして「真実と、情動を充当されたフィクションとの間に区別はありません」とフロイトはW・フリースへの手紙に書いた。エディプス劇は、加害者と被害者とが置き換わった誘惑物語であり、誘惑物語は逆転したエディプス劇なのである。

このように夢語りや外傷的経験が物語の形をとるのはなぜか。夢と神話、神話と歴史の間には類比、親和性がある。夢＝神話＝歴史に通底するのは物語的構造である。神話はフィクティヴな歴史語りである。他方、人間経験の歴史性は、本質的に物語としてしか言語化されない。フロイトの症例史は患者の歴史語りにもとづいているが、そこにフィクション、幻想が入りこむのを防ぎえない。フロイトは〈原光景〉が事実か、フィクションかに、最後までこだわった。そして「原幻想」という概念をもち出した。そしてそれの普遍性を、系統発生的遺産として説明しようとした。しかしその普遍性は、物語構造の普遍性に還元できるのではないか。ユングの元型をもち出さなくても、物語はいくつもの類型に分類できるのである。

精神分析は、患者の語りにもとづいて、それを原因＝結果の科学的因果性によって分析し、解釈すると主張する。しかし上記のスティールは科学的因果性と物語的因果性とを区別する。自然科学は「もし〜ならば、〜となる」の仮説的＝演繹的モデルの上に構築され、その結果を予言することに存し、その説明体系は因果論的である。他方、物語的因果性は過去に遡って説明する方式、歴史の方式である。精神分析は結果から遡って原因あるいは起源を求めて説明する方式で、予言的ではない、ゆえに物語的因果性に立脚する、とスティールは主張する。[20] しかしながら科学性を主張するフロイトの精神分析は、心的決定論と心的力動論とによって構成され、抑圧、抵抗、歪曲、といった準物理学的隠喩が理論体系をなし、純粋に物語的因果性によっては決定されえない。

精神分析における物語性の位置について、リクールはその後も思索することをやめなかった。そしてフロイトの理論は、彼の独自の発見に整合しないばかりか、その発見には彼の理論的言説以上のものがある、と確信するようになるのである。そう語っているのはリクールが一九八八年にユング派分析者の会合でおこなった発表「物語――その精神分析における位置」においてである。[21]『フロイトを読む』以後に発表された彼の精神分析関係の論文十篇が、リクール文庫編集の『精神分析をめぐって』に収録されている。その「あとがき」でブサッキ教授が記しているように、リクールは終生フロイト思想に関心を寄せ続けたが、その関心はフロイトの理論そのものよりも、認識論の問題に、そして解釈学＝物語に集中していった。その発表でもリクールはフロイトの理論でなく、分析経験を出発点として、分析者と被分析者の関係で、〈転移〉の局面で何が起きているか、から考察を始める。彼は精神分析の事象と他の事象とを区別する特質を四つ挙げ、それを順次検討する。

第一は、リビドーと呼ばれる深層の情動は、言語と無関係ではないこと。人間の感情的、情動的要素がいかに深く埋没し、抑圧されていても、言語との類縁性は保っている。「人間のパトスは、人間のロゴスと深い親近性をもっており、それだからこそ人間の欲望は人間的であって、動物的ではない」。ヘーゲルによれば、他者の承認を求める人間の欲望は、他者の欲望の欲望であり、それが精神分析を可能にする。ドイツの分析者A・ミチャーリヒは、神経症、精神病患者を「脱象徴化」（désymbolisation）として説明する。すなわち患者は言語に関して、象徴機能が解体しているのである。分析の務めは、追放されている言語共同体に患者を再加入させることにある。フロイトのいう「検閲」もコミュニケーションの抑止にほかならない。ゆえに治療がめざすのは、脱象徴化を再象徴化することである。[22]

第二の特質は、人間の欲望が対話的構造をもつことである。第一局所論、第二局所論いずれも、モデルは閉じた卵状のモノローグ的構造をしており、他者が不在である。しかし分析経験とはまさに他者の欲望との関係ではないか。そしてその関係とは、言語を経由する経験である。それを証言するのは、父、母、子どもが加入する言語共同体である。エディプス・コンプレックスとは、二つの性、三人の人物の欲望の対話的関係である。[23]

第三の特質は、物語的要素の登場を準備するものである。われわれが現実と、また他者と関係をもつのは〈想像されたもの〉を通してである。その想像物は欺くもの、錯覚であったりする。精神分析は一種の思い違い、誤解、錯覚から始める。われわれの人生の一部は、現実を隠蔽する幻想である。ドン・キホーテは他者と空想的関係に入り、風車とたたかう。ドン・キホーテの全物語は、錯覚でない真の想像世界を獲得するために、空想的要素を徐々に縮減することにある。それに関しラカンの「想像界」（l'imaginaire）と「象徴界」（le symbolique）の対立は参考になる。想像界は欺くもので、象徴界は現実を構成する秩序へと導くものとされる。だが空想的、偽造的想像物が重要なのは、そこにおいて象徴界の潜在的に病理的な面が露呈するからである。ここでは象徴は、思考を喚起するどころか、錯覚や神秘化の根源となる。想像力の欺かせる性格をフランスのモラリストたちや、モンテーニュ、パスカルは指摘した。精神分析を西洋の道徳文化、心理学の基底に結びつけるものは、それが想像力のうちに、欺く面と創造する面をもつ双面神を見いだしたからである。[24]

第四は物語の次元である。欲望の他者や幻想との関係は、いわば瞬間的なものであるが、物語的次元には、一生涯という時間を導入しなければならない。一生涯は誕生から死まで広がり、一つの年代は次の年代につながる。フロイトは幼児期の基本的役割を考慮した。始まりと展開という時間的次元が物語的要素となり、それは分析で病気の診断、治療の進め方に役立つであろう。脱象徴化は「非物語化」であり、患者は自分の人生について理解でき、受け入れられるような物語をつくることができない。分析治療はコミュニケーション関係に入り、人生物語を再構造化することである。夢語りは当人の物語である。フロイトはそれを合理化として分析した。しかし物語的要素は、すでにこの分析経験のうちに含意されているのである。治療の究極の目的は、患者が自分の人生物語をつくりあげるのを援助することにある。とすれば物語性の次元を分析理論に合体させるべきである。自己理解と自己の物語との同一性は理論面、治療面で合体されねばならない。[25]

ユング派の聴衆を前にしたこの発表で、リクールはユングとフロイトの違いに言及する。フロイトは幼児期のトラウマを重視し、患者の多くはウィーンの若い女性であったのに対し、ユングの患者は人生の決算期にある熟年の男女であった。終末に近づきつつも、彼らのつくる物語は、彼らがまだ人生に期待していることに関係する。それこそコゼレックのいわゆる「期待の地平」である。未来に期待しつつ、自分の過去をどう理解するか。期待と想起の弁証法が、われわれが何を企投するかを教えてくれる。[26]

リクールはこの発表で、フロイトがさほど重視しなかった、分析経験における物語機能の重要性を確認した。そしてそれを「物語的自己同一性」の概念に発展させた。「精神分析が解釈学的なのは、人間は自己解釈しながら、自己理解する存在であり、その自己解釈の様式は物語的様式である」。

第二章　解釈学の言語論的転回

第一節　現象学への解釈学の接木

リクールは飽くなき探求を続け、フロイトが発見した広大な心的宇宙とそれを解明する理論との間に齟齬があるという結論に達した。その主な原因は、フロイトが分析方法の科学性に執着し、心的現象の言語性をなおざりにしたところにある。「人間のパトスは、人間のロゴスと深い親近性をもっている」のである。フロイトは、幼児性欲やエディプス・コンプレックスの発見にもかかわらず、人間の欲望の相互主観性を十分に考慮しなかった。また彼は夢の作業における物語化を軽視したが、パトスとロゴスを有機的に結びつけるのは、物語としてのミュトスなのである。[1]このフロイト批判は、じつはリクール自身に向けられたものでもあり、一九七〇年代以降彼は言語論的転回を遂げるのである。

リクールは厳密な哲学方法論を自分に求めた。それを示すのが二冊の方法論集、『諸解釈の葛藤——解釈学試論Ⅰ』（1969）、『テクストから行動へ——解釈学試論Ⅱ』（1986）である。前者は本質記述現象学から解釈学的現象学への移行を理論づけ、後者はテクスト解釈を中心にした解釈学論集である。その方法論的探求はつねに同時代の思想動向と対決しつつなされた。一九六〇年代は構造主義との対決で、それが彼の言語論的転回を促した。

『生きた隠喩』を上梓した一九七五年の論文「ことばと象徴」で、リクールはなぜ隠喩という言語的象徴を選んだか、理由を述べている。象徴の発生源には、天、地、水などの宇宙、夢や幻想の心的世界、そして言語による詩的想像力がある。だがこれまでの著作で、言語的象徴と、非言語的、前言語的象徴の区別なしに、象徴一般を扱ってきたことをリクールは反省する。象徴は言語的次元では、明示された第一の意味を通して第二の意味を志向するという意味の二重性がある。しかし象徴には、ルドルフ・オットーのいう「ヌミノーゼ」や、フロイトにおける欲動の「情動代表」のように、言語のなかに入ってこない非意味論的核があるのである。[2] この反省に立って、彼は以後、言語的象徴を選びとるのであるが、より根本的には、解釈学的現象学への方法論的転換がある。

『諸解釈の葛藤』の巻頭論文「実存と解釈学」は、リクールの新しい方法論のマニフェストである。冒頭彼はこう宣言する。「本論での私の意図は、〈解釈学的問題〉を〈現象学的方法〉に、いわば接木することによって、現代哲学への開かれた道を切り拓くことにある」。それは「解釈学的現象学」と命名される。この「現象学の解釈学への転回」を推進した一つの要因は、彼自身の「意志の哲学」についての方法論的反省からである。『意志的なものと非意志的なもの』を発表した二年後の論文「意志の現象学の方法と課題」(1952) で彼は前著の総括と反省を次のようにおこなった。フッサールは志向的分析の方法を表象的、知覚的意識の客観化する行為に適用して成功した。しかし意志の主題を選んだことは、その方法の困難さと限界を露呈した。非意志的なものは、意識的なものと合体し、人間の構成要素となっており、意志そのものは、いかなる意識よりも深部に基礎づけられている。この「存在のなかに基礎づけられた意識」は、表象的、知覚的意識の分析のうえに建てられたフッサールの超越論的学説に背かざるをえない。超越論的意識の学であるフッサール現象学は必然的に観念論的であり、存在を捉えるには限界がある。そこでリクールは論文の最後で、記述的構成的現象学から、意識の存在論への移行の必然性を説くのである。現象学の解釈学的転回とは、フッサールに由来する現象学の改変ではなく、その企図に潜在していた解釈学的前提を露呈することで、「現象学は解釈学としてのみ実現される」[3]。

「解釈学的転回」を彼に促したもう一つの契機は、ハイデガー『存在と時間』における「現存在の実存論的分析論」である。著書の序文でハイデガーは、解釈学としての現象学を宣言する。「現象学的記述の方法論的意味は〈解釈〉である。現存在の現象学のロゴスはヘルメネーウェインすなわち解釈する、という性格をもっているのであって、このものを通じて、現存在に属している存在理解内容には、存在の本来的内容と、現存在に固有な存在の諸根本構造とが〈告知される〉。現存在の現象学は、根源的な語義における Hermeneutik であって、その根源的な語義によれば、この語は解釈の仕事を表わしている」。現存在の存在機構を開陳することとは、認識論的問題ではなく、存在論的問題である。さらにハイデガーは著書の第六章でデカルトのコギトを論じ、デカルトが存在問題をゆるがせにしたのは、「コギトの絶対確実性」のゆえであると断定する。デカルトは「コギト・スム」すなわち「我思考す、我存在す」で哲学に新しい安全な地盤を供給を要求しながら、思考する者の存在様態を無規定なままにした、とハイデガーは批判する。

リクールも、ハイデガーの解釈学的現象学の考え方、また絶対的主体として自己を措定するコギトへの批判をハイデガーと共有する。しかしここからリクールはハイデガーと異なる道をとるのであり、前記の論文「実存と解釈学」でそれを明示する。解釈学を現象学に基礎づけるには、近道と遠まわりの道がある。近道とはハイデガー流の「理解の存在論」の道である。それが近道なのは、〈方法〉の論議と手を切って、一挙に「存在様態として理解すること」を再発見しようとするからである。それは基礎的存在論へは遡るが、精神科学の認識論へ引き返すのを不可能にする。それに対しリクールの遠まわりの道とは、解釈学本来の言語分析の道である。そこで課題は、テクストの理解にいかにして道具（オルガノン）を与えるかである。この方法論的選択により、リクールは『生きた隠喩』と、『時間と物語』三部作とでテクスト解釈学を実践するのである。[4]

「解釈学への転回」を動機づける第三の要因は「反省哲学」である。リクールは自分が帰属している哲学の伝統を、反省哲学、現象学、解釈学の三つによって特徴づける。修士論文「ラシュリエとラニョウにおける神の問題」で二人の反省哲学者を取りあげたときから、彼は反省哲学を自分の哲学の根底に据えていた。メーヌ・ド・ビラン以来のフランス反省哲学の系譜の中で、彼がもっとも影響を受けたのはジャン・ナベール（1891-1960）である。ナベールの反省哲学を媒介にして、リクールはテクスト解釈と自己理解を結びつける。論文「ジャン・ナベールによる、行為と記号」はナベール哲学の核心を示してくれる。[5] 反省哲学は主観の直接的措定よりも、反省的媒介を優位におく。ナベールは、意識という近道での自己把握はない以上、意識の純粋な自己措定は、直接には把握されず、意識の行為が記号のなかに現われるのを通してしか把握されないとする。意識の行為が客体化されるのを、ナベールは記号と呼ぶ。そこでナベールは意識と記号の関係を探る。われわれは表象、記号による媒介という遠まわりの道を遡って、自己自身に到達しなければならない。それをナベールはこう定式化する、「自己の自己による直接的把握、内的統覚はないゆえに、自己はわれわれにとって解読すべきテクストである」。リクールはそれをこう言い換える。「反省は自己による自己の直観ではないゆえに、反省は解釈学となりうるし、またならねばならない」。反省は記号によって媒介されて具体的反省となる。記号の意味理解と自己理解は同時なのである。

第二節　言語の存在論

一九五〇年代から六〇年代にかけてフランス思想界は、精神分析と並んで構造主義旋風が吹き荒れた。とりわけラカンにおいては、この二つはしっかり結びついていた。リクールはこの二つとも主体の哲学に対する挑戦と受け止め、積極的に論争に参加する。構造主義運動が思想的〈事件〉とされるのは、「言語的無意識」の発見による理性批判によって、「認識論的断絶」をもたらす、と喧伝されたからである。震源はフェルディナン・ド・ソシュールの「構造言語学」であるが、その運動は言語学、記号論を超えて、哲学、人類学、神話学、精神分析、文学、そして社会科学へと広範な領域に拡大していった。この運動の推進者たちは、眼前に立ちはだかる思想に、一連の「反」をつきつける。すなわち「反人間主義」「反歴史主義」「反理性中心主義」「反自民族中心主義」など。とりわけ一九六〇年に刊行されたサルトルの『弁証法的理性批判』は格好の批判の標的であった。

とはいえ構造主義という用語は一義的ではない。心理学者ジャン・ピアジェは発生的認識論の立場から、動的構成主義こそ構造主義の本質であるとして、人文科学の静態的構造主義を斥ける。しかしここで問題にするフランス構造主義は、ソシュールの「構造言語学」から抽出した言語学モデルを人文、社会諸科学に適用するもので、その理論的根拠は、言語が人間の文化的所産、社会的制度の基本構造、しかも無意識の構造をなしているというところにある。

「構造言語学」も総称であって、ソシュールのほかに、プラハ言語学派のN・S・トルベツコイ、ロマン・ヤコブソンらの「音韻論」、デンマーク学派ルイ・イェルムスレウの「言理学」などがあり、それに応じてフランス構造主義も三つの系統に分かれる。第一は「科学的構造主義」で、それに属するのはレヴィ＝ストロースの人類学、A・J・グレマスの構造意味論、ジャック・ラカンの精神分析など。第二はロラン・バルト、ジェラール・ジュネット、ツヴェタン・トドロフらの言語的作品を中心にした「記号論的構造主義」。第三は「科学認識論的構造主義」で、ルイ・アルチュセールのマルクス主義、ミシェル・フーコー、ジャック・デリダのある時期の著作がこれに分類される。

リクールが構造主義と最初に正面から対決したのは、雑誌『エスプリ』がレヴィ＝ストロースの『野生の思考』を中心に一九六三年に特集号を組んだときである。リクールはそれに寄せた論文「構造と解釈学」で、構造主義と解釈学とは同じ平面では両立しえない、としてその理由をいくつか挙げる。[6] 第一に構造主義は、制度、神話、儀礼などを、研究者の個人的立場から分離して、客観的に研究する。解釈学は、それらの象徴体系の解釈が解釈者の自己理解、存在理解の一部となる限りにおいて価値がある。第二に構造主義が援用する言語学モデルは、そのつどの発話であるパロールでなく、潜在的な言語体系の状態のラングを選びとる。ラングは共時態において無意識的、非反省的、非歴史的である。解釈学は通時態に立ち、解釈の歴史性を考慮する。次にリクールは構造主義の基本理論を整理し、その有効性の条件を述べる。そこにおいては意味よりも構造が重要で、それが奏功するのは共時態が優越するトーテム社会においてであって、通時態がまさる社会においてはその歴史的意味が捨象されてしまう。

その特集号でのレヴィ＝ストロースとリクールの討論で、両者の違いが明瞭になる。リクールはこう問いかける。レヴィ＝ストロースの神話研究は、神話の機能は人間の精神の矛盾、対立を調停するところにあり、その対立は窮極に「自然と文化の対立」に帰着するという観点から、無文字社会の共時的神話を採取し、構造分析しても、その意味を解釈しない。それは無意味の意味ではないか。それに対し神話の解釈学は、神話共同体の成員が神話を生きる主体的意味を求める。神話の意味が解釈者の自己理解でないとしたら、それは何であろうか。それにレヴィ＝ストロースはこう答える。あなたの探しているのは、意味の意味、意味の背後にある意味ではないか。私にとり、意味は第一の現象でなく、意味はつねに還元できる。意味の背後に無意味があるが、その逆は真ではない、と。

一九六七年に『エスプリ』はフーコーの『言葉と物』を中心に、再び構造主義特集号を編んだ。

リクールはそれに論文「構造・語・出来事」を発表した。そこではもっぱら構造言語学の前提と対決し、それに対抗する独自の言語理論を打ち出そうとした。とはいえ彼はあくまでも哲学の立場から言語の問題にアプローチする。一九七七年に彼が初来日した時の講演「哲学と言語」の冒頭で、彼はこう述べる。[7]「言語に対する哲学の〈責任〉とは何でしょうか。私はそれをこう規定します。言語学、コミュニケーション理論、論理学、等の後で哲学はある空間を保持し、それを切り拓く課題と責任をもつことです」。その課題とは、第一に、言語から現実へ至る道を再び開くこと。第二に、言語から生きた主体、具体的な個人へ至る道を再び開くこと。第三に、言語から人間の共同体へ至る道を再び開くこと。これらはすべて、構造言語学の前提へのアンチテーゼである。構造言語学はいったん言語を使用する人間から切り離して、言語の体系的構造を露呈させようとする。それに対し哲学の課題と責任は、それを再び人間に戻してやることである。

　リクールは前記の論文で、ルイ・イェルムスレウにしたがって、ソシュール言語学の基本前提を次の四つにまとめる。[8]

(1)潜在的な言語体系をなすラングと、それの個人的な行使であるパロールを区別する。

(2)ラング自体に、体系の状態の共時言語学と変化にもとづく通時言語学を区別する。

(3)体系の状態に絶対項はなく、辞項間の相互依存の関係があるだけで、「言語は実体でなく、形式」であり、「ラングのなかには差違しかない」。

(4)記号の全体はその分析のためには、閉じた体系とみなされねばならず、構造とは外部のない「内的依存の本質体（アンチテ）」である。

構造言語学は有限な体系の体系的研究を選び、有限なコードを再発見しようとする。他方K・W・フォン・フンボルトは「言語とは有限な記号体系の無限の行使である」と言った。リクールも言語活動の立場から、上記の四つの前提にアンチテーゼを突きつける。第一に、ラングをパロールから引き離すのは、言語を現実から引き離すことである。第二に、ラングの状態は抽象的で潜在的で、現実の存在をもたない。第三に、ラングは差違の体系をなすだけではない。話者はそこから状況に応じて可能な組み合わせをすることができる。第四に、ラングの閉じた体系は記号外の現実を指示できない。それはシニフィアン（能記）とシニフィエ（所記）の二分法にとどまるからである。だがストア派、アウグスティヌス、またスコラ哲学も、シニフィアン、シニフィエ、物（レス）の三元論で意味作用を考えてきた。レスとは記号の指示する現実である。それを捨象してしまうと、ラングにおいては誰も話さず、誰とも会話しないことになる。

上記の講演でリクールは「言語を話すわれわれにとり、言語は対象ではなく、媒介するものである」として言語の三つの媒介を言う。言語は現実を表象して、人間と世界を媒介する。次に言語は言語共同体で人と人を媒介する。最後に、言語は内心で自己と自己を媒介する。この三重の媒介は、あることについて、あることを、誰かに言う、という定式に要約される。それはラングからパロールに、語から文に移ることで、それによって現実を指示することができる。こうして記号論から意味論に移行するために、リクールはエミール・バンヴェニストの「言説（ディスクール）の言語学」に依拠するのである[9]。

バンヴェニストは『インド＝ヨーロッパ諸制度語彙集』の業績によって著名な言語学者で、

師A・メイエを介してソシュールの孫弟子にあたる。記号論の分野ではバルト、グレマスらと一九六九年に「パリ記号論サークル」を結成し、初代会長になる。その機関誌『セミオティカ』第一号に掲載した論文「言語の記号論」で彼はソシュールをのりこえる第二世代の記号論を構想する。リクールが影響を受けたのは、彼の二冊の論文集『一般言語学の諸問題Ⅰ』、『一般言語学の諸問題Ⅱ』などで展開される「ディスクールの言語学」によってである。ディスクールは文より上位の発話を指し、それによって具体的な言語行為がなされる。それは個別の状況との関係で、そのつど文脈のなかで個別の意味と指示をもつ。論文「言葉における形と意味」でバンヴェニストは記号の意味作用を、「記号論性」と「意味論性」とに分ける。前者はラングにおける所記に相当し、後者は文における記号の「志向されるもの」、話者の言わんとすることで、そのつど独自の意味を指示する。こうしてディスクールはそのつど一回的な出来事であり、バンヴェニストはそれを「ディスクールの現前化行為」(instance de discours)と呼ぶ[10]。それをリクールはこう要約する。「いかなるディスクールも出来事として実現され、いかなるディスクールも意味として理解される[11]」。

リクールは分析哲学の日常言語学派からも学ぶ。J・L・オースティン「言語行為」(speech-act)論はディスクールの意味論を補強する。オースティンは「事実確認発言」と「行為遂行発言」を区別し、後者は「私はする」と相手に言って、自己を拘束する発言である。それはさらに、言いながらする「発語内行為」と、言うことによって、別のことをする「発語媒介行為」に分けられる。これらの発言は言語共同体の規則に従うもので、自己拘束による道徳的含意がある。

ディスクールの単位に立脚することによって、前述の言語の三つの媒介機能が明示される。それはもはや記号論、意味論の枠を超えて、解釈学の領域となる。そこでリクールはテクスト解釈理論の構築に向かう。そのテクストの次元で、ハイデガーが言語の存在論とした諸問題に出会うことになる。言語は存在を言うのである。ただしリクールはハイデガーとは違った道を通ってそれをめざす。

第三節　解釈学の課題と革新

リクールはまず解釈学の歴史と伝統に遡って自己の位置を定めようとする。解釈学(herméneutique)は古代ギリシアに起源をもち、法解釈学、聖書解釈学、古典解釈学といった領域別の解釈の技法として発展してきた。十九世紀にF・D・E・シュライエルマッハーやアウグスト・ベックによって領域別解釈学から普遍的解釈学への動きが開始され、それはディルタイによって哲学的解釈学として確立された。しかしカトリシズムの伝統に支配されるフランスの思想風土では、プロテスタントの聖書解釈学は異質であり、ドイツに発する近代解釈学の摂取と移入には閉鎖的であった。それを端的に示すのが、ドイツの聖書学者ルドルフ・ブルトマンの唱えた「新約聖書の非神話化論」に対する拒否反応である。一九四一年に彼のおこなった講演「新約聖書と神話」は、キリスト教界に大論争を巻き起こした。彼の問題提起は、新約聖書に表現されている世界像は神話的表象をまとっており、それを現代人に盲目的に受け入れるよう要求するのは「知性の犠牲」を強いるものである。そこに表現されている宣教の使信を救い出すには、非神話化して批判的に解釈することが必要であるとして、その解釈学を彼はハイデガーの「現存在の解釈学」に求めるのである。その非神話化論はフランスでは当初スキャンダルと受けとめられた。しかし一九六〇年代の後半からブルトマンの著書が翻訳、紹介されるようになった。そのきっかけとなったのは、アンドレ・マレの『神話とロゴス——ルドルフ・ブルトマンの思想』[12]である。リクールは一九六七年にナンシー大学ヨーロッパ研究センターで「非神話化と解釈学」と題して三回の講義をおこなった。またブルトマンの『神話と非神話化』のフランス語訳に「ブルトマンへの序文」を寄せ、そのなかで彼は非神話化の企図は評価しつつも、彼の実存論的解釈には批判を加えている。[13]

リクールは聖書解釈学から哲学的解釈学へ、また哲学的解釈学から聖書解釈学への二つの方向で、自己の解釈学を構想し、その骨格は一九七三－七四年の冬学期にスイスの四大学神学部連合のセミナーでの連続講義で提示された。すなわち、「解釈学の課題」「疎隔の解釈学的機能」「哲学的解釈学と聖書解釈学」である。

「信仰のみ」（sola fide）とともに、「聖書のみ」（sola scriptura）を宗教改革の精神とするプロテスタンティズムにとり、聖書解釈は信仰を養う必須の要件である。そもそもキリスト教そのものに、解釈学的状況が含まれている。新約聖書は旧約聖書の解釈として、契約の約束から成就へとして書かれた。イエス・キリストの存在は旧約の解釈であると同時に、イエス自身もその解釈者である。そして使徒パウロは信徒に、キリストの受難と復活の光に照らして、自らの実存を解読するようにさせる。とはいえ聖書もまた歴史的に書かれた文書として、それに一般的テクスト解釈の理論が適用されねばならない。前述の「序文」でリクールはブルトマンの実存論的解釈についてこう述べる。「ブルトマンは神話の言語にあれほどまで疑い深い態度を示したのに、信仰の言語に対しては、まったくと言ってよいほど要求を表明しないのは、むしろおどろきに値する」[14]。たとえば「神の行為」「神の未来」などは純粋の信仰告白であって、信仰の言語に対しては、彼の非神話化は作用を停止してしまっているだけでなく、それは新たな神話化ではないか、とリクールは批判する。聖書釈義においても、〈言語論的転回〉は要請されよう。

第一の論文「解釈学の課題」は、十九世紀の近代解釈学から二十世紀のハイデガー、ガダマーの解釈学までの歴史をたどり、それぞれの解釈学の課題を自らの解釈学の課題とするのである。まず解釈学の作業的定義を示す。「解釈学とは、テクスト解釈との関連における理解の操作の理論である。その主導理念は、テクストとして言説を実現することである」[15]。解釈学的問題はテクストの多義性から生じる。そしてそれの読解は、共同体、伝統、そして現在の思想の内部でなされる。聖書釈義はそのよい例である。古代教会では、聖書の隠れた意味を重視するアレクサンドリア学派と、背景の歴史的出来事に照らして歴史的に解釈するアンティオキア学派が対立していた。五世紀のアウグスティヌスは両学派を総合するように「聖書解釈学」を確立した。

アウグスティヌスは記号と意味の理論にもとづき、聖書本文はいくつかの意味をもちうるとして、聖書解釈法を次の四つに分類した。字義的または歴史的解釈法、旧約聖書と新約聖書の原因論的解釈法、類比的解釈法、そして比喩的解釈法。中世の教会では寓意的解釈法が主流であった。

十六世紀の宗教改革者たちは聖書に内在する解釈原理を求めた。ルターは、「聖書の解釈者は聖書自身である」との観点から、上記の四つの意味解釈法から出発して、それらを一つに意味に統合しようとした。すなわち「聖書はわれわれをキリストに駆り立てる」として、キリスト理解を中心とする解釈法を実践した。スピノザは「聖書を解釈する方法は、自然を解釈する方法と異ならない」という立場から、聖書の実証的研究と歴史的解釈の必要性を説く。その後の聖書の文献学的研究、歴史的・批判的研究の発達により、聖書学は神学から独立していく。

　こうした聖書解釈学の領域から、一般解釈学への昇格を果たしたのがシュライエルマッハーである。彼はプラトン対話篇をドイツ語訳するなど、古典の文献学者であり、また『解釈学と本文批評――とりわけ新約聖書のために』などの著者でもある。彼は古典や聖書の別なく、「解釈学の課題は言語から論述の意味を理解することにある」として、テクストの個別性、規則や技法の別をのりこえて、理解の一般技法を確立しようとした。それを彼は「技術学」(Kunstlehre)と名づけた。解釈の力点は理解にある。リクールはこれをカント的意味での「コペルニクス的転回」と評価する。他方シュライエルマッハーは「技術的解釈」が著者の主観性に到達することをめざし、「著者の自己理解と同等、またはそれ以上に著者を理解する」をモットーに、ロマン主義的解釈を志向してアポリアに陥った、とリクールは評する。

　ヴィルヘルム・ディルタイは、個々のテクスト解釈を、歴史的認識という広大な場に従属させることにより、このアポリアをのりこえようとした。折からL・フォン・ランケ、ヨハン・G・ドロイゼンらの唱える歴史主義の時代であった。歴史史料はもっとも根本的な〈生の表現〉とみなされる。テクスト解釈に先立ち、現実自体とテクストとの〈連関〉をいかに捉えるか、という予備的問題が提起されるのである。歴史主義の時代はまた実証主義の時代でもあった。ディルタイは自然科学が獲得した科学性を歴史認識にも与えようとして、自然科学の特質が「説明」にあるなら、精神科学の特質は「理解」にあるとして、両者を対立的に捉えた。そして彼は理解に固有の性質を心理学に求め、精神科学の第一の能力は、他者の心的生活に転移しうる能力であると規定した。人間は自分で記号を発する。その記号を理解することが人間を理解することである。「解釈学はこうしてディルタイにおいて、自然科学的説明と切り離され、心理的直観へと投げ返されてしまう」とリクールは評する。[16] ディルタイにおいて、文字言語によって固定された生の客観的理解と、他者の心的生活の理解とをいかに両立させるかという難問に遭遇する。ここにおいて解釈の究極目的を、テクストに表現されている人から、テクストの言うことに転換する問題が提起される。

　解釈学の現代化の第二段階は「認識論から存在論へ」であり、厳密にはハイデガーの『存在と時間』によってなされた「解釈学の実存論的転回」である。ハイデガーが敢行したのは、解釈をテクスト釈義でなく、「忘れられていた」存在の問題に結びつけることで、リクールはそれを解釈学における「第二のコペルニクス的転回」と見る。解釈の対象はもはやテクストではなく、「現存在」と呼ばれる実存そのものとなる。現存在とは、客体に対する主体ではなく、自己の存在を理解しつつ存在する者であり、存在の問題が生じ、現われる場所である。解釈学的哲学の中心問題は「ハイデガーによれば、この存在者を、この存在者の存在の根本機構にもとづいて説明すること」である。またハイデガーにおいて存在問題の根拠は、存在と世界の関係に、すなわち「世界内存在」に求むべきであり、もはや他者との関係のほうではない。「他者問題に、世界問題がとって代わる。ハイデガーはこうして理解を世界化することにより、理解を脱心理化したのである」[17]。

ハイデガーは自己の哲学を「事実性の解釈学」と呼ぶ。事実性とは具体的で、個人的な実存を指す。「解釈学の課題は各〈現存在〉に自分の存在に注意を向けさせ、存在を伝え、現存在を襲う自己疎外を狩り出させることである」。そうであれば、それはまだ言語、テクストの事象ではない。理解とは「存在可能性」を捉えることで、それは企投である。この理解から事物の釈義が出てくるが、それはテクストの釈義以前である[18]。

『存在と時間』の時期に、ハイデガー哲学は基礎的存在論に遡る動きをやめず、認識論への回帰は困難であった。このアポリアがハンス・ゲオルク・ガダマーの『真理と方法』（1960）の中心的テーマとなる。ハイデガー後期の哲学は、もはや現存在には触れず、直接に言語の作品から出発する。ガダマーはこの転回（ケーレ）から、ディルタイの精神科学と自然科学、説明と理解の対立の論議を再開する。書名の「真理」は人文科学における真理を指し、自然科学の「方法」の場合、観察者は対象から遠く離れて位置するので、「真理」には適合しない。理解は自己が理解に〈参与〉することである。そこでガダマーは解釈学的経験のモデルを芸術の経験に求める。芸術作品は美的享受だけにあるのでなく、何よりも、芸術作品のもつ独自の真理との出会いを与えてくれるものである。この真理概念の拡大は、人文科学の認識様態の価値を正当化してくれる[19]。

ガダマーは「解釈学が人文科学のなかで中心的な役割をもつのは、歴史意識の誕生のゆえである」として、歴史意識を重視し、それを「作用の歴史の意識」（wirkungsgeschihitliches Bewusstsein）と言い表わす。われわれは歴史の作用にさらされているという意識である。それは歴史に「帰属」しているという経験である。彼は他方で歴史や伝統に対する近代人の態度を「疎隔」と表現する。過去の作品の陥っている時間的距離による「疎隔」から救い出すのが解釈の課題である。同時にその疎隔は、人文科学の客観的行為を支える存在論的前提である。現在と過去との間の緊張関係こそ、解釈学にとり生産的な要素である。

疎隔を積極的に解釈するための指示は、言語哲学のなかに含まれており、ガダマーはそれを人間経験の普遍的な言語性（Sprachlichkeit）と言う。人間の世界内存在の性格は、根源的に言語的である。文化や伝統に帰属しているということは、文化遺産として継承されているものの解釈を経由するということである。その言語性が「書記性」（Schriftlichkeit）になるとき、つまりテクストによる媒介となるとき、われわれに遠隔伝達されるは「テクストの事がら」であり、それはテクストの書き手にも、読み手にも属していない自律した事象となる。解釈の課題は、テクストを理解することであり、著者を理解することではない。テクストを理解することは、テクストの地平と読者の地平とが「融合」することである。[20] このガダマーの哲学的解釈学に深く影響されたリクールは、一九七〇年代に彼自身のテクスト解釈学を練り上げるのである。

第四節　テクスト世界の解釈学

解釈学についてのリクールの第二講義は「疎隔の解釈学的機能」と題されている。前述のように、われわれは歴史と伝統に帰属すると同時にそれから疎隔されている。対象との時間的、空間的距離は、意味の疎外を生じさせるが、その距離を克服してはじめて客観的な理解が可能になる。それは帰属か、疎隔かの二者択一の拒否である。リクールはこの「帰属と疎隔の弁証法」をテクスト解釈に適用する。「テクストこそコミュニケーションにおける疎隔の範型である。この意味で、テクストは人間経験の歴史性そのものの根本性を示してくれる。つまり人間経験の歴史性とは、距離をおいての遠隔コミュニケーションなのである」[21]。それはまた主観性の優位を排して、テクストの意味が著者の主観的意図から自律するのに応じて、テクスト理論を解釈学の軸とすることである。そこでリクールは解釈との関連でテクスト概念を定義する。

第一に、テクストは言説（discours）としての言語表現であり、いかなる言説もそのつど出来事として実現され、意味として理解される。言説は語る主体のそのつど独自の言語行為である。言説は出来事として実現すると、意味へ超出する。それが言語の志向性である。ここにおいて〈言うこと〉と〈言われたこと〉の疎隔が生じる。J・L・オースティン、ジョン・サールは発語行為、発語内行為、発語媒介行為を区別した。これら三つの言語行為がコード化され、意味作用として同定され、再同定される。[22]

第二に、言説は文学ジャンルに応じたコード編成により作品として制作され、同時に作者というカテゴリーが産み出される。作品構成という概念から、作品のいろいろなカテゴリーが出てくる。[23]

第三に、発話から文字言語によって固定されたテクストに移行すると、テクストの意味は著者の意図から自律し、著者の意味しようとするものと必ずしも一致しない。「テクストの事がら」とガダマーの呼ぶものは、著者の有限な志向的地平から引き離され、テクストの可能的世界を開示する。そこに疎隔の肯定面がある。「疎隔は理解が克服すべきものであると同時に、理解を条件づけるものでもある」[24]。

以上のテクスト概念から、リクールは解釈学の課題を「テクスト世界」という概念に結びつける。ゴットローブ・フレーゲは命題の「意味」(Sinn)と「指示」(Bedeutung)を区別した。言説がテクストとなるとき、その指示は会話におけるように、対話者間に共通の現実を指す力はない。しかしこのような指示の明示的、公然的性格の廃棄が、〈文学〉と呼ぶ現象を可能にする。それが明瞭に現われるのが、説話、小説、戯曲といったフィクション、詩的作品においてである。文学作品は、日常言語の世界とは別のレベルの現実を指示する。フィクションや詩による第一度の指示の廃棄は、第二度の指示が解放されるための可能性の条件である。テクストの背後に隠れている世界でなく、テクストの前方に展開する可能的な世界をリクールは「テクスト世界」と呼ぶ。理解とは、そこに私の可能性を企投でき、そこに住みつくことのできる世界を提起することである。解釈するとは、その世界内存在を露呈させることである。作品の読解は伝統的に、テクストの「自己同化」(appropriation)、あるいはテクストの実行(application)と呼ばれる。自己同化は作品の作者に応答せず、意味に応答する。[25]

テクストは内在における超越である。テクストは読解行為によって、作品世界に向かって自己超越していく。そのテクスト世界を読者が自己同化することと、自己理解することとは同時である。それはテクストという他者を媒介にした自己理解であり、テクストというフィクティヴな世界に有限な自我をさらし、もっと広大な自己を受けとることである。「テクストというフィクティヴな世界は、それが非現実化され、潜勢化されるに応じてのみ、現実的になるように、読者の主観性も、テクストが中断され、応じて自己も変容することである。その意味で自己同化は「自己放棄」(désappropriation)でもある。またテクスト世界は言語的想像力による、広義の文学世界である。「この世界が想像的と言えるのは、口頭言語で〈指し示された〉世界の代わりに、書かれたものによってイメージとして〈現前化されている〉という意味においてである。しかしこの想像物はそれ自体文学の創造なのであり、文学的創造物である」[26]。テクスト世界の自己同化は、それに

こうしてリクールは疎隔の現象から最大限の帰結を引き出そうとするのである。

第五節　テクスト解釈における理解と説明

テクストと読者との間に、書く＝読むの関係が成立する。著者は最初の読者としてテクストに到来し、読者は不在である。他方、著者は読者の読解行為に不在である。テクストにおいて、言うことと、その言われたことが分離する。その結果、テクストは著者からも、書かれた状況から

も、宛てられた最初の読者からも自律する。この三重の自律から、解釈の問題が発生する。ディルタイは自然科学の認識論的特性を「説明」とし、精神科学のそれを「理解」として、両者を対立させたが、リクールはそれらを対立させず、新たに定義しなおして、説明と理解の弁証法をテクスト解釈のオルガノンとするのである。テクストにおける説明も記号の領域に属し、説明と理解は相互排除せず、説明から理解へ、理解から説明へと交互に働く。対話の状況なら、理解できない時に、説明してくださいと相手に頼む。テクスト制作は文法コードや物語コードにしたがってなされるので、説明とはコード化の過程を分析し、明らかにすることである、物語の〈構造分析〉は説明のよい例である。次に説明から理解への過程が必要である。理解で完結しない説明はない。それは潜在から顕在へ、ラングから言説への過程で、究極にテクストの同化、自己理解に到達するものである。[27] この説明と理解の弁証法をリクールはこう言い表わす。「解釈とは、理解と説明の連続する諸段階を経る、きわめて複雑な作業である。理解は説明を包含する。説明は理解を展開する」[28]。

この説明と理解の弁証法をリクールは行動理論と歴史理論に適用する。その根拠は行動のテクスト性にある。そしてそれは、過去の行動を叙述する歴史叙述にも妥当する。行動理論に関して、リクールは分析哲学者E・アンスコムの『意図』を参照する。自然の出来事を記述するには原因、結果、法則、事実説明などの概念を含んだ言語ゲームに属する。それに対し人間の行動は計画、意図、動機、理由、動作主などを含む言語ゲームに属する。そうしてこの二つの言語ゲームは異なる。しかし日常言語のレベルでは、二つの言語ゲームは干渉しあっている。人間の行動は因果性と動機づけ、説明と理解の二つの体制に同時に属している。動機は行動の理由であるとともに、行動を起こす力でもある。このように行動理論とテクスト理論との間に並行性があるのは、行動のテクスト性のゆえである。テクスト概念は人間の行動にとって範型であり、逆に行動はテクストの指示対象なのである。[29]

歴史理論は行動理論とテクスト理論の両方に関係する。二十世紀の歴史学界では理解を重視する学派と説明を重視する学派が対立していた。前者には、ドイツのハインリヒ・リッケルト、ゲオルク・ジンメル、ディルタイ、マックス・ウェーバー、フランスではレイモン・アロン、アンリ・マルー、イギリスではロビン・G・コリングウッドといった歴史家が属し、意志、企図、動機などに支配されている人間の行動を理解し、記述しようとする。説明学派はカール・ヘンペルに代表され、自然科学における説明モデルにならって、歴史学に説明を導入しようとする。しかしリクールはこれら両学派の折衷でなく、歴史叙述の作業に説明と理解の操作を導入する。歴史的理解とは、物語られる話（histoire）という意味の歴史（histoire）の筋を追って理解することであり、その理解のために説明を接木する方法である。歴史は脈絡を欠いたものであってはならず、その帰結は受け入れられるものでなくてはならない。理解理論は物語理論に支えられており、理解が行き詰まったとき、説明が介入して再び歴史の筋道をたどれるようにするのである。[30]

以上の理論を集録した二冊目の解釈学試論のタイトルをリクールは『テクストから行動へ』とした。説明と理解の弁証法によって、テクスト解釈学は行動理論や歴史理論などへ適用範囲を拡大することになる。

第三章　テクストと生の循環

第一節　生きた隠喩と言語の創造性

テクスト解釈学の第一弾として、リクールは『生きた隠喩』を一九七五年に上梓した。そして、その第二弾とも言うべき『時間と物語I』（1983）の「まえがき」で彼はこう記す。「言説のレベルでなされる言語の創造性の探求として、この書は『生きた隠喩』と同時に構想され、それと対をなすものである」[1]。「言語の創造性」とは何か。書名にある「生きた隠喩」とは、慣用によって多義性の一部となってしまった「死んだ隠喩」に対して言う。つまりそれによって新しい現実の発見、開示となるようなものである。同書の日本語版の序文で、「隠喩は言語の創造性のもっとも明瞭な表現である」と述べる[2]。隠喩は直喩、換喩、提喩と並んで、転義的比喩の一部であるが、リクールが隠喩を論じるのは、単なる修辞論でなく、哲学的隠喩論としてであり、その射程は詩的隠喩から哲学的隠喩にまで及ぶ。だがその時代背景に、二十世紀後半におけるレトリック復権があることは見逃せない。

西欧ではソシュール、R・ヤコブソンらの構造言語学が、語の意味論を核としたレトリックを復興させた。ヤコブソンは論文「言語の二つの面と失語症の二つのタイプ」（1953）で、隠喩と換喩の対に特権的な地位を与えて、〈限定された〉レトリックを復活させた。失語症には、語の類似性が失われる隠喩型と、語の隣接性が失われる換喩型があることから、ヤコブソンは隠喩性と換喩性という記号の二つの基本的な働きを導きだし、それをソシュールの言う、語の選択と結合という配列の二つの仕方に結びつけ、さらにそれを表現の隠喩性と換喩性という二元性にまで発展させた。この二元性は小説、映画などにも見いだされ、ラカンはそれを精神分析に応用した。ソシュールの〈語の意味論〉に立脚して、レトリックの文彩理論を定義しなおしたのが、ベルギーの「グループμ」による『一般修辞学』(1970)である。彼らは前記のヤコブソンの論文に触発されて研究を始め、ヤコブソンがもっぱら詩的言語を対象とするのに対し、彼らは一般言語に対象を拡大し、さらに議論法としてのレトリックを復興させようとした。

他方英語圏では、I・A・リチャーズの『レトリックの哲学』(1934)は、十八〜十九世紀にかけて英国に出現した「近代レトリック」の伝統を現代に再生させた。彼の仕事はマックス・ブラック、モンロー・ビアズリーといった英語圏の学者たちに受け継がれ、展開していった。

リクールは『生きた隠喩』の第一研究でアリストテレスの古典的な隠喩論を扱う。第二研究では、語の意味論にもとづくフランス語圏の構造主義的隠喩論を、第三研究では、文彩を言説の意味論として扱う英語圏の統辞論的隠喩論を検討し、両者を意図的に対立させる。フランス語圏の論者は、隠喩的な語は、用いることができたであろう非隠喩的な語の代わりをするものという「代置理論」を主張する。英語圏の論者たちは、隠喩の意味は単なる語義変換によってではなく、文脈間の相互作用によって生じるという「相互作用理論」を唱える。リクール自身は言説の意味論に、バンヴェニストの言語理論を合体させた隠喩理論を練り上げる。さらに彼は、アリストテレスの『詩学』に遡り、意味論的レベルから解釈学的レベルに移り、言語の制作（ポイエーシス）は筋（ミュトス）と摸倣的再現（ミメーシス）の結合であるという物語論にまで発展させる。

　言語の創造性を探求するのに、なぜ隠喩なのか。言語の規則への服従と革新の弁証法がもっとも明瞭に現われるのは、隠喩においてだからである。リクールは言説の意味論に立ち、「言語活動における隠喩の場所は語と文との間にある」として、隠喩を語と文の間の交換のメカニズムと考える。[3]具体的には、生きた隠喩とは主語に異例の属性を付与することで生まれる。ビアズリーはそれをこう説明する。「ある属性付与が間接的に自己矛盾的であるとき、属性付与は〈隠喩的属性付与〉または隠喩となる」。隠喩は慣用から逸脱した瞬間的な意味創造である。[4]リクールがよく例にとる隠喩「時は乞食である」において、異例の属性付与により、字義通りの意味は解体する。しかし時と乞食の間に関与性を見いだすとき、新たな意味作用が発生する。意味論的関与性とは、主語と述語の間に類似を発見することである。

　アリストテレスは『詩学』で「よい隠喩をつくることとは、類似を見ること」であり、類似を把握するために、隠喩は「眼前に彷彿させる」力が必要であり、「眼前に彷彿させる語とは、現に生動しているものを意味する語である」と言った。リクールは第四研究を「類似の作業」としてそれを詳述する。[5]異例の属性付与とは、異なるものの間に同一を見つけ出すことで、それが類似である。「隠喩では同一が差違にもかかわらず働く」。差違にも関わらず類似を見いだすのは、想像力の働きである。それは感覚的契機による知覚的イメージによるものでなく、言語によって喚起される詩的イメージである。

リクールはここでカントの図式論を援用する。生きた隠喩において働くのは、概念にイメージを与える「産出的想像力」なのである。したがって〈イメージをなす〉と〈意味をなす〉とは同時である。ヴィトゲンシュタインも「生起する同じイメージがまた意味するのである」と言った。彼は隠喩的類似について、錯視図を例にして、隠喩とは「〜と見る」（seeing as）ことである、と言った。「時を乞食と見る」のである。(6)

隠喩とは一種の詩的フィクションである。想像力はそのフィクションを媒介にして、新たな現実を発見する。このフィクション論はリクールのテクスト解釈理論の重要な要素で、彼はそれをフッサールの想像力論から発展させた。フッサールは『イデーンI』七〇節で、想像を準現前化とみて、知覚と比較する。「準現前化。たとえば想像というものは、きわめて完全に明瞭なものであることができ、その結果、それは完全な本質把握や本質洞察を可能ならしめる」(7)。現前化では対象が現前している。自由な想像である準現前化は、現前しない対象を記憶、想像、予期において思い浮かべる。想像力は想像される所与を自由に変形する。それが「想像変様」である。フッサールはそこにフィクションの力を見る。「フィクションは一切の形相的学問の生の要素をなすと同様に、現象学の生の要素をなすものであり、フィクションこそ〈永遠的真理〉の認識がそこから養分を汲みとってくる源泉である」(8)。

リクールもこれを受け継ぎ、文学だけでなく、歴史叙述にもフィクションの作用を認める。人間経験の歴史性は本質的に物語性としてしか言語化されないのであり、歴史性と物語性との間には、ある交換がある。歴史の語る史的真実と、フィクションの語る詩的真実とは交叉する。リクールは『時間と物語Ⅲ』で、それを「交叉する指示作用」と呼ぶ。

第二節　詩的隠喩と哲学的隠喩

「隠喩もまた指示作用をもつ」はリクールがこの書で主張する重要なテーゼである。隠喩的言表は意味論的革新をおこない、それを通してある種の現実を指示する。隠喩を縮小詩篇とみるなら、隠喩の指示は詩的指示である。そこでリクールはヤコブソンの詩的言語理論を応用する。前述のように、ヤコブソンはメッセージの作成を、隣接による結合軸と、類似による選択軸を直交させて説明する。そして「詩的機能は、選択軸の等価の原則を結合軸上に投影する」と説明する。押韻詩における韻律、音綴間の類似や対比という音声的等価性を投影して、意味論的等価性が生じてくる。「詩ではいかなる表面的な類似も、意味における相似性と相違性に応じて評価される」。音声的等価性から帰納する意味論的等価性は、コミュニケーションにおけるすべての機能を両義的にする。詩において起こることは、指示機能の抑止でなく、それを両義的にすることである。そこから「二分された指示」の概念が出てくる。[9]リクールはそれをこう説明する。「詩的機能が指示機能に対して支配的になることは、指示を廃するのでなく、それを両義的にするのである。二重の意味をもつメッセージには、二分された発信者や二分された受信者が対応する」[10]。

この詩的言語の指示概念は、隠喩的言表に適用される。隠喩の意味は、字義通りの解釈の挫折から生じる。それは第一次の指示の崩壊である。その意味の廃墟の上に、新しい意味論的関与性を発生させることにより、新たな指示志向が生じる。それが隠喩の指示である。二分された指示概念により、第二次の指示もまた現実を「再記述」する。直喩の「～のようである」は、隠喩では繋辞「である」と「でない」の「陽否陰述語法」(apophantique) による両方を意味することによって示される。この語法により、繋辞は主語に対する同定でなく、否定と肯定、同一性と差違を表わす述語作用となる。力点は主語にではなく述語にあり、隠喩の論理は主語論理に代わって、述語論理にもとづくものとなる。(11)

『生きた隠喩』の最後の研究「隠喩と哲学的言説」で著者はハイデガーの『根拠律』に出てくる「隠喩的なもの(メタフォリク)は、形而上学的なもの(メタフィジク)の内側にしか存在しない」という命題をとりあげる。その書の第六講義で、「思惟は聴くことと観ることによる把握であるというなら、それは比喩的な形をとった意味でしかない」と述べる。この隠喩的な表現において、感覚的なものから非感覚的なものへの形而上学的転移と、本義から転義への隠喩的転移が等価であると仮定される。前者は哲学的隠喩で、それは形而上学という西洋的思惟にとって決定的な役割を果たす。後者は詩的隠喩で、詩や芸術作品で「われわれが言語の本質を表象する仕方にとって決定的である」とハイデガーは言い、その後で「隠喩的なものは、形而上学的なものの内側にしか存在しない」と述べるのである。

リクールはここで、形而上学的転移と隠喩的転移とを同一の転移とすることによって、ハイデガーが伝統的な形而上学を批判するのを問題にする。感覚的と非感覚的の分離だけで、それを形而上学と呼ばれるものの基本的特徴として、形而上学を断罪するのは、まったく正当化できないからである。ヘーゲルは『美学』のなかで、哲学的概念は、はじめ感覚的な意味であったものが、精神的次元に転移されたものであり、また固有の抽象的な意味の昇格は、隠喩的なものが最初の意味のなかに消えることと関連する、と述べる。ヘーゲルは感覚的で磨滅した意味が、適切な表現になった精神的な意味に〈交代〉するのを〈止揚〉と呼び、そこに意味の革新を見る。[12]

　リクールの反論は「生きた隠喩」論から発する。本義と転義の対と、感覚的と非感覚的の対の間に黙契を見る根底には、隠喩を語の代置とする理論がある。それに対し、言説の隠喩理論は述語づけにおける意味論的非関与性から、類似にもとづく意味を創出するのである。前述のヘーゲルの論述は、はっきり区別されるべき二つの操作について述べている。第一は本来的な意味作用を、精神の次元に転移された意味作用にする操作である。第二は本来的でない転移された意味作用を、抽象的な意味作用にする操作である。第二の操作をヘーゲルは止揚（廃棄・保存）と呼ぶ。第二の操作のみが、感覚的なものから出てくる非本来的な意味を、精神的な本来的な意味とするのである。[13]

　詩的隠喩と哲学的隠喩の親近性と同時に差違を指摘したのは、ほかならぬハイデガー自身である。リクールはそれについて、「ハイデガーが隠喩に対してだけでなく、哲学のある種の言表を隠喩と呼ぶ仕方に対して論争的に語っていることよりも、彼が哲学者として詩人を解釈しているほうが、何層倍も重要だと言いたい」と記す。[14]

『生きた隠喩』は修辞学の文彩の一つとしての隠喩論ではない。隠喩もまた現実を指示する。

それが隠喩の真理である。この隠喩論は彼のめざす言語の存在論への一歩である。言語の存在論を彼は「何かが言われるには、何かが存在しなければならない」と表現する。生きた隠喩は「生動する現実を指示する」。その存在観念を彼はアリストテレスの「現実態」と「可能態」によって基礎づける。「詩人とは現実態を可能態として、可能態を現実態として見る人ではないか」[15]。

第三節　物語による時間経験のミメーシス

言語の創造性の探求として構想した双子の作品『生きた隠喩』から『時間と物語』三巻に移ることは、言説の意味論から物語の解釈学に移行することである。リクールはそこでもアリストテレスの『詩学』に依拠する。アリストテレスは、説得術としての隠喩を『弁論術』で扱い、文学としての隠喩を『詩学』で論じる。説得術的機能と詩的機能は異なるからである。アリストテレスにおいて、詩は人間の行動の本質的な再現を構成するものである。詩は、それに適した様式、物語により、悲劇的な筋によって真実を語る。悲劇は次の六つの要素から構成される。「筋」(muthos)、「性格」(èthè)、「措辞」(lexis)、「思想」(dianoia)、「音楽」(mélopoia)。悲劇は「行動する人のミメーシス」として定義され、「行動の再現はミュトスにほかならない」。ミュトスの根本的性格は、秩序、編成、配列である。措辞の機能はミュトスに内在する秩序を外在化して、明確にすること[16]。

重要なのはミュトスとミメーシスの関係にある。リクールはミメーシスを模倣(imitation)という語で表現することに反対する。ミメーシスはプラトンの場合は、あらゆるイデア的モデルの模倣とされるものに適用される。アリストテレスの場合は一つの意味しかなく、「制作がおこなわれるところにしかミメーシスはない」。制作はつねに個物の生産である。ミメーシスが構成するのはミュトスの構造であり、現実の複製ではない。ミュトスの構成要素である秩序、統一性のゆえに、「詩は歴史よりも哲学的である」。「詩人が詩人であるのは、再現をおこなうかぎりにおいてであるから、詩人は韻文の作り手というより、物語の筋の作り手でなければならない」。悲劇は「よりすぐれた人を再現しようとする」。したがってミメーシスは人間的現実の〈絵〉であると同時に、独自の創造、高貴なものへの移動である。[17]

以上のアリストテレスのミメーシス論を土台にして、リクールはそれをいっそう拡張する。行動のミメーシス（創造的再現）はミュトス（筋）のポイエーシス（制作）である。筋には三つの特質がある。第一に、筋はいろいろな出来事から、一つの筋の通った物語を引き出すこと。第二に、筋は目的、手段、状況、行為者など異質で雑多な要素を一つのまとまった物語に組み立てること。第三に、筋は行動に固有の時間性を与えること。その時間には、年代順的時間と出来事を全体的に構成する非年代順的時間がある。筋は完結性、全体性、適度の大きさ、によって特徴づけられる。アリストテレスは「物語は始めと中間と終わりをもつ」と定義する。話の筋を追うことは、期待に導かれて、出来事の時間的進展を追って、結末に到達することである。[18]

リクールはミメーシスをテクスト制作だけに限定せず、その前後にもミメーシスは働いていると考えて、それを三分する。ミメーシスIは、行動の「先形象化」（préfigurtion）である。生や行動はその「先行理解」にもとづいてなされ、あらかじめ構造化されているので、それを動機、計画、手段、などの用語で意味論的に分析、記述できる。

ミメーシスⅡはテクストの「統合形象化」（configuration）すなわち制作である。ミメーシスⅠで先理解、先構造化されている行動は、制作の技法にしたがってミメーシスされ、作品化される。具体的には人物たちの行動を筋立てることである。物語には発端、中間、結末がある。結末の構造化機能は、話の筋を通すとき明らかになる。

ミメーシスⅢは読者の読解行為を指し、テクストの統合形象化に応じた「再形象化」（refiguration）である。他方それはテクスト世界と読者の世界の交叉である。リクールは以後、テクストの指示を、テクストの再形象化と言い換えるようになる。『時間と物語』で著者が、時間性のアポリアを物語の詩学によって解決すると言うとき、それをおこなうのはこの再形象化の能力である[19]。

以上の三つのミメーシスは循環構造をもち、その循環のなかでテクストは生から生まれ、再び現実に戻る。この循環構造から、やがて「物語的自己同一性」の概念が生まれる[20]。

『時間と物語』の主題は「物語られる時間」である。なぜ時間と物語なのか。物語は人間の行動を語るもので、行動するには時間を要する。人間の時間経験は、宇宙論時間、心理的時間のいずれにも還元されてしまわず、物語言説により、言語のレベルで分節されて意味をもつ。他方で物語の主要な機能は、単なる年代順的時間でなく複雑な時間の諸相を明らかにすることである。物語性と時間性とは互いに条件づけあい、決定しあっている。物語られる時間とは、時間の人間化、「人間的時間」のことである。「時間は物語の仕方で分節されるのに応じて人間的時間となる。逆に物語が時間経験の特質を描き出すのに応じて、物語は完全な意味をおびる[21]」。

リクールが時間と物語を組み合わせるもう一つの理由は、時間の純粋現象学、すなわち時間構造自体の直観的把握は不可能とするからである。フッサールの『内的時間意識の現象学』でさえも、理論的に時間性のアポリアを解決することはできなかった。そこでリクールはそのアポリアを物語の詩学に訴えてのりこえようとする。そのために彼はアウグスティヌス『告白』第一一巻の時間論と、アリストテレス『詩学』の物語論とを組み合わせるのである。[22]

アウグスティヌスの時間論は、あの有名な問いから始まる。「ではいったい時間とは何でしょうか。誰も私にたずねないとき、私は知っています。たずねられて説明しようと思うと、知らないのです」（11巻14節）。そこから彼は時間の二つの謎を提起する。過去はすでになく、未来はまだなく、現在は一瞬も止まっていないのであれば、時間はどうして存在するのか、という謎。そしてその存在しない時間が、どうして長かったり、短かったりするのか、という時間測定の謎。こうした時間経験は日常言語で媒介されている。そこでアウグスティヌスはこれらのアポリアを三重の現在によって解決しようとする。過去も未来も心理的経験として、現在のうちにある。すなわち、過去についての現在は記憶として、未来についての現在は期待として、そして現在についての現在は直視として。

次にアウグスティヌスはこれら三つの現在の経験を、詩編歌の歌唱の例で示す。詩編を歌うとき、精神はこれから歌う部分を期待し、現に歌っている部分を直視し、すでに歌い終わった部分を記憶する。このように精神は集中する（intentio）につれて、未来、現在、過去の三方向に分かれ広がる（distentio）。この期待、直視、記憶という精神の三方向への志向に、物語の筋が対応する。歌唱全体でなされていることは、人間のあらゆる行為が時間のなかでなされていることである。それをアウグスティヌスはこう述べる。「同じことが、その各部分が人間のすべての働きであるような、人間の全生涯においてもおこなわれ、また同じことが、人々のあらゆる生涯が部分として含まれるような人々の子らの全世紀においてもおこなわれるのである」。リクールはそれを「物語の王国全体がここに潜在的に展開されている」と述べる。

物語の展開のうちに時間経験は含まれている。時間経験は物語言語で分節される。それが時間の人間化である。[23]

『時間と物語』三巻でリクールは物語を歴史物語とフィクション物語に分け、それぞれの側で時間がどのように統合形象化されているかを探求する。フィクション物語では「虚構の時間経験」として、時間の諸相を捉えようとする。「多様な時間経験をただフィクションのみが探求することができる」からである。そして『時間と物語Ⅱ』で三人の作家のそれぞれの時間小説を綿密に分析して、それを論証するのである。

第四節　時間と物語の統合形象化としての歴史叙述

『時間と物語』第一巻の邦訳に著者が寄せた序文で、著書全体の構成についてこう記している。「歴史物語に当てられる第一巻第二部と、フィクション物語に当てられる第二巻とは、両方で強固な統一体をなしている。そのどちらでも唯一にして同一の問題が論じられている。すなわち、いかなる物語でもおこなわれている時間の統合形象化は、何から成り立っているか、という問題である」[24]。要するに著者が物語と言うとき、そこには歴史叙述も文学も含まれ、両者の違いは指示対象が実在するか否かのみにある。この発言の時代背景には二十世紀後半に歴史学界では、フランスのアナール派や英語圏の新実証主義のように、物語的な歴史叙述から意図的に距離をおこうとする傾向が顕著になったことがある。

アナール派は歴史学における政治史、事件史偏重を批判し、脱物語的歴史叙述を標榜し、実践した。アナール派の本質的特徴を具現した最初の著作は、フェルナン・ブローデルの『フェリペ二世の時代の地中海と地中海世界』(1949)である。その第一の特徴は、歴史学研究の原子(アトム)として個人に優位をおく政治史への、また社会変化の原子として点としての事件に優位をおく事件史への異議申し立てである。それによって歴史学研究の主軸を政治史から社会史へ移動させようとした。アナール派にとり、政治史、事件史は物語的歴史でしかありえない。そこで集団、階層、社会階級、都市と農村、農民、労働者などが、この「新しい歴史学」の集合的英雄となる。またブローデルとともに歴史学は地理学的歴史とさえなり、その主人公は地中海と地中海世界である。また一時的、短期的な出来事に対立する、長期の「社会的時間」という概念が登場する。こうして歴史学の対象を移動させ、拡張したアナール派は、あらゆる種類の文書記録や眠れる史料を発掘して、「史料の型の発明者」となり、それに応じて統計学、経済学などの数量分析の手段を駆使して、数量史、系列史の分野を開拓した。その反面、歴史学と社会学の境界があいまいになり、歴史学の歴史的特性が見失われた、とアナール派内部から自己反省がなされるようになる[25]。

物語的歴史への批判は、論理実証主義的認識論にもとづく、英語圏の新実証主義からもなされる。その代表はカール・G・ヘンペルの論文「歴史における一般法則の機能」(1943)である。彼の中心的テーゼは、「一般法則は、歴史学においても、自然科学においても、まったく類似の機能をもつ」というものである。歴史の出来事は、たとえば貯水池の決壊といった自然界の出来事の一般概念と同調する。そして特別な型の出来事の発生は、次の二つの前提から演繹される。第一の前提は、先行する出来事など初期条件を記述する。第二の前提は、初期条件が確証されれば、法則と呼ばれうる任意の規則を表明する。この二つの前提が正しく立てられたら、問題の出来事発生は論理的に演繹され、したがって説明されたと言うことができる。このモデルでは、法則、原因、説明の三つの概念がカバーし合っているので、「法則的モデル」と呼ばれる。ここで問題になるのは、出来事の説明と予測が伴っていること。個別的な出来事でなく、反復可能な出来事だけが問題になることである。ヘンペルはこれによって歴史学を科学として確立しようとするが、歴史学が説明しようとする一般命題は、規則性といった資格に値しない。援用される一般的仮説も、擬似法則に過ぎない。ヘンペルの後継者P・ガーディナー、W・ドレイらはこの硬直した法則モデルを弱めようとする。しかし歴史の出来事の理解や解釈なしに歴史を説明しつくすことはできない。[26]

法則的モデルによる歴史の説明に対立して、リクールが「物語派」と呼ぶ、歴史叙述の物語性を重視する論者たちがいる。ただし彼らの論拠はそれぞれに異なる。A・C・ダントは『歴史の分析哲学』で、歴史を叙述する文、「物語文」に注目する。まず彼は過去と未来にわたり歴史の全体を把握しようとするヘーゲル型の歴史の「実体的哲学」を斥け、次に出来事を順に忠実に記録する「理想的年代記作者」という仮説も排除する。起こった事の完全な意味は、事後にしか知りえないからである。そこでダントは歴史を記述する「物語文」をこう定義する。「物語文は時間的に隔たった二つの出来事を照合する。ただし物語文は、それが指示する最初の出来事のみを記述するのであるが」。その一例、「一七一七年に『ラモーの甥』の作者ディドロが生まれた」。物語文では三つの時間位置が含意される。第一の出来事(出生)E1、それを記述する出来事E2、語り手E3。E2はE1が適切な記述によって原因となるための必要条件であるが、十分条件ではない。物語文は個々の出来事の真実性を、以後の出来事に応じて説明づける言説で、「過去の遡及的な再認識」である。ゆえに語の厳密な意味で「〈現在〉の歴史はない」。

リクールは物語文の有効性は認めるが、それと歴史叙述の全体との関係が明確にされていないと批判する。それに対しW・B・ギャリーは『哲学と歴史的理解』で、歴史の話(ストーリー)の筋をたどる可能性(followability)の概念に重点をおく。歴史の説明も物語形式の言説から発するのであれば、物語形式は説明の母胎であると彼は主張するが、「理想的には話は自己説明的である」として、説明の構造については語らない。問題は一般的物語から歴史物語を区別する特性は何かである。

L・O・ミンクは論文「歴史的理解の自律性」で、法則的モデルに反論し、歴史的理解をカントの判断力の行為として性格づけようとする。歴史において説明することは、法則のもとに事実を包摂することではなく、「連結」をおこなって、ある出来事と他の出来事との内在的関係を説明し、それを歴史的文脈に位置づけることである。歴史家の課題は、出来事を判断力の行為に「包含する」ことであり、判断力は出来事を順次に検討するよりも、全体的に把握することをめざす。事物を全体的に見ることに、歴史的理解の自律性がある。しかしミンクは「全体を同時に認識する」ことを重視するあまり、筋立てに潜んでいる、時間の連続場面的要素が捨象されていることをリクールは指摘する。(27)

ヘイドン・ホワイトは物語派というより、歴史叙述を広義の文学と見る立場である。『メタヒストリー――十九世紀における歴史的想像力』で彼は十九世紀の大歴史書を分析する。そこではじめて筋立ての手法が、歴史叙述の物語構造として採りいれられる。この書の前提をリクールは三つ挙げる。第一に、物語構造に関して、歴史とフィクションは同じ類に属する。第二に、「書く行為としての歴史学」という意味で、歴史と文学を接近させる。第三に、偉大な歴史書はすべて歴史的世界の全体的ヴィジョンを展開するものである。そこでホワイトは歴史家レオポルド・V・ランケ、ヤコブ・ブルクハルト、アレクシス・トクヴィル、ジュール・ミシュレと、歴史哲学者ヘーゲル、マルクス、ニーチェ、ベネデット・クローチェとを同じ枠で論じる。

また彼は文芸批評のカテゴリーを歴史叙述に転用する。ただし「筋」(plot)と区別される、歴史叙述における「筋立て」(emplotment)はストーリーの属する種類を確定することである。筋立てによる説明には無数の類型があり、ホワイトはノースロップ・フライの分類を借用して、説明様式をロマンス、悲劇、喜劇、風刺に分類し、その説明様式から文体論を引き出す。たとえばランケ『宗教改革時代におけるドイツ史』の文体は喜劇的様式で、トクヴィル『アメリカにおけるデモクラシー』の文体は悲劇的様式である、というように。こうしてホワイトは筋立てという力動的操作を通して物語ることと説明することを結合したが、その代償は歴史の説明と出来事自体の説明とを分離してしまったことである、とリクールは記す。[28]

歴史学における法則的説明派と物語的理解派の合流点に位置するのがフランスの歴史家ポール・ヴェーヌである。彼は古代ローマ史学者として一九七六年にコレージュ・ド・フランス教授に選任されるが、その五年前に、『歴史をどう書くか——歴史認識論についての試論』を発表し、そこでの大胆な発言と主張によって学界に大きな反響を呼び起こした。彼はアナール派の第三世代に属しながら、社会科学の方法による歴史分析に批判的である。彼はマックス・ウェーバーの理解社会学に学び、論理実証主義も採りいれる自在さをもつ。本書で著者は「歴史学は科学ではない」「歴史の法則など存在しない」「歴史意識または歴史家意識など存在しない」と否定命題をつらねていく。そして冒頭で「歴史家たちは、人間をその演技者とするような、本当にあった出来事を物語る。歴史は本当にあったロマンなのだ」と言って論述を始める。歴史には法則も科学もないゆえに、説明能力を弱め、物語能力を高めなければならない。アナール派の創立者たちにとり、物語とは歴史の当事者たちが作りだすものであったが、ヴェーヌは物語とは歴史家の構成物であると言う。歴史という織物には筋書きがある。筋立てることは物語と筋を連結させることである。

ヴェーヌは出来事を筋に結びつけ、歴史的理解を物語活動に結びつける。事実は孤立して存在するのではない。「事実は筋によって、筋においてしか存在しない」。ヴェーヌは筋の概念を時間にそって拡大し、普遍的な特性に結びつける。歴史の対象は個別的なものでなく、種別的(スペシフィク)なものである。「歴史とは人間的な出来事における、種別的なもの、つまり理解可能なものの記述である」。ヴェーヌは、歴史における説明とは物語が理解可能な筋に編成されるための仕方にほかならないとして、理解と説明の対立を解消してしまう。

こうして彼は歴史学は筋の構築と理解にほかならないという観念を極限まで押し進めた。それについてリクールは反問する。フィクション物語と比較して、歴史叙述の物語的特性は何か。歴史的認識と、物語の筋をたどる能力との間には認識論的断絶があるのではないか。断絶の第一は、科学としての歴史学は説明を史料的立証によっておこなわねばならない。第二に伝統的な物語や年代記では固有名詞で主体を指名できるが、歴史科学は国民、社会、文明など行動の主体は無名の本質体である。第三に、歴史的時間は個人の主観的時間と直接の関係をもたない[29]。

こうした三重の認識論的断絶にもかかわらず「歴史学が物語といっさいの関係を断てば、歴史学はその歴史的性格を失ってしまうだろう」とリクールは言う。問題はフィクション物語と区別される歴史叙述の物語的特性は何かである。リクールはそれをフッサールの「遡及的問い」の方法によって解決しようとする。フッサールが『ヨーロッパ諸学の危機と超越論的現象学』で試みたこの方法は、「生活世界」を探求するために、すでに構造化されている文化的世界から遡って、そこに地平的に含まれる前科学的意識の諸様式を志向的に開示していく方法である。前述のミメーシスの循環に即して言えば、ミメーシスⅡのテクスト世界から遡って、ミメーシスⅠの行動の次元に内在する前物語的構造を捉えることである。そのために、先の認識論的断絶のそれぞれに中継点を見いだして、断絶を解消するのである[30]。

第一は歴史的説明の手続きの問題である。マックス・ウェーバーやレイモン・アロンの「個別的因果帰属」の論証法は、「何が起こったかを説明するために、何が起こりえたかを想定してみる」ことである。リクールはこれと筋立てとの類似に着目する。これは説明と理解との間の媒介的なもので、「準筋立て」とみなすことができる。第二は、個人的行動に分解不可能な民族、国民、文明といった第一級の本質体を、社会的本質体として「準登場人物」に擬人化するのである。第三は歴史的時間と物語的時間の関係である。文明の時間と個人の時間の類比は、構造と出来事の類比と同じで、どんな変化も「準出来事」として歴史の領野に入ってくる。歴史における準筋立て、準登場人物、準出来事を連関させ、統合するのが物語的統合形象化の作業である。歴史と物語は相関するが、歴史叙述の物語の領野への帰属はあくまでも間接的であることをリクールは強調するのである。[31]

第五節　物語的自己同一性

「物語的自己同一性」（identité narrative）の概念は『時間と物語Ⅲ』の結論のなかで提起された。この三部作は宇宙論的時間と生きられる時間の対立というアポリアを「物語られる時間」という第三の時間の発明によって解決しようという企てである。著者は三巻を書き終えてから、一年後にあらためて読み返して、長大な結論を書き、そこに物語的自己同一性という新しい概念を導入した。それを著者は「歴史と物語の一体化から生える脆いひこばえ」と言う。われわれは自分の人生物語を物語ることによって、自分自身が誰であるかを自己確認する。それは主体を、自分の人生の書き手であると同時に読み手として構成する。この概念は個人にも、共同体にも適用されて、その多産性を証明するであろう。個人または共同体の自己同一性を言うことは、その行為をしたのは誰か、の問いに答えることであろう。その名で指名される行為者が誕生から死まで同一人物であるのを正当化するのは物語的なものでしかありえない。ハンナ・アーレントが言うように、誰？の問いに答えることは人生を物語ることである。ただし物語による自己確認は、一度限りで完結するものではない。年齢に応じて何度も自画像を描くように、自分の人生を物語り直すことはできる。物語的自己同一性によって、主体の自己性の問題を汲み尽くすことはない。[32]

この結論を書いてから五年後に、リクールは『他者のような自己自身』のなかの「自己の解釈学」の一環として、物語的自己同一性についてあらためて論じる。そこでの課題を彼は二つ挙げる。第一は、この概念に暗黙に含まれる同一性と自己性の弁証法を最高のレベルにもっていくこと。第二は、物語られる自己の探求を、行動理論と道徳理論の間でなされる物語理論による媒介を探索することによって、完結すること。行動を記述すると、道徳的に命令するとを媒介するのが物語ることである。物語ることはしたがって倫理的に中立でなく、道徳的判断の思考実験室となる。[33] 私は誰か？ の問いに答えることは、個人としての自己同一性、すなわち「人格的自己同一性」を解明することである。

ジョン・ロックやデイヴィド・ヒュームは人格的同一性について逆説を提示した。ジョン・ロックは『人間知性論』二七章「自己同一性と多様性」で、事物それ自身との同一性（sameness with itself）が自己同一性であると規定する。われわれが自己同一性の観念を形成するのは、ある事物を違った時間で比較するときである。物体の自己同一性とは、どんぐりから樹木となるまでのように、組織体の恒常性が同一性である。人間の場合は「意識だけが人格的自己同一性を作る」。意識をロックは記憶に転換し、自己自身との同一性を時間のなかでくりひろげる。彼は自己同一性を、物体的と心的とで区別した功績はあるが、意識や記憶のみによりかかり、記憶の限界、間歇性といったアポリアを生じさせた。[34] それをロックの後継者たちは「難問事例」(puzzling cases)として露呈させた。たとえば、ある王子の魂を靴直し職人の身体に移植した場合、その職人はかつての王子になるか、それとも皆が見ている通りの職人になるか。記憶が自己同一性を決定するとするロックは、第一の解決をとる。しかし後継者たちは決定不能とする。ロックには自己同一性について、心的と身体的を区別する考えはなかった。[35]

ロックより八〇年後に生まれたデイヴィド・ヒュームは『人性論』で、自己同一性について関係概念を強く打ち出す。経験論者として彼は「ある観念を生じさせるのは、一つの印象でなくてはならない」と考える。しかし自分の内面深く入りこんで調べてみても、見いだされるのは経験の多様性であり、自己という観念についての不変の印象は見いだせない。そこから彼は、自己という観念は錯覚であると結論する。「私について言えば、私が私自身と呼ぶものにさらに深く入っていくときに、私が出会うのはいつも熱さや冷たさ、明るさや暗さ、愛や憎しみ、苦痛や快楽といった特殊な知覚以外の何ものも見いだすことはできない」。これにリクールは反問する。「何も見いだせない」と言う〈私〉はいったい誰なのか。また「自己の身体」と言うように、身体は、それは私の身体だと指名する誰かに属している。私の身体が私自身に属することは真偽の問題ではなく、〈証し〉に属する。[36]

ロックやヒュームの経験論的自己同一性論に応答するまえに、リクールは自己同一性を、「同一性」（mêmeté）としての自己同一性と、「自己性」（ipséité）としての自己同一性に分解する。同一性とは時間を通しての恒常性であり、第一に数的同一性がある。すなわち唯一で同一のもので、それは同定され、再同定され、n度同じものとして認識される。第二は質的同一性で、意味論的に失うものなく取り換えることができる。だが時間的隔たりをはさむと、以前と同一かどうかの不確実性を排除できない。第三は、同一のものについて、発達の第一段階と最後の段階の間の中断されない連続性で、たとえば樫の木について、どんぐりから成長した木まで、同一と言えよう。そのほか、部品を替えても構造は同一の道具、生物の個体において遺伝子コードの恒常性などの事例がある。人格的自己同一性は時間における恒常性に立脚している。[37]

他方、「自己性」としての自己同一性は、「私は誰か」の問いへの答えとなるような、時間における恒常性を含む。その恒常性の二つのモデルとして、リクールは「性格」と「約束」を挙げる。性格とは個人を同一人物として再同定できるような弁別的しるしの集合、と定義できる。『意志的なものと非意志的なもの』では性格を、絶対的に非意志的なものとして、無意識のように、変えることができず、それにわれわれが同意しなければならない実在に分類された。次の『人間、この過ちやすきもの』では、有限性と無限性との不均衡、不一致というパスカル的視角から、性格とは私が事物、観念、価値、世界に対して有限な視角から実存する仕方と規定された。今や自己同一性の問題系から、リクールは性格をこう定義する。「性格とは、そこで個人が再認される永続的な性向の集合を指す」。永続的性向の観点から、性格は習慣であり、また価値、規範、理想に自己同定して獲得される自己を包含する。

性格のこの安定性が物語性をおびる。ある性格を表象する人物をキャラクターと呼ぶ[38]。約束のモデルは、時間における恒常性を示すとともに、約束した言葉を忠実に守ることも指す。約束を守ることは、約束した自己を維持することで、誰か？の自己性に登録される。約束を倫理的に正当化するのは、言語の制度を守り、私の忠実さへの他者の信頼に応えることである。たとえ性格の同一性に反してでも約束を守る、そこに自己性がある。とすれば、人格的自己同一性に対するもろもろの疑義はすべて、同一性と自己性とを区別せずに、同一性のみを通して自己を求めたところから発する[39]。

「物語的自己同一性の真の性質は、自己性と同一性の弁証法においてしか明瞭に現われない」というのがリクールの打ち出すテーゼである。この弁証法が、自己同一性の物語性を構成する。物語的自己同一性の表現が自伝や回顧録の形をとることはあっても、それは必要条件ではない。自分の過去を顧みて、それを物語としてテクスト化することが重要なのである。さまざまな出来事の連関を時間的、空間的に配置して一貫した筋として組み立て、物語としての要件を満たすことが必要である。それは歴史物語、フィクション物語をミメーシスすることになり、『時間と物語』三巻で練りあげた物語理論の応用であると言うことができる。しかしそれがリクールにとっての終点ではなく、そこから「自己の解釈学」へ、さらに「能力ある人の人間学」への出発点となるのである。

第三部　「能力ある人」の人間学

第一章　自己の解釈学をめざして

第一節　砕かれたコギト

リクールは一九八六―八七年度にエディンバラ大学のギフォード講座に招かれ、「自己性について――人格的自己同一性の問題」と題する一連の講義をおこなった。この十九世紀末からの由緒ある講座には国際的に著名な学者が招待され、フランスではベルクソン、G・マルセル、レイモン・アロンなどが名をつらねている。リクールは一〇回の講義のうち最後の二つ、「鏡にうつった自己」「委任された自己」を除いた講義を、一九九〇年に『他者のような自己自身』として出版した。最後の二講義をそれに収めなかったのは、それらが聖書解釈学に属し、純粋な哲学的思索と区別するためであるという。

はじめに、なぜ自我（moi）でなく自己（soi）なのかが述べられる。『意志的なものと非意志的なもの』でリクールは、私は意志するを含めたコギトの全面的奪回を企て、フロイト論では、「自己を措定はするが、自己を所有しないコギト」を「傷ついたコギト」として、十全なコギトを回復するために、解釈学的哲学に向かおうとする。そこでここではデカルト的コギトの再検討から出発する。コギトの措定を窮極の根拠づけとする野望の系譜は、デカルトから、カント、ヨハン・

G・フィヒテを経てフッサールにまでいたる。他方それは錯覚にすぎないという懐疑の危機をもたらす。この危機はデカルト学者マルシアル・ゲルーの論文「理由の順序によるデカルト」で予示されていた。[1]デカルトは『省察』の「第二省察」で懐疑を確実性へと反転させる。たとえ大欺瞞者が私を欺こうとも、私が存在することにいささかの疑いもない。「私は考える事物である」には懐疑を含むあらゆる思考が含まれ、「私は考えつつ存在する」は第一の真理である。ところが「第三省察」では、コギトの確実性を、神の無謬性に対して従属的位置におき、順序を逆転させる。神の存在の確実性により、コギトの確実性は第二の存在論的位置に滑り落ちる。「それゆえ、もし神が私自身の存在の理由（ratio essendi）ならば、そのことによって、私は不完全な存在、欠け目のある存在であるゆえに、神は私自身の認識の理由（ratio cognoscendi）となる」[2]。デカルトはそこにおいて、大欺瞞者の仮説を排除した。その結果、理由の順序は直線でなく、巨大な円環となり、したがって悪循環となってしまったのではないか、とリクールは推断する。[3]

ここからコギトを基礎づけの第一の真理とするか、神の完全性に従属する有限な基礎づけとするかの二者択一が開かれ、それに応じてデカルトの後継者たちを二分する。前者を代表するのはカント、フィヒテ、フッサールである。後者に属するのはニコラ・ド・マールブランシュやスピノザで、コギトに抽象的な真理しか認めない。それをリクールは「砕かれたコギト」と名づけ、その伝統にニーチェを位置づける。『道徳外の意味における真理と虚偽』でニーチェは邪悪な守護霊というデカルトの論法をコギトそのものに拡張する。それはいかなる言語も比喩的で虚偽的な性格をもつという比喩論的還元によってである。[4]そこにおいてデカルト的コギトも例外となりえない。「私はデカルト以上に疑う。コギトもまた疑わしい」。
リクールはこのニーチェを媒介にして、デカルト主義の袋小路から脱出するために、自我の砦を出て、自己へ転出する。Cogito「私は考える」におけるように、〈私〉が無媒介で直接に措定されてしまうのを避けて、反省的に、間接的に捉えるために、自己を選ぶのである。それはフランス語の moi と soi の文法的違いに根ざしている。soi は三人称再帰代名詞 se の強勢形で、性、数不変で、各自だれでもの自分を指す。つまり〈私〉という他に置換不可能な、絶対的な座を降りて、自己はだれでもの自分となることができる。そこから自己性と他者性を弁証法的対立の位置におくことができる。さらに soi の強勢形 soi-même（自己自身）を前述のように、同一性（mêmeté）と自己性（ipséité）に分解できる。[5]
自我論の軛を脱して、自己を捉える営為をリクールは「自己の解釈学」とする。これは「物語的自己同一性」の概念と問題系との拡張、発展と言える。〈私は誰か〉の問いに答えるには、物語るだけでは足りず、他者を経由した自己の解釈学全体を必要とする。そこでリクールは自己の解釈学を三つの段階で構築する。分析を経由する反省、次に自己性と同一性の弁証法、最後に自己性と他者性の弁証法である。その探求は、自己の中心に他者が現前することを証しして終わる。書名 Soi-même comme un autre. で、前置詞 comme は比較の「ような」と、資格の「として」の両義をもつ。著者は自己性と他者性を対の位置におき、自己性のうちに他者性が含まれることを示そうとする。「他者を自分自身のように評価することと、自分自身を他者のように評価することは根本的に等価である」[6]。そこで書名は「他者のような／としての自己自身」の両義を含んでいる。

第二節　誰が語るのか

一九八五年の「個人について」を主題とするロワヨーモン・シンポジウムで、リクールは「個人と人格的自己同一性」というタイトルで発表した。それは「個体化」「自己同定」「責任帰属」の三つの局面で個人を捉え、本書の先触れとなっている。[7]言語で唯一の個体を指示する操作である「個体化」(individualisation)には、「確定記述」、固有名詞、指示詞の三つがある。確定記述は、固有名詞を使わずに、ある一つのものしか該当しない記述を用いてそれを指示する表現である。固有名詞は恒常的に同一物を指示し、その機能は他のすべてを排除して個別化することであり、それ以外に何の情報も与えない。指示詞には、代名詞、指示代名詞、場所や時間の副詞、などの指示語と、動詞の時制を含む。指示詞は言表行為としての出来事と関係づけられて、そのつど違ったものを指示する。個体化に当たって、任意の個体から、われわれ各自の個体に、どのように移行するか。

リクールはここで、P・F・ストローソンの『個体と主語』を参照する。[8]ストローソンは、「基礎特殊者」(basic partner)という、原始的で、これ以上遡れない概念を設定する。それには人物概念と物体概念があり、そのどちらかに属さずには、どんなものでも同定しえない。ここでいう人物とは、話す主体でなく、われわれが共通に話題にする人物で、重要なのは話者たちが互いに、同一の人物や事がらを指示することである。基礎特殊者としての物体は唯一の空間的、時間的図式に位置づけられて、同一物として同定、再同定される。物体には、心的な出来事表象や思念が排除される。

しかしストローソンの基礎特殊者の定義では、人物や物体の同一性を表現できても、自己の身体や人物の〈自己性〉を表現できない。人物とは、それに心的と物的の二種類の述語が付与されるもので、人物は二重に帰属されうるが、人物の二重の指定はない。心的述語は自分自身に、あるいは他者に帰属しても同じ意味をもつ。そこからストローソンは「人は意識状態を他者に帰属させられないならば、自分自身にも帰属させられない」と言って、同一性が自己性を遮ってしまう、とリクールは批判する。[9]「私の経験」という表現は「誰かの経験」という表現と等価であろうか。もし等価なら、私という誰かと、君という他者との関係もまた等価でなければならないことになる。そこで意味論に立脚した指示的アプローチでは足りず、語用論的アプローチが必要になる。

自己の解釈学の第一の課題は、行為の主体としての自己をいかにして捉えるかである。「基礎特殊者」としての〈人物〉が〈物体〉と区別されるには、「誰か?」の問いに答えなければならない。それにはまず対話関係における〈私〉の言表行為が問題になる。言表行為理論として、リクールはF・レカナティの『透明と言表行為』における反射理論を参照する。[10]それは「言表の意味には、その言表行為の事実が反射している」という語用論である。記号は表象するためには、記号自身を消して透明にならなければならない。逆に記号の不透明性とは、言表行為の事実が言表の意味のなかに反射することによって、指示的思念が反映されることを指す。日常の会話のほとんどの状況では、この反射が言表の指示作用を構成しているのである。

この反射理論を補完するのが、オースティンやサールの言語行為論である。[11] この言語行為論は、話し手の私と話し相手の君の両方を含意する。「私は約束する」は、私は〈君に〉約束するに等しい。言表者と言表との関係は、「～と私は断言する」のように、「と」(que) という接続詞で私が明示されることによって示される。「私」は、「これ」「今」「ここ」といった指示詞の体系の軸となる。指示詞論が言語行為論と合体すると、一人称と二人称を特権化し、三人称を排除する。対話の状況を決定するのは、〈私〉と〈君〉だけで足りる。しかし言語行為論はまさに行為論であって、行為者には関わらない。指示し、意味する主体は、どのようにして主体のままで、事がらとして示されうるのか。リクールは以上から二つの命題を引き出す。第一に、主体を指示するのは、言表でも言表行為でもなく、対話の状況で互いの経験を交換するために、言表の意味と指示とを用いて語る主体たちである。第二に、対話の状況が出来事となるのは、言表行為の当事者たちが、現実の言説によって、彼らの世界観と共に登場させられるときである。[12]

言表行為の主体を指示するのに、語用論がアポリアとなるのは、代名詞〈私〉の両義性による。〈私〉はシフター、旅する辞項であって、そこに何人かの言表者を代入しうる。この逆説をパースの「タイプ」と「トークン」の区別によって説明することはできる。それは同一のタイプを例証する、そのつどトークンの異なる発生を述べることである。問題はトークンとしての〈私〉をどのようにして固定化するかである。[13] このアポリアを解決するためにリクールが提案するのは、言語哲学の二つの道、すなわち自己同定指示の道と、言語行為の反射性の道を、一点に収斂させることである。言語行為とその事実とを同一化するには、言表行為を出来事として性格づけることが必要で、そのために指呼詞の「今」と「ここ」を介入させることである。すなわち暦法的時間の「今」と客観的な座標軸に記入された「ここ」を適用するのである。こうして、ヴィトゲンシュタインのいわゆる「世界の境界」である〈私〉と、自己同定指示の対象である人物との結合は、「暦による日付記入と、地理的位置づけによって例証される記入と同じ性質の過程に立脚している」[14]。残る問題は、二つの道の収斂として得られた同一化を、「自己の身体」を軸にして、客観的な人物として現出させることである。

第三節　誰が行動するのか

行動理論としてリクールがここで参照するのは、分析哲学者アンスコムとデイヴィドソンの行動の意味論である。行動理論は、誰が、何を、なぜ、どのようにして、いつ、どこで、と概念のネットワークを関与させ、言語理論と結びつく。行動理論はテクスト理論と並行しており、行動をテクストとして読み、解釈することができる。行動理論では、何が＝なぜの問いが、誰が＝なぜの問いに優先する。どんな行動がなされたかは、出来事一般に属し、なぜ＝なぜならばは行動の判定者となる。リクールはまずアンスコムの『意図』を中心に、意図の概念的分析を取りあげる[15]。彼女は〈意図〉の三つの用法を区別する。「意図的にあることをした、またはする」「ある種の意図をもって振る舞う」「〜する意図をもつ」。この第三の用法だけが未来への明白な指示を含んでいるので、それを表明する限りで、分析にかけられる。アンスコムは、観察できる行動を意図的にするという副詞的用法を分析の軸にする。そうすると意図と行為者関係が密接で、〈誰が〉の問いを遠ざけてしまう。アンスコムは、「なぜの問いに肯定的に答えられる行動が意図的である」を中心的なテーゼとする。〈何が〉の問いと〈なぜ〉の問いの相互含意によって行動を記述し、その記述の真理だけを重視するので、その行動を行為者に帰す問題は二義的になる。[16]

次にリクールはドナルド・デイヴィドソンの『行動と出来事』に収められた一連の論文を取りあげる。[17]著者はそこで出来事の存在論を強力に論証する。第一論文で彼はアンスコムの提案する意図の分析のうち、「意図的にした」を特権化し、行動が過去形で完結した出来事として記述されることにより、合理的に説明されるとした。しかし彼は一五年後に発表した論文で、その誤りを認める。「〜する意図」は未来志向で、実行の遅れも含まれ、また行為者を含意するのである。そこで彼は欲望をそそることが、行動を支配するに十分であるという、無条件判断を意図的行動の分析に導入する。しかしこの導入によって、企投、予見は行動の全過程にわたること、意図を通して行動は人に帰属することを、デイヴィドソンは見逃している、とリクールは指摘する。デイヴィドソンは「ピエールは一撃を加えた」という文の論理的分析で、ピエールが実体の側におかれるのは、出来事の媒介者としてであり、行動は出来事でなければならず、出来事は実在しなければならない、と主張する。しかしそこから、行動の所有者としての行為者の指示が消えてしまうのは必然的であるとリクールは言う。[18]

二人の分析哲学者の行動理論は、行為者なき行動の意味論に帰結した。そこでリクールは、行動から行為者への道を探るのである。

ストローソンの個体論で、「基礎特殊者」としての人物には心的述語と物的述語を付与することができ、そのなかでも意図と動機のような述語は自分にも他人にも付与できる。そこで行動と行為者の関係は〈述語付与〉(attribution) よりも、〈帰属〉(ascription) のほうが適していると考える。そこからリクールはアリストテレスの『ニコマコス倫理学』にしたがって行動と行為者の関係を探求する。

アリストテレスは本意からなされる行動と、不本意になされる行動を区別する。前者はその行動の原理がその人自身にあり、「それをおこなうのも、おこなわないのもその人自身にかかっている」。後者は行為者が「行動の原理に対し何の役割も果たさない」ものである。行動の原理の倫理的決定が、自然的決定に優るようになるのは、熟慮によって行動を選択するからである。「選択とは、われわれに依存する事がらに対する熟慮された欲求であろう」。アリストテレスは行動と行為者の関係を父子関係に、あるいは支配者‐被支配者の関係になぞらえる。さらにアリストテレスはわれわれの選択と、性格をつくりなす傾向性とが「共に責任ある(sunaitoi)」という言い方をする。「アリストテレスの意図はまちがいなく、われわれの行動の責任をわれわれの性向に、したがって全道徳的人格に拡大することである」として、リクールはそこで原因(aitia)よりも、責任ある(aition)が用いられていることに注目する。[19]

現代の帰属理論は自分で自分を名指す能力に関わる。ストローソンは、人物は自らの性格の所有者(owner)であると言う。そこから所有形容詞や所有代名詞が発してくる。帰属とは行為者が選択の一つを自分のものとすることである。行動の動機の探求は果てしなく続くとしても、行動の本人を探ることは、「それは何謀です」で終わる。しかし行為者が自己指名できるには、いくつか難問がある。第一に、心的述語は自分だけでなく、自分以外の誰にも付与されるのだから、一般的帰属から個別的な帰属へ移行するには、同じ属性付与が関与的な仕方でなされる真の他者関係をもつ必要がある。第二に、行動は規則にしたがってなされ、行為者はそれに責任があるとみなされるなら、帰属は「責任帰属」（imputation）となる。法哲学者Ｈ・Ｌ・Ａ・ハートは「彼はそれをした」という日常言語の命題を、裁判官の下す司法的決定と比較することを提案する。[20]それは道徳的な意味の帰属と、論理的な意味の属性付与との隔たりを拡大するためである。帰属させることは記述することではなく、責任帰属には、することができるという行動する力が働いているからである。[21]

行動する力について、リクールはカントの第三の「宇宙論的アンチノミー」、すなわち自由による因果性と、自然法則による因果性のアンチノミーを問題にする。そして彼はアンチノミーを解決する「絶対的自発的行動」を「率先行動」と名づける。それは「世界のなかに実際に変化を引き起こす干渉」である。そしてそのモデルをＧ・Ｈ・フォン・ウリクトの「準因果性モデル」に求める。それは因果性的説明のシステム論と、目的論的説明との結合である。われわれは世界のなかに変化を起こすことができると確信して行動を起こし、システムを動かす。そこにおいて行動することができるという確信の理解は、因果性的説明に先行する。率先行動の根源にあるのは「私はできる」である。「私はできる」は行動する力と、世界における事物の経過との連結点に位置する。そして以後これが「能力ある人」の人間学に発展する。[22]

第四節　物語ることの倫理的含意

物語的自己同一性の概念をリクールは「自己の解釈学」でさらに展開する。その課題を彼は二つ挙げる。第一は、この概念に含まれる自己性と同一性の弁証法を最高のレベルにもっていくこと。第二は、物語られる自己の探求を、行動理論と道徳理論の間で物語理論がおこなう媒介を探索して、完結させること。行動を記述すると命令するとの中間にある物語ることは、倫理的に中立ではないからである。

自己の人生を顧みて物語としてテクスト化するには、さまざまな出来事の連関を時間的、空間的に配置して、一貫した筋に組み立てることが必要で、そのためには歴史物語、フィクション物語をミメーシスすることになる。筋と登場人物たちを関係づけるのに、リクールは記号論者A・J・グレマスの「行為項モデル」が最適とする。[23] そのモデルでは、主体とその探求の対象が、主体をはさんで敵対者と補助者が、また物語の送り手と受け手がそれぞれ対立し、さらに二つの物語的抗争の関係から、主体と反主体の対立、人物たちの行動の相互作用、価値ある対象の移動、などが簡潔に図式化されている。物語の行程が作中人物の行程となり、筋と人物が関係づけられることが肝要なのである。前述の行動を主体に帰属させる問題も、物語はこれに独自の仕方で解決する。すなわち作中人物に率先行動を与え、そして語り手に、行動の始まりと中間と終わりを決定する力を与えることによってである。作中人物の率先行動と、行動の始まりとを一致させることによって、物語的自己同一性は、帰属のアポリアに詩的応答をもたらすのである。行動を筋立てることによって、出来事の偶然性を、遡って必然性に変換するようにし、こうして人生史は作中人物の自己同一性に等しくなる。[24]

物語理論における作中人物と筋の関係は、行動理論における行為者と行動の関係に匹敵し、それは行動の責任帰属の問題と関わらざるをえない。われわれの実践活動は相互作用の性格をもち、行為者は行動するとき、他者の行動を考慮に入れる。マックス・ウェーバーが『経済と社会』の冒頭で述べるように、「行動する個人が行為によってめざす意味（gemeinten Sinn）によって、行為は社会的であり、それは他者の振る舞いを考慮し、そのほうに方向づけられる」。この相互作用は他者との競争や協力にいたるまで段階づけられるだけでなく、内面化されて修行、習得、訓練にまで及ぶ。こうした実践と物語の関係はミメーシス的関係にある。実践を計画し、構成するのは、物語的先形象化をなす。そして実践と物語の同じ関係は、A・マッキンタイアが「人生の物語的統一」と呼ぶ、より高度のレベルでも繰り返される。不確定であっても、人はそれぞれの人生計画にしたがって生きるのである。ただしマッキンタイアは文学フィクションを考慮に入れていなかった。「文学フィクションにおいてこそ、行動とその行為者の結びつきがもっともよく捉えられるのであり、文学とは、この結びつきが無数の想像変様にかけられる思考実験のための広大な実験室である」とリクールは述べる。[25]

とはいえ作者、作中人物、語り手三者の間の関係については、自伝的物語とフィクションとでは異なる。自分の人生を物語るとき、私は語り手であり、作中人物であることは確かだが、私はその作者ではなく、せいぜいその共作者にとどまる。またフィクションには物語形式の始まりと終わりがあるが、現実の人生では物語の始まりに相当するものはなく、私の誕生は両親の歴史に属し、私の死は、私より生き延びる人たちの物語においてしか語られない。また私の人生物語は、私をとりまく人たちの人生物語と絡み合い、その一部となっている。こうした制限や拘束にもかかわらず、移ろいやすい生を回顧しながら捉えるには、フィクションの助けを必要とする。物語は人生の思い悩みを語る。それゆえに文学による人生の物語的理解と、自己の人生物語とは互いに補いあう。そこで物語理論と倫理との関係が問題になる。フィクションという非現実的な領域でも、読者は作中人物の行動を評価する新しい仕方を探索する「文学という想像性の大実験室でわれわれがおこなうのは〈善と悪の王国〉での探検である」[26]。

物語における自己性と同一性の葛藤には、対立する二つの極がある。第一の極は同一性としての性格の極で、個人は性格によって自己同定する。第二の極は自己性としての自己維持の極である。物語的自己同一性はこの両極の間に位置する。物語は性格を物語化する。十八−九世紀の西欧での小説の発展は人物の性格を中心になされた。二十世紀になって意識の流れ小説の出現は、人物の性格と小説の筋との幸福な結合が破綻したことを示す。意識の深層を探ろうとするとき、性格の安定性は維持できなくなる。その限界例としてリクールが挙げるのはロベルト・ムージルの『特性のない男』である。その主人公は特性を失い、自己同定されなくなっている。それはまた物語的自己同一性の破綻であろうか。しかし自己性の解体を語る物語もまた、否定的把握を通しての、自己の解釈物語となろう。そのことは多くの回心物語が証言しているところである。自己維持を支えるのは、自己を自己の行為の責任帰属の主体と認めることである。物語的自己同一性そのものに、倫理は含意されているのである。[27]

第五節　倫理的目標――善く生きる

倫理（ethique）と道徳（morale）は共に語源的に習俗と関係づけられるので、通常は隔たりなく用いられているが、リクールはここであえて区別する。倫理をアリストテレス的目的論の観点から、実現されるべき生の目標にあて、道徳をカント的義務論の観点から、普遍的で、拘束的な規範にあてる。そして次の三つを確認する。道徳に対し倫理の優位。倫理的目標を規範のふるいにかける必要性。規範が機能不全のとき倫理に訴える正当性。行動を規定する述語は、倫理的には「善い」、道徳的には「義務的」である。リクールは倫理的目標に応答する自己の態度を「自己評価」（estime de soi）、義務論的契機に対する自己の態度を「自己尊重」（respect de soi）と呼ぶ。これらはともに自己を成長させるものであるが、彼は規範のもとにある自己尊重よりも、自己評価を根本的とする。人は自己の行動を評価しつつ、その行為者として自己評価するのである。[28]

リクールはアリストテレスの『ニコマコス倫理学』にしたがって倫理的目標を「善い生き方」と設定する。そしてそれを「他者とともに、他者のために、正しい制度において、善く生きる」と実践的に規定する。それを順次検討しよう。

オースティンは言語行為論で、最初「確認的発言」と「遂行的発言」を区別したが、やがてその区別を廃する。発話は話し手と同時に話しかける相手を含意し、一方向的な発話行為のなかにも、対話的構造は内蔵されている。どんな言表行為も語りかけである、とバンヴェニストは言う。「話し手が自分を表明し、言葉を引き受けるや否や、私は自分の前に他者を据える。どんな言表行為も語りかけであり、話し相手を前提とする」。この対話的構造は人間関係に反映する。義務ではなく、自然に他者へ向けられる感情をリクールは「心づかい」(sollicitude)と言う。その根底にあるのは、アリストテレスの「フィリア」(友愛 philia)論である。他者への心づかいと、内面の自己評価とはどう結びつくのか。リクールはそれをこう言い表わす。「心づかいは外部から自己評価に加わるのでなく、これまで無言のうちに過ぎてきた自己評価の対話的次元を広げるものである」[29]。「私」と「君」とは対話的状況では、互いに代入しあう。話し手を指示するのは、代入可能な話し手たちである。自己評価と心づかいが互いに相手を必要とするというのが対話的次元である。しかしそれは私と君の違いがないという意味ではない。自我と他我の違いでなく、他者が真の意味で、私以外の他者となるのは、どんな資格においてであるか。この問いにリクールはこう答える。それは自己が達成した成果によってでなく、根本的に、自己の能力という資格においてであり、またモーリス・メルロ＝ポンティの「私はできる」(je peux)の意味の〈能力〉(capacité)をもつことである。「私とは、自分の行動を評価でき、それのいくつかの目的を善いとして、自分で自分自身を評価できるような存在である」。重要なのは「私はできる」という動詞である。それが「能力ある人」(homme capable)の主題となる[30]。

私の能力を実現するのに、他者は有効な媒介となりうるか。アリストテレスはフィリア(友愛)

論で、他者の果たす役割を、祝福をもって迎え入れる。フィリア（友愛）は、他者への愛着、愛情といった心情には属さず、活動として倫理に属する。「幸福な人は友を必要とする」が、アリストテレスによれば、フィリア（友愛）の到達点である。自愛（philautia）と友愛の関係はどうか。他者への心づかいが、反省的に自己評価へのゆり戻しによって、「自己は自らを多くの他者のなかの一人として気づく」。リクールはこれがアリストテレスの言う「互いに」（allēlous）の意味であると解する。対話での置換可能性と、個人の「かけがえのなさ」の置換不可能性を結びつけて、友人は「もう一人の自分である」と言われる。自己と他者の相似性は、自己評価と心づかいの交換の産物であり、それはこう表現される。「他者を自分自身のように評価せずして、私は自分自身を評価することはできない」。「私自身のように」と「君もまた」は等価である。以上が「他者とともに、他者のために」の意味するところである。[31]

「善い生き方」の第二のレベルはカントの道徳学に準拠した義務論であり、そこにおいて「正しい制度」が問題になる。義務論に訴えねばならないのは、端的に言えば、悪が存在し、暴力が横行するゆえにである。悪によって、われわれの行動が他者に損害を与え、苦痛、恥辱、死をもたらすようになるなら、それは必然的に禁止や拘束を要請する。倫理が「～したい」という希求法で表わされるなら、道徳はカントの命法のように、「～しなければならない」「～してはならない」という命令法で表現される。制度内に生きるとき、私と他者の関係は、私＝君の対面的、相互的関係にはない。そこでの他者は、私の外部にある「顔のない他者」、不特定多数の第三者である。その他者たちと私との関係を支配するのは、友愛よりも、第一に正義である。ジョン・ロールズが「正義は社会制度の第一の徳である」と言うように、他者との関係は制度によって媒介され、正義が適用されるのが制度である。リクールは制度を「歴史的共同体（民族、国民、地域など）が共に生きる構造」と定義する。制度は分配の問題といった相互関係に結びつけられる。制度が司法の機構として現われる以前に、もともとはエートスと呼ばれるような共通の習俗として性格づけられるようなものである。共同体で共に生きるが、法体系や、政治組織に対し優位に立つ。そこでリクールはハンナ・アーレントの『人間の条件』を参照する。著者は人間の活動的生活（vita activa）を「労働」「仕事」「活動」の三つに分けて考察する。活動の条件は「多数性」と「協調」にある。アーレントは権力が活動のカテゴリーから直接発するとし、権力は人間が協調して活動する能力に対応していると考える。権力は人々が共に活動する限りは存在し、その意味で権力は共同の行動の典型である。そして正義という倫理的目標の適用点をもたらしてくれる。[32]

リクールはここで、アリストテレス的目的論の観点から正義を論じ、ジョン・ロールズの『正義論』が反功利主義の立場から、カント的義務論の観点をとるのと対比する。リクールは正義の観念よりも、正義感から出発する。「何たる不正！」とわれわれは不正に直面して憤激する。プラトンもアリストテレスも、正義と不正を一緒に名指す。正義はしばしば欠けるが、不正は支配するからである。正義の観念を支えるのは、平等と配分の二つの概念である。アリストテレスは『ニコマコス倫理学』第五巻の初めで、正義を配分的正義として定義する。利益と負担の配分において、算術的平等でなく、比例的平等によって、正義のもつ力が示される。ただし権利の平等は、機会均等によって補完される必要がある。配分の概念を拡大すれば、紛争の調停に道徳的基盤を与えよう。

配分的正義は公的であれ、私的であれ制度の媒介を必要とする。配分にあたって、貪欲と不正が絶えないからである。現実問題として、収入、資産、権威、責任などについて分配が不平等になる傾向は免れえない。現代のロールズもこの問題に正面から取り組んだ。彼は、もっとも恵まれた者の利益の増加を、もっとも恵まれない者の不利益の減少によって償うという「マキシミンの原則」を立てる。これによって経済的弱者が優先されて、彼の最小限の分け前を最大限にするのである。ロールズは「原初状態」という仮説を提示する。すなわち初期社会では誰も自分の地位、身分、能力について「無知のヴェール」をまとっており、その状態で正義の原則は選択され、原初的契約が結ばれるというのである。その場合の契約者の基本的態度を、ロールズは「利害に無関心な利害関心」という定式で説明する。しかしリクールはこの定式だけでは、当事者間の連帯には不十分だと見る。リクールはロールズの正義論を評価する一方で、その形式主義を批判する。[33]

リクールは「正しい制度において、善く生きる」という倫理的目標において、制度内での平等は、人間関係における「心づかい」に等しいと考える。平等は、自己に対するものとして他者を与えてくれ、心づかいは、自己に対するものとして他者を与えてくれる。「そこにおいて正義の意味は、心づかいから何も差し引かない。それは心づかいが個人をかけがえのないものとするかぎり、心づかいを前提とするのである。そのかわり、正義は平等の適用分野が人間全体である限り、心づかいを増大させる[34]」とリクールは結ぶ。制度内で生きるには、正義を主張するだけでは、社会の平和を保つことはできないのであり、そこでリクールは正義と心づかいの弁証法の必要性を説くのである。

第二章　自己性と他者性の弁証法

第一節　自己の証しと自己の存在論

自己の解釈学の最終研究は「いかなる存在論をめざして」と題される。自己の存在様態はいかなるものか。行動し、受苦する存在の真理は何か。リクールがこの研究を「探索的性格」と記すのは、もろもろの思潮や概念を弁証法的に対立させながら論証を進めて行くからである。まず自己の存在の真理の様態を〈証し〉とし、次に行動の存在論を可能態と現実態の概念に訴えて解明し、最後に自己性と同一性の弁証法を通して、自己性を規定しようとするのである。

「証し」（attestation）の概念は、ハイデガーの『存在と時間』における Bezeugung を踏まえている。すなわち、現存在の本来的な自己存在可能の理解である。デカルトのコギトの自己基礎づけの確実性に対し、自己の解釈学に適した真理の様態は証しであり、根本的にそれは自己の証しである。証しが真としての存在を言うのは、自己についてであるから。証しはまず「信じる」の文法として、信念として現われる。そして証人の証言を信じるように、証しは証言に近い。証しはエピステーメー（学知）ではなく、証明、保証の確実性には欠ける。良心を意味するドイツ語の Gewissen が確かさを含意するように、証しは良心の証言でもある。(1) 証しは疑念、疑惑にさらされるが、信頼できる証し以外には疑惑に対抗しえない。証しは認識よりも、実践に重点がおかれ、〈行動し、受苦する存在〉を確証する。証しは言説、行為、物語という客観化する言語の媒介を通してなされる。こうして窮極に証しされるのは、同一性との差違、他者性との差違としての自己性であり、それは時間の恒常性における〈自己維持〉として実現されるのである。[2]

デカルト的コギトの自己基礎づけを第一哲学とするなら、それを断念したリクールの解釈学的現象学は、第二哲学としての実践哲学である。それがめざすのは、行動と、行動する人間の多義性を〈類比的単一性〉として捉えることである。リクールはこの行動の存在論に場所を与えるために、アリストテレス哲学における、可能態と現実態としての存在というメタカテゴリーを援用する。とはいえ、彼のこれまでの行動と行為者についての論究においても、可能態と現実態は潜在していた。「振る舞い」「行動」の同義語「行為」(acte)は「現実態」をも意味し、行動が帰属される行為者の行動する力(puissance)は「可能態」も意味するのであるから。行為・現実態と、力・可能態という語は、行動する人間の解釈学的現象学の基礎をなしてきたのである。もとよりアリストテレスのこの両概念を、一義的、統一的に定義することはできない。ここでの問題は、リクールが行動の類比的単一性のために、これをどのように再適合化するかにある。彼はこの両義性を逆に利用して、行動を超えた領域にまで拡大適用しようとするのである。[3] たしかにアリストテレスは運動の自然学のために可能態を喚起し、宇宙神学のために純粋の現実態を援用する。しかし肝要なのはアリストテレスにおいて、それは上方から下方に向けて脱中心化を果たすためである、とリクールは見て、こう述べる。「その脱中心化のおかげで、現実態(エネルゲイア)=可能態(デュナミス)は、それを背景にして、人間の行動が浮かびあがるような、可能的であるとともに現実的でもある〈存在の土台〉を指し示す」[4]。そこでリクールはこの土台の上に自己性の存在論を据え、それを現実態と可能態とに応じて構成しようとする。

さらにリクールはこの土台と、行動し受苦する人間の現象学とを結ぶ中継点を、スピノザの「コナトゥス」（努力）観念のうちに見いだす。スピノザの『エチカ』によれば、生は直ちに「力能」（puissance）を意味し、それは潜在力でなく、生産力である。したがって力能は現実性、実現の意味の acte と対立しない。conatus についてスピノザは言う。「どのようなものも、それ自身のうちにとどまるかぎり、自己の存在に固執しようと努力する」。スピノザは conatus を、彼が「能動的本質」と呼ぶ現実的で可能的な土台に連接することができたとして、それをリクールはアリストテレスの現実態のスピノザ主義的再適合化と評価する。スピノザはコナトゥスを意識よりも優位におき、反省的意識を経由する点で、リクールと同調するのである[5]。

第二節　自己性と他者性——メーヌ・ド・ビランとフッサール

自己とはどんな種類の存在かの問いの第三段階は、他者性との対比によって自己性を解明することである。これは当然プラトンの〈同〉と〈他〉という主要な類のメタカテゴリーと関連する。しかし自己と自己以外の他者との区別において、自己性はプラトンの〈同〉の反復ではなく、自己以外の他者はプラトンの〈他〉に匹敵するものではない。他者性（altérité）は自己性（ipséité）

に対立するものであり、リクールは自己性と他者性を、プラトンの同と他の弁証法の第二度の言説に属するものとする。そこにおいて自己性は他者性と対比されて多義性をおび、同様に他者性も〈他人〉としての他者性のみには還元されず、自己性の内部における他者性も含意する。自己性の内部における他者性とは、「受動性の経験」を指している。その「受動性」とは、内的経験の他者性を証しするものである。リクールは作業仮説として、三種類の受動性を挙げる。第一は、自己の身体の経験に要約される受動性である。第二は、自己と自己以外の他者という意味の〈他人〉との関係によって意味される受動性である。第三は、自己と良心としての自己自身との関係の受動性である。以下にこの三つの受動性を順次検討しよう[6]。

人の身体は諸身体のなかの一身体であるだけでなく、私の身体でもある。自己の身体は物体界にも、自己の界にも二重に属する。自己の身体は自己の行動の場所であり、行動の本人として指名することを可能にする。人格的自己同一性は自己の身体に固定点をもつ。しかし行動し、受苦する人間像において、その受苦を強調するとき、自己の身体の受動性が現われ、耐える、苦しむという受動性の経験となる。また物語的自己同一性の観点からすると、そこにおいて能動者と受動者が絡み合うさまざまな人生物語が展開する場となる。たとえばある能動者が他者への圧力を行使して、その人を受動者としてしまうように。それは対人関係における暴力であり、そこでは自己の身体に属する受動性は、他人というメタカテゴリーに属する受動性と合致する。自己の身体が内面的受動性の全領域に、そしてそれに対応する他者性の全領域に広がると、そこはメーヌ・ド・ビランから、G・マルセル、メルロ＝ポンティ、ミシェル・アンリと続くフランス情念論が開拓してきた作業場である。なかでもリクールが自己の身体の哲学者の筆頭に挙げるのがメーヌ・ド・ビランである。ビランは実存概念を実体から分離し、「私は存在するは、私は欲する、私は動くということである」として、行為の概念に結びつけて、存在論化した。ビランは自己の身体を非表象的確実性の領域に導入して、その受動性を提示した。第一度の受動性は、努力に対する身体の内的抵抗である。この抵抗によって、身体は「能動的身体」の経験となる。第二度の受動性は、満足、不満足といった気分の印象によって表わされる。第三度の受動性は、外的事物への接触による、事物の抵抗である。こうして受動性が変化することによって、自己の身体が内面の自我と外部の世界との媒介であることが示されることになる。(7)

第二の身体の哲学として、リクールがハイデガーよりも評価するのはフッサールの「肉体の存在論」である。フッサール『デカルト的省察』の第五省察「モナド論的相互主観性としての超越論的存在領域の解明」の企図は、自我(ego)から他我(alterego)に到達する道を探ることにある。すなわちコギトの自我を土台とする哲学は、自我とは異なる他者、根本的他者に依存するすべてを、いかにして説明するか、また自我から出発して、他我をいかにして超越論的に構成するか、の課題である。この課題は、一方で〈自我から発して〉、〈自我において〉、他我の意味を構成すること、他方で他我経験の根源性、特殊性を、自我とは〈異なるもの〉として説明すること、という矛盾する二つの要請に応えようとするものである。(8)

フッサールはこの要請を次の三段階の手続きで満たそうとする。第一は、超越論的な自我の経験を、「私にとって固有のもの」に還元すること。それは他我に関するあらゆる意識を、超越論的地平から排除することである。このようにして他我に属するものを抽出し、捨象していくと、「私に固有の自然」という基層が露呈してくる。これは自然科学が対象とする自然とは区別されねばならない。それをフッサールはこう説明する。「私に固有のものとして把握されたもろもろの物体（Körper）のなかに、唯一の特殊性によって他のすべてのものから区別される私自身の肉体（meine Leib）を私は見いだす。実際それこそ単なる物体でなく、まさに肉体である唯一の物体である」。この Leib と Körper の区別は、「共通の自然」を構成するための一段階となる。「肉体」の概念は、それを共通の基盤にして、共通の自然を構成するために、ある肉体と他の肉体との「対化（つい）」（Paarung）を可能にするためにのみ練りあげられたものである。この心身統一の自我をフッサールは「原モナド」（Urmonade）と命名する。

第二段階は、他者の実存を類比によって把握することである。それは「私の肉体」を中心として、〈私の外〉と〈私の内〉との弁証法である。他者は孤立しているのでなく、私自身も含めてモナドの共同体をなしており、それが一つの共通世界を構成する。ただし他者が直接に現前するのでなく、その物体をもって間接に提示するだけである。私の肉体によって、私は自然の事物、他の物体に同一化する。その物体は私の肉体となり、同時に私自身は自然と合体する。そこにある物体を、他の肉体として類比によって統覚する「類比的統覚」をフッサールは「対化」と呼ぶ。私に類似している物体が、私の物体からの意味の移し入れによって、肉体（Leiblichkeit）という特殊な意味を受けとるのである。「他我は、私自身のものと類似したものとしか考えられない。現象学的観点からすれば、他我は私の自我の志向的変様である」。

第三段階は相互的モナドの共同体の構成である。これは唯我論から共同体への漸次的な前進である。われわれは共通の自然として世界を共に思念している。自然を共通にするのは私の肉体で、肉体が類比的転移のアナロゴンとなる。

ここでリクールは問題を提起する。「肉体が諸物体のなかの一つの物体であるとは何を意味するか」。ちょうど「今」、「ここ」を定位するために暦や地図を発明したように、物体が諸物体のなかの一物体として現われるには、肉体を世界化しなければならない。ここにおいて他人の他者性は、私という肉体の他者性と絡み合う。フッサールが言うように、私の肉体が諸物体のなかの一物体として現われるのは、共通の自然において、私自身があらゆる他者のなかの一他者であるかぎりにおいてのみである。そこからリクールの批判が出てくる。「フッサールは私以外の他者をもう一人の私としてのみ考え、けっして自己を他者として考えなかった」[9]。

第三節　他人の他者性——フッサールとレヴィナス

自己以外の他者によって触発される自己は、受動性の様態と密接に接合されており、自己措定する自我とは明瞭に異なる。そこで問題は、他者による触発によって、他者性のどんな新しい形態が生じさせられるかである。すでに見たように、フッサールは自己のものへの還元から他我を発生させようとした。だがこの還元の経験では、他人に負っている日常的経験は中断されてしまう。こうして前述のような、知覚された他人の肉体を本拠として、間接的提示と類比的統覚と対化とによる他我の構成は失敗する。それは他者を第二の自己と考えることにほかならず、フッサールの超越論的現象学の自我論的性格が露呈する。

同と他の弁証法において、他に卓越した地位を与えるのがエマニュエル・レヴィナスの全哲学であり、彼は「絶対的な〈他〉、それは〈他者〉である」と言明する。レヴィナスは『全体性と無限』でハイデガーに逆らって、存在論よりも形而上学を先行させる。レヴィナスによれば、「形而上学的欲望は、まったく他なる事象、絶対的に他なるものをめざす」。伝統的な哲学の自我中心性は、他から他性を奪い取って、同に同化しようと努めてきた。「西洋哲学はほとんどの場合存在論であった。存在論とは存在の理解を確実にする中立的中間項の媒介によって、〈他〉を〈同〉に還元するのである」。そこでレヴィナスは同と他、他者と私の関係を逆転し、他が同を、他者が私を審問するとする。「〈他者〉の現前によって私の自発性が審問されること、それは倫理と呼ばれる」。他者が現前する仕方をレヴィナスは、さまざまな意味をこめて「顔」(visage)と呼ぶ。顔の「公現」(épiphanie)はいかなる表象も逃れ、現象学的に現われるものではない。「私の内なる〈他者〉の観念をはみ出す他者が現前する仕方をわれわれは顔と呼ぶ[10]」。顔とは他者の無防備な、裸のままの表出である。顔は私に向かって「汝殺すなかれ」と呼びかける。この呼びかけに私は「応答する」(répondre à)。それは同時に「責任を負う」(répondre de)ことである。「責任において〈同〉、〈自我〉は、他にかけがえのない者として呼び出され、挑発された私である[11]」。私はこの「応答可能性」(responsabilité)から逃れることはできない。レヴィナスはけっして他者をもう一人の自我とは考えない。他者は私と同じだけ価値があるだけでなく、他者こそ諸価値の源泉である。他者は対話の相手ではなく、義の支配者である。イニシァティヴは完全に他者にある。

レヴィナスの第一の主著『全体性と無限』について、ジャック・デリダは長大な論文「暴力と形而上学」でレヴィナス哲学を評価し、それゆえに他方で痛烈に批判した。レヴィナスは存在論に対抗して形而上学の再興を企てながら、じつは伝統的形而上学の用語や隠喩を無批判に持ちこんでいる、というのである。レヴィナスはこの批判に応答するかのように、第二の主著『存在するとは別の仕方で、あるいは存在の彼方へ』で、用語の大改鋳をおこなう。その書で彼が意図するのは、別の存在様式の探求ではなく、存在とは別のもの、存在と対をなすものの探求である。そこで彼は基礎的倫理学の名のもとに、存在論的言語に代えて、倫理学的言語を用いるために、果てしない「前言撤回」（dédire）を断行する。無起源の昔から到来する他者への責任は、私を「人質」として、他者の「身代わり」にする。「自己、それは人質であり、すでに他者の身代わりになっている」。その倫理学は自己立法するカント的自律ではない。他者の命令は一方的に責任を課す。しかしレヴィナスはそれを隷従とはしない。「隷従なき他律（hétéronomie）です。そのモデルの独自性のゆえに、他者への義務に訴えるのが私には必要と思われます。その義務とは単なる負債ではありません。負債なら返済できます。ところが他者に対してはいくら返しても返しきれません」[12]。これはリクールが「倫理の道は自律に向かっている」と言ったのに対するレヴィナスの応答である。

レヴィナスの哲学は断絶の効果から発する、とリクールは断定する。「この絶対的（ab-solu）〔レヴィナスは ab を分綴して断絶を強調する。〕断絶の効果は、誇張法（hyperbole）の用法から発してくると私には思える」。誇張法は、絶対的他者性の意味の外部性の観念に結びついていた断絶の効果の産出に適した戦略として現われる。そして「主体は人質である」とする誇張法にいたって、『全体性と無限』におけるように他者は正義の主ではなくなり、ここでは他者は侮辱者であり、その資格で赦し、贖罪する行為を要求する。しかしながら他者の〈身代わり〉になる自己とはいったい何なのかが問われなければならないだろう、とリクールは反問する。(13)

第四節　他者の呼び声――ハイデガーにおける良心と証し

他者の他者性は、自己と自己自身の関係における受動性の経験に存する。リクールはこの問題を、ハイデガー『存在と時間』における〈良心の証し〉を通して追求する。ハイデガー哲学には他者論が欠けているという一般的見解に対し、リクールは、それは彼の良心論に含意されていると見るのである。ハイデガーは意識から出発せず、世界内存在の構造の分析から始める。『存在と時間』第一部二六節「他者の共現存在と日常的な共存在」によれば、他者は私と「共に」存在し、世界を「共に」わかちあっている「共存在」（Mitsein）である。「他者の世界内部的共存在は、共現存在（Mitdasein）である」。「現存在は共存在というあり方で存在しているのだから、他者はその現存在において、すでに開示されている」。共現存在としての他者の他性をハイデガーは「懸隔性」（Abständigkeit）と表現するが、彼はその概念をさらに深めようとせず、それを日常的な相互共存在のうちに、平均化し、解消してしまう。すなわち、他者を、非本来的なあり方をする「世人」（Das Man）に還元してしまい、その結果他者問題は他人に配慮している「世人」に横滑りしてしまう。[14]

『存在と時間』第二部二章「本来的な存在可能の現存在にふさわしい証しと決意性」で、良心の他者性として、他者が論じられる。「本来的な存在可能の証しを与えるのが良心である」。リクールはドイツ語の良心を意味するGewissenが確信も意味することを重視する。良心は道徳的な善悪を弁別する能力である以前に、現存在の存在論的問題である。また良心としての証し、証しとしての良心というように、良心と証しは等式で提示される。現存在が世人自己に聞いて、固有の自己を聞き落しているゆえに、現存在は予め自分を見いだしていなければならない。そのために現存在は本来的に存在可能であることを「証し」する必要がある。その証しは、現存在の日常的な自己解釈には、「良心の声」（Stimme des Gewissens）として熟知のものである。良心は「呼び声」（Ruf）であり、現存在のもっとも固有な存在可能に向けて呼びかけ、世人への喪失から、現存在の自己を呼びだすが、「自己対話」を開始させない。「良心はひたすら不断に、沈黙という様態で語る」。良心の呼び声には、可能的な聞くことが対応している。呼びかけを理解することは「良心をもとうと意志すること」として現われ、ハイデガーはそれを「決意性」（Entschlossenheit）と名づける。

呼び声は誰によって、誰に向かって発せられるのか。「呼び声は、われわれ自身によって、計画されたり準備されたり、自発的になされたりするのではまったくない。〈それ〉（Es）が呼ぶのである。期待に反して、否、意志に反して呼ぶのである。他方、呼び声は、私とともに世界内に存しているのは何らかの他者からやってくるのでもない。呼び声は私から、しかも私の上へと到来するのである」。「それ」は、実存のなかに被投されている現存在の存在機構から由来する。被投された現存在の不気味な情状のなかで、その声は現存在に「責めあり」と宣言するとして、ハイデガーは「有責性」（Schuldigkeit）の概念を導入する。ただしそれを「誰かに負い目がある」というように、道徳的に解するのをハイデガーは厳しく斥ける。それは存在論的に解されなくてはならない。責めある存在において、ある欠如態が露呈する。それは倫理的な欠如ではなく、存在論的な欠如である。責めある存在とは、道徳的に責めあることの可能性の実在論的条件なのである。[15]

リクールはハイデガーがこのようにして、良心を特徴づける他者性の契機を完璧に記述したと評価する。そして「良心の声」という隠喩が、その発見術的な力を発揮したことを重視する。ニーチェが『道徳の系譜』で展開した「潔白な良心」「疚しい良心」の悪循環を、ハイデガーが懐疑と対立する「証し」によって斥けたことは、「本来的な存在可能を証しするのは良心である」のうちに要約されているのである。証しは「責めある存在へと呼び進める呼び出し」である。

第五節　自己性の構造としての他者性

自己の解釈学の第三段階として、リクールは自己性と他者性を弁証法的関係におき、自己性に合体した他者性として、自己の身体、他人の他者性、良心の三つの受動性の経験に分けて考察した。そのためにフッサール、レヴィナス、ハイデガーの他者論を中心的に検討した。それらの論を批判的に摂取しつつ、最後に彼自身の「自己性の構造」を明示しようとする。

フッサールは『デカルト的省察』の第五省察で、唯我論の壁を破るために、自我から類比的に、その対化として、他者像を描こうとした。彼はそこで自我と他我を結ぶ「共通の自然」としての「肉体」を発見する。リクールはそれを偉大な発見と評価する。そこにはハイデガーには欠けていた「肉体の存在論」がある。肉体はいっさいの「自己のものの他者化」の起源であり、肉体の他者性は自己のものに先行する。問題は、相互主観性の土台のうえに、いかにして他なる主観性を構成するかである。肉体が諸物体のなかの一物体であるなら、肉体がそのようなものとして現われるには、地図などを使って、肉体を世界化しなければならない。私の肉体が一物体として現われるには、共通の自然において私自身があらゆる他者のなかの一他者であるかぎりにおいてのみである。そこからリクールは、フッサールが他我を自我の対化として理解し、他者をもう一人の自己としてのみ考え、けっして自己をもう一人の他者としては考えなかったところに、フッサールの他者論の限界をみる。(16)

逆にレヴィナスにとって他者問題は「戦争」なのである。レヴィナスは他者の絶対的他性、絶対的外部性から出発し、その〈同〉と〈他〉の対立は、リクールにおける自己同一性のなかの〈同一〉と〈自己〉の区別とは無縁である。リクールの他者観がレヴィナス哲学から触発されていることは事実であるが、両者の違いもまた明らかである。レヴィナスは他者を自己に対して絶対的優位におき、それを「顔」として顕現させ、さらに無限者の高みに位置づける。自己から他者へ行くのでなく、初めに他者があり、それに対する者として自己がある。リクールは他者をもう一人の自己とはせず、またはじめから自己と他者の対称性を設定するのではなく、その非対称性を相互性によって、対称性に変えようとするのである。自己が行為の主体として自己指名するとき、そこにすでに他者が含意されている。自己性の構成要素として他者性が含意され、自己をもう一人の他者として考えるのである。

前述のように、レヴィナスが「隷従なき他律」を倫理とするのに対し、リクールは「倫理の坂道は自律に向かっている」として、倫理の目標をこう掲げる。「正しい制度において、他者とともに、他者のために、善く生きること」。リクールはアリストテレス倫理学から「フィリア（友愛）」と「たがいに」を学んで、他者と自己との間の与えると受けるの等価交換を土台にした「心づかい」という他者への配慮をもって、他者に応答しようとする。

レヴィナスの「私を他者の身代わりとする」という言明で、誇張の力は頂点に達する。リクールは身代わりの主題が『全体性と無限』でなされた逆転のまた逆転であると見る。〈他〉から呼びかけられた受動性による責任帰属は、自己放棄が逆転して自己の証しとなるものではないか、〈他〉の人質とは、身代わりとして定義される〈同〉以外にはないのではないか、とリクールは反問する。レヴィナスの言う「無限者の栄光」を誰が証言するのか。自己以外にはない。レヴィナスは「自己の証し」については語らない。としても責任帰属されるのは自己ではないか。

リクールは自己性のなかの他者性を受動性の経験として定義する。そしてハイデガーやレヴィナスとは異なる、第三の他者性を「自己性の構造としての、命令される存在」と規定する。そこからレヴィナスに対しては、「命令は根源的には証しであり、さもないと命令は受け取られず、自己は命令される存在として触発されないだろう」と言う。[17] 他者からの命令は、自己による証しと切り離されてはならない。主体は自己触発によって、命令に応答する者となる。

ハイデガーの言う良心は、「本来的な存在可能を証しするのは良心である」という文言に要約される。「良心において現存在が自分自身に呼びかける」。「呼び声は私のなかから来るのだが、それは私の上へとやって来る」。現存在は呼びかける者であり、同時に呼びかけられる者である。その呼び声は不気味で、見知らぬものであり、それは自己にとっては不気味で、見知らぬものである、その呼び声の不気味さ、見知らなさは、自己にとって、他者のいない、自己の不気味さ、見知らなさである。良心の呼び声は現存在を「責めあり」とする。それは倫理的ではなく、存在論的に「非であることの根拠」を責める。そこにリクールの批判が向けられる。「残念ながらハイデガーは存在論から倫理への逆の道をどのようにしてたどっていけるかを示してくれない」。固有の責めある存在へ向けて自分を企投することをハイデガーは「決意性」と呼び、「決意性で獲得されるのは、本来的な真理である」として、良心の脱道徳化を果たす。この脱道徳化に反対するリクールは、ここでもあえて命令の現象を証しの現象に結びつける。ここで言う命令（injonction）は裁判官の法廷での命令を指す語である。「そうすると命令されることは、声の隠喩と一致して、良心の現象に固有の他者性の契機となろう。良心の声を聞くことは、〈他者〉によって命令されることを意味しよう」。

リクールがあえて裁判の隠喩に訴えるのは、倫理＝道徳性＝確信の三つ組が分離したために、良心の声が相対的に貧しいものになり、逆に裁判官の糾弾する声に変わってしまったからである。

しかし「禁止の命令」から「善く生きるための命令」に遡る道をふさいではならない。そして命令＝禁止から、道徳的選択へいたる道を開いておかねばならない。そこでリクールはハイデガーにこう反論する。「証しは根源的には命令であり、さもないと証しはその倫理的もしくは道徳的意味をいっさい失ってしまう」[18]。

第三章　「能力ある人」の主題

第一節　「過ちやすい人」から「能力ある人」へ

「行動し、受苦する人」として、人間を能動性と受動性の両面から捉えるのが、リクールの基本的人間観である。リクール人間学の第一部ともいうべき「意志の哲学」の第一巻『意志的なものと非意志的なもの』では、日常の意志的行為と非意志的行為の基本構造を現象学の形相的還元の方法で記述しようとした。純粋記述のために、そこでは「超越」と「過ち」を括弧にいれたが、その第二巻「意志の経験論」をなす『人間、この過ちやすきもの』では、「過ち」の括弧をはずし、人間の悪の可能性、過ちやすさを、純粋反省の方法で探求する。「人間は本性上脆いので、過ちやすい」「人間の過ちやすさは、自己と自己自身との不一致にある」という二つの作業仮説でリクールが探索するのは「過ちやすい人」という人間像である。「過ちやすい人と呼ぶとき、何を意味するか。何よりも、悪の可能性が人間の体質に刻みこまれているということである」。過ちやすさは、人間の無限と有限の間の不均衡に由来するが、それ自体は有罪性ではなく、感情的脆さであり、傷つきやすさである。

「意志の哲学」の第三巻『悪の象徴論』では、悪の可能性がいかにして現実性になるかを、アダム神話の解釈を通して追求する。「食べてはならない」の禁止がかえって欲望を刺激し、人は禁断の実を食べてしまう。ここにおいて、善なるものとして創造された人が悪をなすという、人間の両義性が露呈される。この両義性の解明に、リクールはカントの『もっぱら理性の限界内の宗教』の「根源悪論」を照合する。人間は根源的に悪への性癖をもつ。しかし人間は自らにそなわる善への素質をもち、それによって、根源悪に対抗して、自己を改善できる。希望はそこにある。アダムが罪に堕ちたのは、〈誘惑によって〉にすぎない。人間は根本的に腐敗しているのではなく、依然として善意志はもっている、とカントは言う。とはいえ人間は過ちやすさを意志の力で克服できる、といった楽観主義をリクールはとらない。彼の拠って立つのは、「にもかかわらず」であり、メルロ＝ポンティにならって「私はできる」という企投である。意志作用を支える基盤は、「私はできる」の行動の存在論である。

「過ちやすい人」（homme faillible）から、「罪ある人」（homme coupable）を経て、後期リクールの求める人間像は「能力ある人」（homme capable）となる。それへの転換点を画したのは、『時間と物語Ⅲ』の「物語的自己同一性」の概念を発展させた書、『他者のような自己自身』である。そこで展開する「小エチカ」と名づける「自己の解釈学」で、リクールは徹底的に「自己とは誰か」を追求する。「誰か」の問いを、彼は「誰が語るか」「誰が為すか」「誰が物語るか」「誰が自分の行為の責任を負うか」の四つに分節し、それぞれに「私はできる」と答える。それが「能力ある人」である。「私はできる」は「できると信じる」の確信の表明で、私の行動の証しであり、それは究極に自己の証しとなる。

「能力ある人」の主題系は、『他者のような自己自身』以後ますます強く打ち出されるようになり、実践哲学として、倫理的、政治的意味をおびるようになる。それを実証するのは『正義をこえて――公正の探求I』、『道徳から応用倫理へ――公正の探求II』二冊の論文集である。そして生前に刊行した最後の著書『承認の行程』(2004) のなかの第二研究「自己自身を再認する」では「能力ある人の現象学」が論じられ、そこではとくに帰責能力がいっそう厳しく問いただされるのである。

第二節 「能力ある人」の、自己の再認

『承認の行程』の冒頭で著者が問うのは、フランス語の reconnaissance という語が辞書的にまとまった語彙的単位をなしているにもかかわらず、哲学用語としては connaissance に比肩しうる地位を得ていないのはなぜか、である。それに答えるべく、語彙論的探索を続けていくと、reconnaissance はその多義性にもかかわらず、独自の統一性をもつことが判明する。リクールの野心は、この語の多義性のなかから哲学素をとり出して、それを哲学的語彙に練りあげることにある。その最初の手続きは辞書編纂的探索である。十九世紀実証主義者エミール・リトレが独力で編纂した『フランス語辞典』と、現代の代表的な辞典、『グラン・ロベール フランス語辞典』にもとづいて、リクールは reconnaissance の三つの哲学的源泉を引き出す。第一は「同定する、区別する」の語義から出てくるもので、カントの『純粋理性批判』における Rekognition の

用法がそれに相当する。第二は「よみがえった記憶の再認」というベルクソン的な意味の源泉から出てくる「自己の再認」である。第三は Anerkenung「承認」というヘーゲル的な意味の源泉から出てくる「相互承認」の意味である。「能力ある人」の主題に直接関連するのは、第二の「行動を通しての自己の再認」、また「記憶を通しての自己の再認」である。(1)

行動を通して自己を能力ある人として再認するには、他者の媒介を経て、いくつかの段階でなされ、そして相互承認にいたって完了するであろう。その場合の自己とは、近代人の自己を指しているのかどうか。古代ギリシア人は反省的、思弁的な形での自己意識を知らなかったと言われる。しかしホメロスの叙事詩やギリシア悲劇を照合するなら、自己の再認、そして行為者本人としての責任の承認をうかがい知ることはできる。リクールはそれを「ギリシア的源泉」と呼ぶ。

ホメロス『オデュッセイア』の主人公オデュッセウスのイタケへの帰還行は、自己再認の物語であるが、それは他者によって「自分を再認させてもらう」物語である。彼は出会う人を介して、はじめは誤認され、次に再認されるという過程を経る。最初の再認は息子テレマコスによって、次は妻によって、そして最後に父ラエルテスによってなされる。はじめの誤認の状況が認知に変換するのは、アリストテレスの『詩学』に言う「発見的認知」に近く、フランス語ではそれに reconnaissance の語を当てる。(2)

ソフォクレス『コロノスのオイディプス』は『オイディプス王』の続編をなす。最初の悲劇で盲目となったオイディプス王は二人の娘たちに付き添われて、コロノスにたどり着く。その地の住民はオイディプスの素性を知って、オイディプスたちに国外退去を迫る。合唱隊(コロス)がオイディプスの罪を告発するのに対して、自分は意図的に罪を犯したのではなく、意に反して犯させられたのだと彼は抗弁する。果たしてオイディプスに罪はないのか。バーナード・ウィリアムスが『恥と必然性』のなかでそれに下す判断に、リクールは同意する。重要なのは主人公が犯した罪状よりも、彼が意図しなくても、彼の行為のイニシァティヴを消滅させはしないということである。「それをなしたのは彼である」。オイディプスの後悔は、「行為者の後悔」であり続ける。「彼に起こった恐ろしいことは、彼の側に過ちはないが、彼がそれを為したということである」とウィリアムズは言う。リクールはそれに続けて「行動する者として自分を再認するのは、同じ受苦する人間である」と述べる。[3]

古代ギリシア人は反省についての理論を練りあげることをしなかった。「行為者の後悔」としての責任承認が自己意識に反射することはなかった。自己自身についての反省的意識が理論化されるのはデカルト、カント以後の近代哲学においてである。リクールは反省的自己に、自己性の名を与えるが、それはカントの道徳学における「自律の自己」と、次の点で区別されるとする。カントの定言命法の基準は普遍性にあり、われわれの行動の格率がどこから生じるかは問われない。それに対しリクールの自己性は、実践に関連して行為者としての自己指示の能力を含意する。『他者のような自己自身』ではすでに、能力ある人の四つの能力、すなわち語り、行為し、物語り、責任を負う能力について論じられていた。それを『承認の行程』で「能力ある人の現象学」として論じるときの相違は、「私はできる」としてそれらの能力を分析している点にある。私はできると断言することにより、証しと自己の再認が同調する。そして行為者の自己指示に先立って、

「何を」「いかにして」を経由することが必須となる。それによって実践する諸能力で行動を特徴づけることができる。[4]

第三節 「能力ある人」の四つの能力

「能力ある人」とは、自らの実践能力において自己を再認する人である。はじめに、言う、為す、物語るの三つの能力について考察する。

私は言うことができる

言う能力が為す能力より優先するのは、第一に、行動し、受苦する主体は、まず話す主体であり、自分の行動について語ることをやめないからである。第二に、言語行為論によれば、話すことは「言葉によって為す」ことであり。この語用論は、言表についての意味論的アプローチから言表行為へ、そして言表者へと遡っていく反省的アプローチへの道を開く。事実確認的発言にも、「～と私は主張する」という行為遂行的発言が含まれている。「私は～と言う」は自己言及的表現となりうる。自己指示する〈私〉はシフターとして置き換え可能であり、話者と対話者は相互に置換しあう。対話における自己指示は、話す主体の真の設定となる。[5]

私は為すことができる

これは行動主体が物理的、社会的環境で、さまざまな出来事を起こす能力を指す。「起こす」と「起きる」の区別に先立って、起こすは、「それをしたのは私だ」という言表で、自分をその「原因」として再認することである。現代では、「起こす」と「起きる」の区別は一義的になしえない。分析哲学者アンスコムやデイヴィドソンの行動の意味論で、リクールが批判する論点は、そこでは「誰が」の問いが分離し、行動の行為者への帰属が問われないからである。その帰属は「誰が」「何を」「いかにして」を包含するので、出来事を起こす行動の意味の一部をなしているのである。ただしその帰属を、責任帰属という道徳問題に直結させてはならない。「私は為すことができる」はもろもろの断片的行動を全体的に包みこんでおり、したがってそれは、主体が行動のイニシァティヴを引き受けることである。(6)

私は物語ることができる

物語る行為と結びついた人格的自己同一性は、自分を物語る(se raconter)という再帰的な形で、物語的自己同一性となる。語る、為すは物語る相において浮彫りになる。リクールはアリストテレスの『詩学』や現代の物語記号論を介して、物語能力に充実した内容を与える。『詩学』における悲劇の制作行為(ポイエーシス)を、リクールは物語制作一般に敷衍して三つの命題にまとめる。「悲劇(物語)とは行動のミメーシスである」「行動のミメーシスは筋(プロット)にほかならない」「筋とは出来事の組み立てである」。筋立てることは、意図、動機、原因、偶然など、異質の要素を総合し、統合形象化することである。筋立ての作業には、行動のほかに登場人物たちを筋立てることも含まれる。こうして産み出されたさまざまな統合形象化は、読解行為による読者の再形象化に働きかけ、読者は、今度は自分を物語ることを学ぶであろう。それはまた別様に自分を物語るのを学ぶことでもある。物語的自己同一性において、別様に自分を物語ることができるということは、自己性と同一性の弁証法で、自己性が変わりうることを示している。自己性と他者性の弁証法においても、物語的自己同一性は同じ問題に直面させられる。自己の人生物語は他者の人生物語と絡み合っているのであるから。この絡み合いは個人のレベルでも、集団のレベルでも観察される。集団の物語的自己同一性は、集合的記憶と関連して問題になろう。[7]

私は自分の行動の責任を負うことができる

責任の問題がここでは単に「帰責」（imputation）という帰属にとどまらず、「帰責能力」（imputabilité）として論じられていることに注目される。それは主体が自分の行動の責任を負うことができる能力に、重点を移すことである。さらに、自分の行動が他者に損害を与える帰結をもたらしうることも含む。ここにおいて主体を、能力ある主体として、権利の主体として、客観的に記述することが可能になる。行動主体に、倫理－道徳的な善い、悪いの述語を自己言及的に適用されたとき、彼は帰責能力ありとされる。法律的な意味では、民法では生じさせた損害を賠償する責務、刑法では刑罰に従う責務のもとにおかれた主体が、帰責の主体とみなされる。意味論的に分析すると、帰責（imputation）の語源は「勘定」（putare,compte）で、責任を問うことは、行動をその人の勘定につけること、つまりその人の道徳性を、貸し方、借り方の会計簿のように理解することである。そこから「弁明する」（rendre compte de）、「責任がある」（comptable）といった一連の語彙が出てくる。[8]

現代において責任の観念が複雑化し、拡大したことは帰責可能性の概念を純粋に法的なものに還元するのを困難にしている。ハンス・ヨナスの『責任という原理』は広汎な問題提起となった。たとえば公害問題では、単なる過失の観念をリスク、予防、保証といった観念に移動させる。公害は地球上、宇宙環境にと、空間的、時間的に拡張する。そうなると責任は、「私の」という性格をこわし、無関心に陥る惧れもある。責任回避と無限の責任のインフレーションとの間に、公正な距離を見つけださねばならない。

第四節 「能力ある人」の傷つきやすさ

前節で「能力ある人」の四つの能力について考察した。それぞれの能力は「私はできる」に裏うちされて行使される。しかし、にもかかわらず「できない」場合を考えなくてはならない。すなわち、能力ある人の無能力、非力である。リクールは論文「自律と傷つきやすさ」（1996）でその問題を扱った。[9] それは彼が「裁判高等研究所」で、司法修習生を前におこなった開講セミナーの記録である。自律は権利の主体の必須の条件である。だが傷つきやすさは、それを〈可能性の条件〉のままにする。ここで「傷つきやすさ」（vulnérabilité）という語はどんな意味に用いられているのか。語源的に、それは傷、傷つくを意味し、〈攻撃を受けやすい〉個人や集団の身体的、社会的な弱者の様態を指す言葉として広く用いられている。人間は仮説上、自律的である。カントは『啓蒙とは何か』で、自律とは「未成年」の状態を脱することで、sapere aude「自ら考える勇気をもて」と、人格的独立を説いた。そうすると vulnérable は、自律できない状態を指すことになる。リクールはこの語をむしろ脆さ、脆弱さの意味で用い、自律と脆さは二律背反でなく、逆説的関係にあると見る。両方が対立するのは同じ思考の枠内で、であり、同じ人が一方になり、また他方になるのである。「自律は脆い、傷つきやすい人の自律であり、自律せよと呼びかけられた人の脆弱さである」[10]。それは「能力ある人」の影の部分である。

「私はできる」の能力、力を、リクールはスピノザの「力能」(potentia) にそって解し、行為能力とする。ただしそれは証明されたり、客観的に明示されたりするものではなく、証しであり、確信であって、他者からの承認によってしか確認されない。そうすると能力の脆さは、「私はできない」という無力、非力として現われる。リクールはそれを四つの能力のそれぞれについて検討する。

語る主体の無力を例証するのは、精神分析の症例である。患者は自分が何に悩み、苦しんでいるかを言うことができない。苦悩のどん底にあるとき、言いたい願望と、言う能力との間に断層ができ、それは嘆き、呻きとなる。言語能力が欠けると、思いは身振り、表情といった身体言語でしか表現できない。語り、説明し、論じ、議論する能力に欠けると一種の言語障害者として、社会的コミュニケーション活動から排除されてしまう。幼児、外国人、旅行者などまで含んだ言語障害者は、一種の身体障害者にほかならない。

行為者の無能力は、身体障害、病気、老いといった慣例的なもののほかに、競争、効率本位の社会的環境に由来する無能力が加わる。不平等な配分の形態によって、多くの人は力が不足しているのでなくて、奪われているという現状がある。働く力の不平等な配分において、能動的に振る舞うものと、それを受動的に被る者との区別が生じる。後者は自分を被害者、犠牲者と感じ、無力感は増大する。そのような人に対する外部からの圧力は、現実的なものだけでなく、象徴的、想像的でもあり、そこから発する疎外感は内攻し、それをリクールは一種の「破門」と呼ぶ。それは現代の行動社会学の重要なテーマとなろう。[11]

自分を物語る無能力はいわゆるアイデンティティ・クライシスである。人生はそれ自体物語られることを求めている。自己の自己理解とは、自己について理解でき、受け入れられる物語を語ることができることである。自分の人生を物語的に首尾一貫した歴史として管理することは、自律の主要な構成要素である。しかしフロイトが分析する神経症の症例のように、思い出すことへの抵抗がある。〈強迫反復抵抗〉では、患者は抑圧された体験を「想起する」代わりに、不快な動作を反復する。物語ることの無能力は、物語の糸が切れてしまい、首尾一貫させられないことである。アウグスティヌスの〈三つの現在〉の時間性にしたがうなら、現在という意識は、過去の現在としての記憶、未来の現在としての期待、現在の現在としての注意から成る。物語ることは、これら三つの現在を連関させ、統合することである。それを統合するのは、性格のような、〈同一性〉ではなく、自己を堅持する〈自己性〉である。運命の変転に直面して、何が真の自己であるかを探るのが物語的同一性である。物語ることは、主導的な筋にしたがって出来事を組み合わせ、偶発事、状況の変化など雑多な要素を総合して、筋の通った物語に仕上げることである。そうした首尾一貫性を自分の人生に適用する能力を欠くことは、何らかの自己同一性を自分に付与できないことである。自分の人生を個人的歴史と見ること。それをドイツの格言は、「人は、人間とは、その人自身の歴史である」と言い表わす。それのパラダイムを、歴史物語、フィクション物語が提供してくれようし、歴史が書き換えられるように、回顧が新たな地平に向かって開かれるなら、われわれの人生史も別様に書くことは可能である。

われわれは自己に自己同定するが、また他者に、理想的人物や伝統にも自己同定するものである。そこで自己＝他者の軸で自分を評価することが重要である。自分で思慮する努力と、他者による統制、支配との両極の間で自律は確立される。自己性と他者性の葛藤をいかにしてのりこえるか。それには他者の命令を、自己の命令として折り合いをつけることである、とリクールはくりかえし述べる。[12]

以上の三つの能力を総合するのが帰責能力である。カントは責任帰属を定義して、「ある行為を、その本人として誰かに帰し、その行為を是認または非難し、裁き、断罪にかけること」とし、責任と義務を結びつけるのを「理性の事実」と考えた。しかしリクールはこれを能力の観点から考察する。「帰責能力は人を能力ありとして定義する一連の力、または無力である」。自律と脆さの関係から、帰責能力は前提であり、到達目標であり、可能性の条件である。そして彼は帰責能力に匹敵するものとして、行動する主体が、秩序、正義といった象徴的次元の要求に従わせる能力を想定する。象徴的という形容詞は、命令、助言、習慣、伝統など、さまざまな様態を包括する。それに伴う道徳的感情は、称讃、感嘆、尊崇、罪責、恥、憐みなどがある。象徴的秩序に従えない無能力とされるのは、第一にこの秩序がわれわれの意図、計画、決意に先立ち、それらに優越する場合である。第二は自分の行動を正義の規則に従わせる無力さである。そこで象徴的秩序に入るには、公平の能力、相互に承認しあう能力が要請される。[13]

「能力ある人」の力と無力、「私はできる」「私はできない」という反省の図式は、認知の次元にある。自分をできる人と指定することは、私という存在の自己同一性確認であり、力と無力に応じて自分を把握することが、人間の条件である。それは観察可能な事実によって確証されたり、無効にされたりするものではない。それこそ「証し」なのである。

第五節　苦しみの現象学

一九九二年六月にフランスのブレストで催されたフランス精神医学会主催の「苦悩を前にしての精神医学」を主題とするシンポジウムで、リクールは「苦悩は苦痛ではない」と題して発表をした。[14] これは彼の思索の文脈では、「能力ある人」が病気で無能力に陥ったケースについての考察である。彼はそこで身体的苦痛（douleur）から道徳的苦悩（souffrance）にいたる広い視野で、苦しみの経験の地平を探る。リクールの拠点とする現象学は苦痛、苦悩に関して、臨床医学と無縁ではない。sémiologie という語を現象学は記号学として、臨床医学は症候学として用い、共に記号（signe）の理解をめざす点で両者は出会う。臨床医学はその技術によって現象学に教え、現象学は治療関係に潜在している苦悩の理解によって臨床医学に教えるのである。[15]

苦痛は、身体の特定の器官または身体全体で、局所化できる感覚として感じられる。苦悩は反省、言語に向かって開かれた感情を指す。とはいえ純粋の身体的苦痛、純粋の心的苦悩というのは稀で、両者はいく分か浸透しあう。日常的には苦痛も苦悩も等しく、苦しみと言い表わされる。アイスキュロスの『アガメムノン』の結びで、合唱隊のリーダーが「苦難によって学ぶ」（pathei mathos）と助言したように、「ひとり行動する者が、受苦によって学ぶ」のである。[16] リクールは苦痛と苦悩の境界線の問題を、自己－他者の軸と、行動－受苦の軸とで分析し、次に両軸を直交させて考察する。

自己－他者軸

苦しむなかでこそ、自己は生きた存在感で強化されるように思われる。デカルトの「私は考える、ゆえに、私は存在する」のようには、「私は苦しむ」と「私は存在する」の間に「ゆえに」はない。この直接性は絶対で、他の何ものも代替しえない。苦しみのこの内心への退去には、表象がない。私が〈何か〉を考えていながらも、私はひたすら苦しむ。現象学的に言えば、私が苦しむなかで損なわれるのは、自己以外の何かを思念する志向性である。そのため表象としての世界は消え、あるいは世界は無人で住めなくなったように見える。こうして自己は自分に投げ返されたかのようである。その反面、特別な種類の他者との関係が強化される。それは他者関係の危機で、リクールはそれを「別離」と言って、苦悩における別離の姿をいくつか描きだす。もっとも根底にあるのは、苦しむのは自分ひとり、誰も代わってくれないという強い経験である。次は他者との断絶の経験である。他者は私と意志疎通ができず、私を助けてくれないという孤独感である。もっと不快なレベルでは、他者は侮辱し、悪口を言う敵のように、私を苦しませる存在となる。そして別離の極点では、自分は苦難のために選ばれたのだという幻覚的感情に襲われる。それは逆の選民感情で、なぜ私が？　なぜわが子が？　という苦の地獄となる。自己－他者軸の行き着くところは、「自分で自分を苦しめる」（se faire souffrir）現象である。フロイトは「喪とメランコリー」で、愛する対象を失った喪失感は、自己喪失感にまで及ぶのを描き出す。[17]

行動－受苦の軸

次に苦悩を行動－受苦の軸で考察するとき、苦悩の基準は行動能力の減退となる。リクールはここでも、言う、為す、物語る、責任を負うの四つの能力のそれぞれについて検討する。ここでは、自己性の強化と、他者との別離感が観察される。苦痛は身体のどこかに場所をもつのに対し、苦悩は身振りや表情で身体化され、苦悩の表現は叫びや涙に内向する。言いたいと、言えない無力さとの裂け目に、嘆きの道が作られる。嘆きは身体からもぎ取られた自己発散であり、他者への頼み、助けへの呼びかけでもある。[18]

行動の無能力、したいができないは苦悩であり、苦痛でもある。souffrir（苦しむ）の古い意味は「耐え忍ぶ」である。pâtir（受苦する）の受動性のうちにも、最小限の能動性は含まれる。耐え忍ぶを自己－他者の軸におき直してみると、行動能力の喪失によって内向する受動性が二分されることがわかる。主体は他者の行為の受動者であるだけでなく、自己の行為の受動者でもある。この感情は看護、介護の関係に忍びこむ。苦しむこと、それは自分が犠牲者であると感じることである。これはユルゲン・ハーバーマスのいう〈コミュニケーション活動〉において、語の強い意味で、現実の力関係から、象徴的関係からの「破門」である。[19]

自分の生を物語ることの障碍が自己‐他者の軸に現われると、苦悩が瞬間に、点に、集中するために、物語を織る糸が切れてしまう。アウグスティヌスのいう三つの現在のように、意識が記憶、期待、注意と分かれることができず、持続が中断する。また他者との絆が断たれると、共通の時間標識を見失い、過去と未来をつないで物語ることができない。生を物語ることの無能力は自分自身を評価することの無能力に結びつく。リクールはこの評価を、行動の倫理的入り口とみなす。善悪の判断、事物の評価、行動する理由によって、私は自分自身を評価する。それは事物の評価から自己評価にいたる反省の動きである。そしてリクールは学会の主催者で精神医学者ジャック・クレスの、自己評価はその人の人格の尊厳をなすという考えに同意する。「苦悩への適応能力が、この尊厳の必須の要素である」とクレスは言う。[20]

ギリシア悲劇が言うように「苦難によって学ぶ」なら、何を学ぶのか。苦悩は問いかける、「なぜ私が?」「いつまで?」その問いはまず自分にむけられる。自己責任が病理的になると、自己罪責、自己侮蔑となり、さらに「自分は何かのせいで罰せられねばならない」という自罰衝動になる。それは自分を〈他者として〉糾弾することである。自己評価の喪失は、他者による暴力のようである。自分で自分を悩ませる情念が行き過ぎると、傲りの性格を呈する。情念にとりつかれた人は、対象にすべてを注ぐので、対象の喪失は全面的喪失の状態に陥る。他方で、苦悩を価値あるものとして、苦悩礼讃に陥るのも警戒しなければならない。しかしすべての悪が道徳的悪、過ちの悪ではなく、ゴットフリート・W・ライプニッツの言う「自然的悪」もある。被害者であることから、有罪者であることを引き離さねばならない。ヨブは自分が蒙る悪を犯した悪に還元することに抗議する。苦しみの哲学的な意味は何か。苦しみは存在するが、存在するべきではない。存在に値しないものが、なぜ存在するのか。

他方で、苦悩は呼びかける。苦しんでいるのはたしかに私である。だが嘆きは他者への呼びかけ、共苦の求めでもある。しかしそれにも限度があり、自制しなければならない。では苦悩は自己に何を呼びかけるのか。リクールはここで、苦しむの原義「耐え忍ぶ」にもどる。それは存在欲望と、〈にもかかわらず〉実存するための努力とに固執することである。「苦痛と苦悩は同じ身体に住んでいるとしても、その二つの間に最後の境界線を引くのは、この〈にもかかわらず〉である[21]」。

第六節　「能力ある人」と宗教

一九九六年ローマでカステッリ師の主催する、「倫理と存在論の間の宗教」を主題とする学会で、リクールは「宗教の受け手――〈能力ある人〉[22]」と題する発表をおこなった。この主題は、存在論から倫理への力点の移動が、宗教の〝現代的〟理解を特徴づけているという問題提起である。

それに応答して、リクールは発表で次の二点の解明をめざす。第一は「能力ある人」の名のもとに、人間の経験の説明と理解が倫理か存在論かの自明の二分法に陥らないような、経験の領域を探索すること。第二は「能力ある人」に、宗教はどのようにして彼のいくつかの能力の自己理解を変革するように、語りかけられるのかを検証することである。能力という語は、道徳的評価や、道徳的義務などの定型表現には入らないように見える。じつは逆で、「能力ある人」の言説分析は、倫理と存在論の間の固着した論争をまったく新しい仕方で再開するのである。

すでに述べたように、「能力ある人」は、人格的自己同一性に関して「私は誰か」の問いに、「私はできる」の行動能力で答える。その反面、能力には無能力、脆さも含意される。この能力も無能力も、倫理の敷居を越えると新たな色彩をおびる。行動能力が倫理に入るのは、行動の責任をとるという「帰責能力」の観念によってである。帰責能力は、責任が行為者に帰属するというだけでなく、行為者が責任を引き受ける能力を指す。カントは自然法則の因果性か、自由意志の因果性かの第三アンチノミーで、帰責能力が「行動の絶対的自発性」というもっと原始的な概念に根を下ろしていると述べる。そしてカントはそれが認識論的に「自由の心理学的概念の全内容」であると示唆する。

リクールも帰責能力をこう定義する。「行動主体がその行動を象徴的秩序の要求に従わせる能力。私はこの能力を、自己を規範に結びつける実存的、経験的、歴史的条件とみなす。したがってそれはカント哲学で自律によって意味されているものである」[23]。象徴的秩序とは広義の命令を形象化するもので、それは要請、助言、意見、習慣、伝統、恥、憐憫、心づかいなど、さまざまな形象で表わされる。だがわれわれが行動をこの秩序に組み入れることの困難さ、とりわけ社会的政治的組織から排除されている多数のわれわれ現代人がその必然性や意味を理解する困難さは、われわれの能力が現実生活の道徳的次元に入るのに無力であることを証ししている。

このように「能力ある人」の認識論的言説を、誰が何をできるかの問いに、自分をできる人、できない人として答えることとして規定できる。この定式表現は、道徳的命題でもなく、善い生き方の願望でもなく、自分をあるがままの者として同定すること、つまり自己の証しである。このように自己の真実を主張することは、実践と理論の両方に属する。

ここからのリクールの問題提起は、宗教が「能力ある人」にさし向けられるのはどんな意味においてであるかを明らかにすることである。その前提として、宗教が人間に届くのは、過ち、罪、道徳悪といった特定の無能力のレベルに陥った状況においてである。宗教の目的は、この無能力になった人に、本源的な善と呼びうる能力を、埋もれている土台から引き出すことによって、救い、助け、治療をもたらすことにある。宗教はこの再生行為を、根本的な道徳能力を目覚めさせるような、特殊な象徴的手段によって実行するのである。

リクールはこの「能力ある人」と宗教の関係の問題を、論証の〈第二の航海〉と名づけ、そのためにやはりカントの『もっぱら理性の限界における宗教』に依拠する。リクールはこの書にたびたび言及する。とりわけ論文「宗教の哲学的解釈学――カント」[24]（1992）ではこの書を宗教哲学としてでなく、宗教の解釈学として正面から論じる。その理由は第一に、この書の対象が神の観念でなく、宗教の事実を、表象・信仰・制度の三つの相の下に論じるからである。第二に、この書は自由意志の能力の事実上の状況を考察しているからである。第三に、この書は悪の主題系と、それに対する宗教の反論を扱っているからである。そもそもカントが真正の宗教とするのは、「道徳は必然的に宗教に到る」という道徳宗教である。その点から、この書はシンポジウムの主題「倫理と存在論の間の宗教」にふさわしいとして選ばれたのであろう。

「能力ある人」に関連してリクールが特権的に参照するのは、この書の第一編の「根源悪」の章である。「人間性の内には悪の原理と善の原理とが並び住む」。内なる善の原理をカントは「善への素質（Anlage）」とし、それは人間性に「本源的（originaire）」である。それに対し、悪の原理は「人間性の内なる悪への〈性癖（Hang）〉」であり、それは「根源的（radical）」であるゆえに「根源悪」と呼ばれる。人間性の素質をカントは次の三つに分けて考察する。第一は、生き物としての人間の〈動物性〉の素質。第二は、生き物であると同時に、理性的な者としての〈人間性〉の素質。第三は、理性的であると同時に、帰責能力ある存在としての〈人格性〉の素質。これらの素質は能力と結びついている。「人格性への素質は、自由意志のそれ自体で十分な動機として、道徳法則への尊敬を抱く能力」である。カントはこれら三つの素質をまとめて「善への素質」とする。「これらの素質は人間性の一部をなすものとして本源的である」[25]。

道徳への転換点は「悪への性癖」の導入である。これが「善への素質」と根本的に区別されるのは、この性質が〈生得的なもの〉としてではなく、「人間自身の過ちによって、身についたもの」だからである。悪の謎は、その起源がわからず、どうして自由意志に宿るようになったか不明なところにある。道徳的悪は、自由意志が選択することによって、規定される。意志の善悪が判定されるのは、悪い格率を選びとったからである。カントの悪の学説によると、悪は情動ではない。情動そのものは無垢である。また悪は理性の腐敗でもない。理性そのものは無垢である。「人間は生来善であるとか、生来悪であるとか言うとき、それは善い格率を採用するか、悪い格率を採用するかの最初の根拠を含むのは人間であるということなのである。したがって人間は格率によって、同時に自分の類の性格をも表現している」。

そこでカントは悪への性癖を三つの段階に序列化する。すなわち、脆さ、堕落、悪意である。これらが「悪い格率を採用する性癖」である。悪への性癖の最終段階を腐敗、堕落と呼ぼうと、悪意は自由意志が身につけた性癖のままである。悪への性癖が自由意志の動機づけであるなら、その動機の帰責可能性は正当化されよう。[26]「それゆえ根源悪のレベルでも、帰責能力の概念は道徳的能力の平面と、宗教哲学が位置する平面とを結ぶ絆であり続ける」とリクールは記す。しかし身につけた悪であれ、帰責可能な悪であれ、根源的と本源的の区別、悪への性癖と善への素質の区別を廃棄しない。聖書の最初の堕罪物語では、無垢の状態と罪に落ちる状態とを時間的な継起として語られるが、カントはこの二つを重ね合わせて考えることを提案する。さもないと〈知恵〉の言語で、創造の業の本源的な善と名づけられるものと、人間の〈歴史的な〉悪業との逆説的な構造が隠されてしまうからである。

悪の根源性が行動能力にもたらす断絶効果は過小評価できない。悪の根源性は、善への素質の本源性を損なわないにしても、悪はその根を、カントが「行動の絶対的自発性」と呼ぶわれわれの力の源の及ぶ範囲外に下ろしている。根源的な悪はわれわれの行動の絶対的自発性を傷つける。

それは本源的ではないが、原初的な傷である。カントは悪の起源を推量不可能とする。推量不可能性は悪に対する帰責能力を反省的に再獲得することに絶対的な限界を課す。カントは時間的起源と理性的起源を区別することで、堕罪物語と、悪の起源を反省的に理解することとを引き離した。悪の起源の「ずっと以前から」は、昔からの意味ではない。道徳的悪がどこからわれわれに来ることができるか、その理解可能な理由はわれわれにはない。そこで神話に訴え、知恵の言葉による神話解釈に頼る。

この根源悪の神話論が、宗教の哲学的解釈に大きなテーマを与える。すなわち、悪が自由意志を人質にとったとするような、奴隷意志のテーマである。自由意志とは帰責可能を意味し、奴隷とは自己の意のままにならぬこと。奴隷意志が表現するのはこの逆説である。帰責能力の中心を脅かすのは、この無能力である。少なくともユダヤ＝キリスト教の伝統で、宗教的なものが対決するのは、奴隷意志という本源的ではないが、原初的な状況である。そこは倫理の場でも、存在論の場でもない。両者を媒介するのが宗教である。宗教の言説は、悪への性癖、善への素質の交叉点に、つまり帰責能力の体系の中心に挿入される。それは「超自然的な協力、援助」としてである。カントもリクールもその宗教をキリスト教に求める。(27)

キリスト教はカントにとり、イエスという「神に嘉される人間性の原像」を示してくれる宗教である。「限りなく屈辱的な死にいたるまで、あらゆる受苦を、世界の最善のために、それどころか敵のためにすすんで引き受けるような人間の理念」を体現しているのがイエス・キリストである。(28) この表象を自己同化するのが信仰である。人間が根源的に悪いなら、どうして人間はなすべきことをなしえるのか。外部からの超越的な救いのみが、人間にその本源的な能力を返してくれる。それが贖罪論である。すでに別の人間が罪の代価を支払ったからである。この恵みの贈与なしには回心も生じえない。善い意志があるからこそ、恵みの贈与を受け入れられるのである。

リクールは、カントが歴史のイエスの生涯と受難物語に関する外的な出来事を捨象し、神に嘉される人間の原像を理念的に信仰するのを批判する。とはいえ、カントの『もっぱら理性の限界内の宗教』の主題は、「善への本源的な素質が力を回復すること」によって、疎外された自由意志の力を再生させることにあり、それを評価する。とするなら、まさに「能力ある人」こそ、宗教の受け手にして守り手である、とリクールは言明する。[29] すでに見たように、悪の起源の推量不可能性のゆえに、悪の、世界への侵入を、神話によって象徴的に理解するしかなかった。このことは、悪の起源がわれわれの良心の証言から逃れてしまうことを意味する。そしてそれはわれわれの帰責能力のもっとも基本的な力と無力に影響し、善への素質の再生に障碍となるものである。そこにおいて良心の証しを引き継ぐのは〈希望〉である。カントはこう述べる。「その心情の腐敗堕落にもかかわらず、まだ善い意志を保持している人間には、遠ざかっていた善への帰還の希望が残されている」。この希望の根源は、カントの「私は何を希望することが許されるか」にある。リクールはこの希望を、本源的な善の解放と定義する。それは道徳の核をなす帰責能力を構成する行動する力の証しの延長上にあるのである。[30]

第四章　表象から再認への行程

第一節　リクール解釈学における表象概念

リクール解釈学の基軸概念には接頭辞 re のついた用語群がある。réflexion（反省）、refiguration（再形象化）、représentation（表象）、remémoration（想起）、reconnaissance（再認、承認）、repésentance（代理表出）、retrouver（再び見いだす）など。これは彼が哲学の出発点で反省哲学を選び取ったことの必然的帰結であろう。彼は修士論文「ラシュリエとラニョウにおける神の問題」で二人の反省哲学者を論じた。そして反省哲学を現象学、解釈学によって補強し、解釈学的現象学として自己の哲学を確立するのである。上記の語群で、refiguration はテクスト解釈学のなかのミメーシス理論で、読者のテクスト読解を再形象化として捉え、さらにそれをテクストの指示作用に拡張する。remémoration や retrouver は記憶理論で頻出する。ここでは歴史理論で représentation が重要な機能を担わされているのに注目したい。

哲学用語としての「表象」は Vorstellung、représentation の翻訳であり、多義的で、その用法は哲学者によってさまざまである。辞書的説明によると、アリストテレスは表象を思考と感覚の中間に位置づけ、「表象とは現実態にある感覚から生じた運動である」と定義した。デカルトは無意識的表象を認めず、明晰判明な表象を知識の確実性の基礎にした。カントは表象という語を多義的に多用した。すなわち、表象一般の下に、意識的表象、主観的表象、客観的表象を区別した。またア・プリオリな表象と経験的表象、内的表象と外的な表象の区別もなされた。カントのこのあいまいさを修正すべく、カール・ラインホルトは、意識の事実を統一的に把握しようとして、意識において表象作用は、表象するもの（主観）と表象されるもの（客観）とからは区別されるとともに、両方に関係づけられ、したがって表象作用はこの両方を分離するとともに、結合するとした。

リクールにおいても表象概念は多元決定的であるが、重要なのはとりわけ「能力ある人」の人間学で、物語的表象能力を中核とすることである。また『記憶・歴史・忘却』の第二部「歴史・認識論」では、歴史の書記的局面における〈歴史家の表象〉を主題的に論じている。歴史とは始めから終わりまで〈書かれたもの〉である、というのがリクールの歴史観である。歴史書もまた、やがて歴史のなかに組み入れられ、歴史は書く＝読むの関係に入る。歴史はテクストなのである。歴史は歴史家によって書かれる。すなわち歴史叙述（historiographie）である。その観点からリクールは歴史家ミシェル・ド・セルトーの「歴史の叙述操作」論を参考にして、歴史叙述を三つの局面で構成する。第一は、証言から記録文書収集まで、史料的根拠を確定する「史料的局面」。第二は、「なぜ」の問いに、「なぜならば」の答えという認識論に関わる「説明／理解の局面」。第三は、歴史家が歴史を書く「書記的局面」である。表象は第二の認識論的な局面と第三局面にいたるまで一貫している。[1] 歴史家の表象をリクールは「対象としての表象」と「操作としての表象」に分ける。歴史家は不在の過去の対象を、指示対象として表象する。それが「説明／理解の局面」における「対象表象」である。次にそれをもとに歴史家が文字によって過去を表象するのが「書記的局面」における「操作表象」である。歴史学はこの二つの表象によって、やはり不在のものの現在における表象である記憶とは区別される。(2)

リクールの表象概念重視は、歴史学における心性史に代わる「表象史」の提唱に現われる。心性（mentalité）概念はアナール派の創立者たちが見出した、新しい歴史学の対象で、第二世代によって心性史として確立された。アナール派が一括して拒否したのは、個別の出来事の記述に重点をおく物語的歴史叙述で、それに代わって、規則性、不変性、恒常性をもった歴史的事象を探索する。彼らは人類学者リュシアン・レヴィ＝ブリュールが未開人の前論理的な思考を「原始心性」と名づけたのを借用して、心性概念を一般化し、歴史学の対象として範囲を拡大した。たとえば中世人、ルネサンス人など時代や文化によって異なる人間の研究、ある時代特有の貴族、軍人、農民、女性などの研究。

代表的な心性史家R・マンドルーの定義によれば、「［心性史は］世界観や集合的感受性を表わす行動、表現、沈黙を再構成することを目的とする。集団あるいは社会全体によって認識され、受容され、集団心理学の内容をなす表象や心象、神話や価値がこの研究の基本要素を提供する」。マンドルーはこれを「歴史心理学」とも銘うつ。ここでの心性はドイツ人の言う「世界観」に相当すると見られる。ジャック・ル・ゴフの論文「心性――両義的な歴史」は、新しい歴史学の対象としての心性の紹介であるが、かえってその意味論的不明確さを露呈した。リクールはそもそも心性史は文化史とどう違うかを問う。すでにレヴィ=ブリュールの「原始心性」概念がそうであったように、問題は、心性概念を研究対象としてと同時に、説明概念としても用いるところにある。そこでリクールは心性というあいまいな概念を、もっと分節され、弁証法的な「表象」概念に置き換えることを提唱する。[3]

表象概念はマクロ歴史とミクロ歴史といった歴史の尺度の変更に適応する。ミクロ歴史の好例はカルロ・ギンズブルグの『チーズと蛆虫』である。それは田舎の粉挽屋メノッキオの裁判記録文書にもとづいて、「社会の従属階級に属する人々の行動や態度」についての証言である。豊富な史料によって「メノッキオの思想、感情、夢、そして熱望」が浮き彫りになる。これが心性史なら、「共通の文化」という名で括られるような「ある一定の世界観に見られる惰性的で、不明確で無意識的な要素」しか強調されないだろう。ミクロ歴史学は強調点を、現実問題に直面しての個人、家族、集団の戦略に移動できる。表象概念は社会的慣習行動、あるいは実践によりよく接合するので、多義的な社会現象、多様な時間性をよりよく表現できる。社会的行動主体は、社会との絆となる慣習行動を表象しつつ自己同一性を確立していくのである。[4]

読書の歴史家ロジェ・シャルティエはフュルティエールの『万有辞典』(1727)を調べて、表象一般の観念に、「不在のものの代理表象である代替物の仲介によって、その不在のものを喚起する」表象と、「眼前に可視的に展示する」表象とがあることを発見した。後者は不在のものの代理操作を隠蔽しがちである。ギンズブルグはそれに応えて、論文「表象――語・観念・事物」でその実例を示した。英国で王の葬儀に王のマヌカンを用いたり、フランスで空の棺を用いたりする。ここに不在のもの（故人）の代替と、現前するもの（模造）の可視性との同時的例証が見られる。

記号学者ルイ・マランは『王の肖像』と『イマージュの権力』で、「不在のものの現前」と「視線の主体を確立する自己提示」という表象の二つの用法を示して、フュルティエールの定義を発展させる。『王の肖像』では、ルイ十四世の肖像を刻んだ「歴史記念メダル」が絶対君主の肖像の幻影における権力の表象を産み出すものと見る。マランは王の肖像の象徴的、想像的効果を「聖体のモチーフ」で解釈する。すなわち、ルイ十四世の「国家、それは私である」を、聖体拝領での「これは私の体である」の宣言の政治的二重語とするのである。そこにおいて表象としての権力と、権力としての表象が明るみに出る。「表象の権力＝効果、それは表象そのものである」とマランは言う。王の栄光の可読性を産み出すのは、王の肖像の可視性である。

それとは逆に、マランは人物の可視性が物語の可読性によって展示される例を示す。それは宮廷歴史家P・ペリソン＝フォンタニエからJ・B・コルベールに宛てて書かれた「ルイ十四世史の企画」につけた注釈である。「いたるところで王を称讃しなければなりません。ただしいわば讃辞ぬきで、王がなさり、言われ、考えられたのを目撃したことすべてを物語ることによって称讃するのです」とペリソンは彼の策略を書く。その策略とは、王を称讃するためにイマージュの魅力を最大限に利用することである。しかも偉大さを讃えるのは著者でなく、それに誘導された読者のすることにするのである。ペリソン自身の隠れた意図は、この書の究極の受取人である王を罠にかけることであった。マランは『イマージュの権力』で「真に王、つまり君主であるのは、イマージュにおいてのみであり、それが王に現実的とみなされる現前性を付与する」と述べる。こうしてリクールはマランの二つの著書を通して、歴史家の「操作表象」の具体例を提示する。(5)

第二節　代理表出――実在した過去のミメーシス的表象

「代理表出」(représentance)はまさしくリクールが創出した独自の野心的な概念である。この概念はすでに『時間と物語Ⅲ』で詳述されているが、『記憶・歴史・忘却』の第二部「歴史・認識論」第三章「歴史家の表象」の最後の節では、歴史家の表象との関連でもっとも問題となる概念であるとして論じられる。上記の二著書は歴史的過去の実在性を共通の主題としながらも、後者は歴史の認識論から存在論への移行を予示している。『時間と物語Ⅲ』では、この概念は次の文脈で出てくる。「歴史の構成物とそれが〈対面するもの〉、すなわちそれ自身の痕跡のなかに廃棄されていると同時に、保持されてもいる過去との関係に対し、représentance または lieutenance という名を与えよう」(6)。『記憶・歴史・忘却』では、この語の意味論的歴史を詳しくたどる。古代ローマに遡ると repraesentatio という語は、権威をもった人物の法的代理者を指した。それがキリスト教に採り入れられると、聖礼典における神性の表象的現前となる。この古典ラテン語がドイツ語 Vertretung に移しかえられると、代理と表象の二重の意味を表わすようになる。Vertretung は、精神にとって仮象という意味をもったカント的な Vorstellung の後見から解放される。ガダマーの芸術解釈学はこの語を〈表現〉(Darstellung)の問題系に結びつけて、領野を拡大する。芸術におけるモデルにおいて、イマージュは〈存在の増加〉を与える。それはベルクソンの記憶論において、回想における過去のイマージュ化につながる。そして回想から、歴史家における過去の表象の問題に発展する。そこにきて「代理表出」の問題が提起される。その場合シュライエルマッハーの主張するような、解釈によって原初の思想が復元されるという考えは放棄されねばならない。歴史家の書くものはあくまでも代替の表象なのである。[7]

まず『時間と物語Ⅲ』で提起される問題を検討しよう。実在した過去は何らかの痕跡を残し、その痕跡は史料や遺跡によって過去の証人に仕立てあげられる。マルク・ブロックは「歴史とは痕跡による認識である」と述べた。痕跡のうちに、過去は廃棄されていると同時に保持されている。痕跡による認識とは、そこに保存されている過去の有意味性を探ることである。語源的に痕跡（trace）とは「人または動物が通過した場所に残した残存物」であるなら、歴史における痕跡とは、過ぎ去った跡に残されて、そこに何かがしるしづけられた物である。痕跡の有意味性とは、しるしづけられた物としるしづけるものとの因果関係と、しるしの事物性に含まれる因果関係との組み合わせである。以上を要するに、痕跡とは記号＝効果である。ただし痕跡の記号は、普通の記号のシニフィアン（能記）とシニフィエ（所記）の関係にはなく、シニフィエは不明である。痕跡はマルク・ブロックの言う「意図せざる証人たち」の一つである。そこでリクールは、レヴィナスの「痕跡は何かを出現させずに意味する」を最良の定義とみなす。

過去とは、歴史認識が広義の痕跡を媒介にして「対面するもの」であり、痕跡は何かを代理する機能を果たす。その働きをリクールは代理表出と言い表わす。[8]歴史とフィクションの違いは、歴史が実在した過去という指示対象をもつことにある。歴史家はその意味で、不在の過去に対して、死者に対する認知という負債を負っている、とリクールは表現する。歴史家は史料を収集し、史料に問いかけ、史料による実証を通して構成するものが、過去の再構成物となることをめざす。「実在した」という存在論的問題は、史料による歴史の認識論的問題によって、すぐに覆い隠されてしまう。代理表出は認識論と存在論の境界概念である。その境界をのりこえるのは痕跡のミメーシス的価値である。代理表出は歴史家による実在した過去のミメーシス的表象である。そのミメーシスの様態をリクールはプラトンが『ソピステース』で練りあげた「主要な類」、すなわち、同・他・類似にしたがって分類する。そして代理表出としての歴史の構成物と、過去の過去性との間に、同・他・類似の関係を設定するのである。[9]

〈同〉のしるしのもとに歴史をみることを主張するのは、『歴史の観念』の著者R・G・コリングウッドである。「歴史とは過去の〈追体験〉(reenactment)である」に、彼の主張は要約される。その根拠は、第一に歴史的思考は史料による証明である。第二に史料を通して与えられるものは歴史家の想像力によって解釈されねばならない。「いかなる歴史も、歴史家の精神における追体験である」。第三にその追体験は「現実に」あったままの事物の、実際の出来事の映像を構成することである。これに対する異論は、第一に追体験するといっても、過去についての歴史家自身の思想を知るだけで、〈他〉なるものとしての過去に移行できない。第二に過去を追体験することは、はたして過去を再試行することか。[10]

〈他〉のしるしのもとに歴史的過去を強調するのは、ポール・ヴェーヌや、ミシェル・ド・セルトーである。それは過去との時間的距離を復元し、歴史的過去と現代との他性を認識することで、過去認識と他者認識とを成立させる難問である。歴史において個別化〈人名、地名、個々の出来事〉と概念化〈戦争、革命、危機〉とは対立し合うが、ヴェーヌは『差違の目録』で、個別性と差違とを組み合わせ、個別性が差違として現われるためには、歴史的概念化は不変項の探究と措定として理解されねばならないと主張する。不変項とは、変様を産み出せる可変項どうしの安定した相関関係を意味する。そうすると歴史とは不変項が変化して、個別化によって産み出される、と理解される。問題はこの論理的差違がはたして時間的差違となるかである。不変項の個別化と、時間による個体化とは重なり合わない。[11]

第三は〈類似〉のしるしのもとでの、過去への比喩論的アプローチである。類似とは項と項の間よりも、関係と関係の間の相似を意味する。これの理論的土台をなすのはヘイドン・ホワイトの二著、『メタヒストリー』と『言説の比喩論』である。ホワイトによれば、歴史叙述は物語的な筋の型に結びついた物語構造をとりつつ、史料を通して過去に忠実でなければならない。そこで彼は筋立て理論を比喩論〈隠喩、換喩、提喩、反語法〉によって補完する。筋立てによる説明が〈類〉であるなら、比喩論的予示は〈種〉とみなせる。歴史家はまず史料によって与えられる出来事の全体に、最初の輪郭を予示しなければならない。歴史の書法は文学の伝統から受け継いだ筋立ての型を模倣する。古典修辞学はこの予示のために上記の四つの基本的比喩を提供してくれる。ホワイトはノースロップ・フライの『批評の解剖』から、悲劇、喜劇、ロマンス、アイロニーの四つのカテゴリーを借用し、それと比喩論を対にする。われわれは出来事の経過を、悲劇的と見たり、喜劇的とみたりするのである。しかしながら比喩論に訴えることは、同と他の二つの類から切り離され、フィクションと物語的歴史との境界合線を消してしまう惧れがあろう。そこでリクールは歴史の代理表出の様態を、レオポルト・ランケの「それが実際にあったように」で説明する。隠喩の〈～のようである〉は、対象を〈～と見る〉ことであり、その限りにおいて、その働きは存在論的で、追体験の力を保持していると言える。[12]

代理表出の概念は『記憶・歴史・忘却』の「歴史家の表象」の章で、もう一度論じられる。その論点は歴史の真実性要求である。歴史叙述の文学的形式が、指示対象をテクスト外に外在させることにロラン・バルトは抵抗し、それは確認言表を行為遂行言表のように見せる「現実効果」にすぎないと断定した。リクールはその批判に対し、こう反論する。歴史叙述が真実性を要求するのは、ミシェル・ド・セルトーの「歴史叙述操作」の三つの局面、すなわち「史料的立証」「説明／理解の論証」「歴史家の表象」を経由していくことによってである。代理表出においては、オリジナルとコピーという意味でのミメーシス概念は排除されねばならない。アリストテレスのミメーシス論にしたがって、代理表出は同一物の反復ではなく、異種のものの合体に力点がある。リクールはそれを三つのミメーシスに分節した。すなわち、先形象化、統合形象化、再形象化。代理表出はこの再形象化に相当し、それは代理による合致であり、しかも先在した過去との合致である。歴史家の表象はまさに不在のことがらの現前するイマージュである。不在のことがらは、もはやないの消滅と、かつてあったの既在という二重の地位をもつ。「代理表出としての歴史家の断定する激しさは、〈もはやない〉の否定性と、〈かつてあった〉の肯定性以外のものを根拠にはしない」。代理表出は歴史の認識論から、歴史的存在の存在論に向けての境界線に位置する。

第三節　表象の限界とそののりこえ

アウシュヴィッツを〈歴史化〉する可能性をめぐって、シンポジジウム「歴史・出来事・言説」がアメリカで開催された。その模様はソール・フリードランダー編著『表象の限界を証明する』で読むことができる。そこで「証明される」表象の限界には二種類ある。第一は内的限界で、シヨアーと呼ばれる出来事に可読性、可視性を与えるには、われわれの文化が使える表象の形態が枯渇していること。第二は言語外の起源から発する限界で、フリードランダーは序文でジョージ・スタイナーの言葉「アウシュヴィッツの世界は理性の外にあるように、言語の外にある」を引いて、表象に内在する限界を論じるには、言説の外的制限から出発しなければならないと述べる。それは歴史を書くという企て全体の障碍である。ヨーロッパの中心で発生した「極限の出来事」は、道徳的に承認できないだけでなく、人々の連帯に根底から打撃を与えた。「アウシュヴィッツは歴史内で生の条件が連続するための基盤を変えてしまった」。歴史の「真実への権利要求」は表象にいろいろな要求を押しつける。それが文学ジャンルの内的限界を明らかにする。「表象には限界があり、その限界を逸脱すべきでないのに、容易に逸脱してしまう」とフリードランダーは言語による表象の内的限界を指摘する。出来事の不透明さは、言語の不透明さも露呈する。(13)

これに対抗してヘイドン・ホワイトは、言語的表象のレトリックの資源から出発して、かえって出来事のできるだけ遠くにまで到達しようとする。ホワイトは、言語とは現実を反映する鏡のような透明な媒体であるとする素朴実在論を排する。歴史の筋立てに隠喩などの比喩論を合体させるのは、すでに素朴実在論への抵抗である。しかしながらショアーのような極限の出来事には、悲劇であれ、喜劇であれ、既知のどんな類別も当てはまらない。それについての「事実的言表」と「物語的報告」とを区別するのは不可能であり、両者の「競合しあう物語」しか残らない。解釈と事実の境界があいまいになり、歴史の「想像的」と「事実的」、「比喩的」と「字義的」の区別が消滅する。スタイナーの言うように、出来事が言語を絶してしまうというなら、それは対象とする出来事の脱物語化を要求し、出来事の字義通りの表象を、いかなる比喩的表象からも引き離そうとするに等しい。しかしそうすると十九世紀小説や、実証主義歴史学派の主流に共通の錯覚に再び陥ってしまう。出来事、歴史、筋立ては一体となって形象化されるものである。そこでホワイトはE・アウエルバッハが『ミメーシス――ヨーロッパ文化における現実描写』で特徴づけた現実のリアリズム的表象に代わる、古典ギリシア語文法の「中間態」的文体による「新しい現実表象」を、バルトやデリダらのポストモダンの書法に期待するのである。だがこれはホワイトの実践するレトリック的形態の実際の用法よりも、言語外の指示対象の排除を表明する構造主義その他の文学理論に結びついているのであり、それをホワイトが援用するのは見当違いであるとリクールは批判する。(14)

カルロ・ギンズブルグはホワイトに対抗して、証言に照準を合わせて「ただ一人の証人」(Just one witness)と題する発表をおこなう。彼は申命記一九章一五節「いかなる犯罪であれ、一人の証人によって立証されることはない」を引用し、それをユスティアヌス法典の「一人の証人は、証人なきに等しい」の掟と比較する。いかに史料を蓄積しても、それは二人の証人以下なのか、とギンズブルグは反問する。これはピエール・ヴィダル＝ナケの『記憶の暗殺者』における歴史的過去の実在性の弁護とも共通する。その弁護のためには、異論の余地ない証明と、道徳的抗議とが要請される。後者には、プリモ・レーヴィのような生存者の証言が属する。表象の限界をのりこえるには、この証明と証言を組み合わせることが必要である。リクールは出来事によって出動を要請されるのは、歴史家と同じく市民もであると言う。市民は集合的記憶に関与するレベルで要請される。[15]

フリードランダーが投げかけた、「最終解決」の歴史を書くことは可能か、という疑問にリクールはそれを、絶望的な企てではないと答える。歴史叙述操作の行程を逆に遡っていくことによってそのことは確認される。すなわち、最後の歴史家の表象から、説明／理解の段階を経て、史料的作業にゆき、最終の証言に達する行程である。その最終の証言は死刑執行人の証言、犠牲者の証言、生存者の証言、目撃者の証言など、雑多な寄せ集めである。この証言はある意味で、自己の解釈学における「自己の証し」に匹敵するものである。

第四節　同定としての reconnaissance

本書第三部第二章第二節「〈能力ある人〉の、自己の再認」で、すでに『承認の行程』の一部について述べたが、ここでもう一度とりあげる。リクールの企図は reconnaissance というフランス語の多義性を辞書的に検証して、そこから三つの語義を抽出し、それらを哲学的語彙に練りあげ、それらの語彙が最後に一つの概念に収斂していく行程をたどることである。狙いはその行程を通して、この語の規則だった多義性の首尾一貫性を示すことにある。それはこの語彙の能動態の用法から受動態の用法への転換における一貫性であり、それをリクールは「私は自己を能動的に再認する」から「私は他者によって承認されることを要求する」への転換であると言い表わす。

リクールは『グラン・ロベール　フランス語辞典』によって reconnaissance の主要な三つの語義を取りだし、それらを次の三つの哲学素、すなわちそこから哲学的問題が発生してくるような語彙に練りあげる。

第一は「同定する、区別する」という語義から出てくるデカルト、カント的な意味の源泉で、特にカントの場合は『純粋理性批判』初版で Rekognition の語義で示される。

第二は「よみがえった記憶の再認」というベルクソン的意味の源泉からでてくる「自己の再認」である。

第三は「承認」(Anerkennung) というヘーゲル的、またポスト・ヘーゲル的な意味の源泉から出てくる「相互承認」である[16]。

これら三つの哲学素はそれぞれ三つの研究で順次論じられる。

第一研究「同定としての reconnaissance」

「対象を精神によって、思考によって同定し、区別して、記憶、判断、行動によって認識する」

という語義をリクールは「区別する」と「同定する」に分け、前者をデカルト的契機、後者をカント的契機として考察する。

1　デカルト——真と偽を区別する

デカルトは認識論を、真と偽の区別から始める。それは「真として受け取る（recevoir）ことで、そこに reconnaître の母型がある。『方法叙説』における四つの準則のうち「第一の準則は、どんなことでも真であると明白に認識しないかぎり、けっして真なるものとして受け取らないことであった」。この段階では、reconnaître は recevoir と区別されなかった。受け取られたものが真と規定されるのは、明晰判明という単純観念の性格によることにほかならない。

次にリクールは『省察』のフランス語訳で動詞 reconnaître が使われている四つのテクストを分析し、それらが何らかの仕方で、判断の不確かな要素に関係しているのを見いだす。「私は、神が私を欺くということのありえないことを認知する（reconnais）」。この動詞は確実性の証印を押す。しかしそれはカントが『純粋理性批判』で誤謬推理として斥けた、自己意識をそのまま自己認識と取り違える「合理的心理学」に属するものである。デカルトの理論は、ロベール辞典の「対象を精神によって、思考によって把握する」から、「真なるものとして受け取る」への途上にある。[17]

2　カント——時間の条件のもとで関係づける

カント哲学で reconnaissance に相当する概念を、リクールは『純粋理性批判』の初版に出てくる語 Rekognition に見いだす。カントのそれはロベール辞典の「対象に関するさまざまなイマージや知覚を相互に関係づけること」、しかも「時間の条件のもとで関係づけること」に重点がある。デカルトの依拠する合理的心理学を排して、カントの拠って立つのは「感性のア・プリオリな全原理の学」すなわち〈超越論的感性論〉である。『純粋理性批判』初版の「序文」で述べられるように、「関係づけることは感性の受容性と悟性の内発性とが合成される独特の働き」で、それは判断に属する行為、「すなわち悟性が概念を通して判断することである。「だから判断は対象の間接的認識であり、したがって対象の表象の表象である」(A13)。判断とは意志と知性の合成ではなく、多様な感性的直観を一つの概念に包摂することである。この超越論的演繹のために、『純粋理性批判』は三重の総合を提案する。すなわち「直観における把捉の総合」、「構想力における再生の総合」、そして「概念における Rekognition」である。ここで Rekognition が登場する。この新語についてカントは僅かしか語らない。それは対象の概念を構成する〈意識の統一性〉を産出することである。意識の統一は概念のなかで産み出される。それをリクールはこうまとめる。「重要なのは、意識の統一が産み出され、それによって意識が自己再認する(se reconnaître)ということである」[18]。

カントは時間と感性を、判断の問題系に入れることで、判断を際限なく拡大した。「時間の条件のもとで関係づける」とすることで、Rekognition は時間論の難問を一手に引き受ける。超越論的感性論において「時間とはすべての現象一般のア・プリオリな形式的条件である」。そこから「時間とはあらゆる現象一般の、内的感官には無媒介的に、外的感官には媒介的に働くようなア・プリオリな条件である」。この時間の形式の観念性のための戦いが、批判哲学のあらゆる領域で続けられる。時間における結びつきとして捉えられる同定の観念を解明するために、カントは「時間系列」「時間内容」「時間順序」「時間総括」というように時間の問題系を豊かにする。

リクールはカントのその論証過程を詳細にたどった後で、それを次のように評する、「一方では超越論的観点と経験論的観点との間の絶対的切断という戦線で、他方では人間的認識の二つの源泉である感性と悟性の根源的異質性という戦線でのカントの英雄的な戦い[19]」。

第五節　表象の没落——第二のコペルニクス的転回

上記の第一研究でカントの同定観念を論じた直後の次節「表象の没落」では、冒頭からカント主義の外に出ることが宣言される。それは体系を全面的に再検討することで、超越論的哲学と縁を切ることである。そしてリクールは、端的にそれはカントの Vorstellung（表象）概念と縁を切ることであると言う。カントがこの概念を説明しないのは、前述の二つの前提、すなわち経験的観点からの超越論的観点の分離と、認識の受容性と自発性の異質性とを定式化するためである。『純粋理性批判』第二版の序言で〈コペルニクス的転回〉が述べられるなかで、Vorstellung が登場する。その序言で、対象が事物の性質にでなく、われわれの直観能力の性質に従うという二者択一が開かれ、直観が認識となるためには、「私は表象としての直観を、対象としての何かに関係づけ、対象を、直観を通じて規定しなければならない」（B XIV）と言明される。こうして

Vorstellungという用語は「思考様式の変革」の表徴となる。[20]

そうであるなら、「カント主義の外に出ることは、同じ一つの所作によってコペルニクス的転回を拒み、表象の魔術的な円の外に出ることである」とリクールは断言する。そしてその実行を可能にするのは「世界内存在」の哲学によってである。そのためにリクールが参照するのは、ハイデガーの基礎的存在論より前に、フッサールの『ヨーロッパ諸学の危機と超越論的現象学』である。ヨーロッパ諸学の危機とは、ガリレオ以来の物理学的客観主義、自然の数学化が、生に対する意味を喪失し、「生活世界」(Lebenswelt)を隠蔽している状況をさす。生活世界とは「あらゆる個別的経験の普遍的基盤として、直接与えられている世界」である。そして「超越論的哲学への道は、予め与えられている生活世界からの遡及的な問いから始まる」のである。そこにカントの超越論的哲学との断絶がある。「カントはその哲学する手法において、まだ問われていない前提の土地に自分も足を踏み入れていることに思い及ばなかった。[…]この前提こそ彼の問いの意味を決定するのに協力してくれただろうに」とフッサールは記す。彼はこの土地を「〈存在するもの〉とみなされる日常生活を取りまく世界」、すなわち生活世界と呼ぶ。[21]

フッサール生誕百年を機にレヴィナスは論文「表象の没落」を発表する。フッサール最後の哲学で表象の没落が告げられているというのである。志向性というフッサール現象学の主要な主題の内部そのものから、レヴィナスは「表象の没落」という生まれかけの主題系を出現させる。それは知覚のなかにある暗黙の、気づかれないものという主題系である。この暗黙の意味は、明示的に思念されたとして与えられるものを、そのつど超出していく。この「志向それ自身における志向の超出」は主観と客観の間の関係、つまり客観は主観が考えている通りであるという関係の観念を崩壊させる。「フッサールは表象の至上権を問題視する」とレヴィナスは言う。[22]

主観・客観関係の破産は、同定としての reconnaissance の哲学に変革をもたらす。次の節で検討する、誤認の試練にかけられる reconnaissance のケースは、同定から再認に向かわせる。認識すると再認するとの違いは、判断の主体の側にではなく、「物そのもの」に求められるべきである。そこで表象の哲学に代わる「世界内存在」の哲学が登場する。

第六節　誤認の試練にかけられる再認

見誤りの具体例をリクールは、マルセル・プルーストの『失われた時を求めて』の最終巻『再び見いだされた時』から引いている。主人公マルセルは晩年にゲルマント大公の催す昼のパーティに招かれて館に赴く。そこで彼が目にした招待客たちは「仮装のメーキャップ」をしているように、誰が誰か見分けがつかない。しばらくして彼は記憶をよみがえらせて、その人たちを再認するようになる。リクールがこの例で問題にするのは、認識する（コネートル）と再認する（ルコネートル）との隔たりである。世界内存在の哲学にとって重要なのは、世界の事物が属している存在様態の多様性である。それらの存在様態が再認されるために共有される特徴は変化である。時間作用は変化に対し優位にある。主体から客体に対して問われるのは「事物を変化させる仕方において、極端にはそれを見分けがたくするものは何か」である。対象の変化は、経過する変化の時間と一体になっている。われわれは知覚的恒常性によって、対象の同一性を〈信憑〉しており、それによってそれを再認する。しかし見分けられなくなるまで対象が変質すると、再認は試練にかけられる。その場合、物の再認と人物の再認とははっきり異なる、とリクールは言う。なじみのある物は、一種の個性をもち、それによって物は再認される。人物の再認は主として個人的特徴によるが、「別離していた時間の長さは、古代の賢者が時間に与えたあの破壊力、アリストテレスも言及せざるをえなかったあの破壊力を明示する。この点で、老いの例は象徴的価値をもつ[23]」。

ここで『再び見いだされた時』の例に戻ろう。主人公マルセルは招待客たちを再認するのにためらう。彼らは変装しているように見える。彼らは「〈時〉を外在化している人形たち」のようである、として作者は時間を大文字で擬人化する。誰であるかを再認するには推理を要する。その推理は「顔立ちのいくつかの特徴の単なる類似から、同一人であるという」結論を引き出す。これを作者は同じ現在の二つの状態の間の、矛盾による解決であるとして次のように述べる。「じつをいえば、誰かを〈それと認めること〉、さらには、誰かをそれと認めることができなかったあとで、それを同一人だと断定すること、この二つは矛盾する二つの事柄をただ一つの名称のもとに考えることであり、思い出される人間としてこの場にあったものは、もう存在しないものなのであり、そこにあるものはなじみのなかった人間である、ということを認めることである。つまり死の神秘とほとんど同じほど精神に混乱をあたえる一つの神秘を考えなくてはならないということである。それにまた、そのような神秘は、死の序言、死の告知者のようなものである。ということはそうした諸変化が何を意味しているか、何の前奏をしているかを私は知っていたということなのだ」[24]。

リクールはこれについて、プルーストは一般化の危険を冒していると注釈する。としても、誤認から再認へは単なる推理の過程ではない。プルーストのいう「芸術家＝時」が誤認と再認の両方を起こす張本人で、〈時〉が人物たちを老けさせたのである。かつての現前が消滅し、そして再現前する。それは記憶がイマージュとして残存していたからであり、そしてそれがよみがえったからである。リクールは後にそれを「保留された忘却」と名づける。主人公マルセルのこの再認の体験は、その直後に彼が作家として作品を書こうとする決心につながる。

見分けがたいものを克服して再認すること、それこそ同定の頂点に位置するものである。

第五章　自己の再認から相互承認へ

第一節　記憶を通しての自己の再認

「グラン・ロベール　フランス語辞典による reconnaissance の第二の語義は「受け入れる、真とみなす」で、ここから「容認する」「告白する」「責任を認める」といった意味が派生する。さらには「自分自身を有罪と認める」（se reconnaître coupable）という代名動詞にもなる。リクールはここから、自分自身を再認するというベルクソン哲学の源泉を見いだす。「行動を通しての自己の再認」については第三章の能力ある人の人間学で論じたので、ここでは「記憶を通しての自己の再認」を考える。

再認と記憶の結びつきについては前章で確認した。リクールは『記憶・歴史・忘却』の第一部「記憶と想起について」で、記憶理論の展開をプラトン、アリストテレスからフッサール、ベルクソンまでたどり、記憶力と記憶現象の現象学的解明をおこなった。それを参照しながら、記憶と自己の再認の問題系に取り組みたい。

1　何を思い出すか

何をは記憶の対象であり、自己への回帰に先行し、外部への迂回である。ここで単なる記憶現象と想起とを区別する必要がある。アリストテレスは『自然学小品集』のなかの一篇「記憶と想起について」でその区別を論じた。記憶（mnēmē）は思い出の単純喚起を意味し、想起（anamnesis）は記憶の能動的探求を指す。過去の記憶が精神に現前する単純喚起では、記憶が似像として魂に刻印されているという隠喩が生じる。(1)

2　いかに想起するか

想起は、もはやないが、かつてあった過去を現前させようとする作業である。イギリス経験論は、記憶と想像を短絡させる観念連合によって想起を説明する。精神分析者は被分析者に抑圧の抵抗と戦いながら想起させようとする。フッサールは過去把持の一次回想に対して、以前に聞いたメロディーを、事後に思い出す「二次回想」として説明する。それは再現前である。(2)

3　誰が思い出すか

アウグスティヌス『告白』の第十巻は記憶論であり、リクールはそこから記憶を通しての自己の再認のテーマを追求する。『告白』はアウグスティヌスがいかにしてキリスト者になったかの回心の物語であり、そこでは何を思い出すかよりも、誰が思い出すかに重点がある。したがって自己を想起する内省的人間が主題になる。アウグスティヌスこそは内面性の創出者であるとリクールは言う。アウグスティヌスは記憶と精神を区別しない。「記憶するのは私自身です。精神（animus）としての私です」（X,16,25）。「精神とは記憶そのものです」（X,16,21）。記憶＝精神はコギトに匹敵する。アウグスティヌスは記憶を「広大な広間」にたとえて礼讃する。そこにはすべてが収められていて、必要になったらいつでも引き出せるようになっている。さまざまな情念、映像、出来事などの記憶のうちには、自分自身についての記憶がある。

他方で、アウグスティヌスの記憶論は忘却論でもある。〈忘却の記憶〉が記憶力のなかに保存されているからこそ、われわれは忘れていたものを思い出すことができる。それは再認である。ルカ福音書に失った銀貨を見つけだす譬え話がある。失われた対象とは、何らかの仕方で記憶のなかにもっていたものでないとしたら何であろうか。「ここでは、見いだすとは再び見いだすことであり、再び見いだすとは再認することである。そして再認するとは同意することであり、したがってまた、再び見いだされたものが、探していたもの、つまり忘却されたと事後にみなされていたものと同じものと判断することである」とリクールは強調する。記憶－忘却－再認の過程を経るのは、直観的、直証的コギトとは異なる。記憶の再認は同時に自己の再認である。『告白』第十巻の記憶論は、第十一巻の時間論に結びつく。「私の精神よ、私はお前において時間を測るのだ」（XI.27.36）。われわれの精神が時間の尺度である。「三重の現在」において、精神は過去、現在、未来に分かれ広がりながら、現在に集中する。アウグスティヌスは記憶と時間を媒介にして、内面性の世界を切り拓いた。そこに生きる人は内省的人間であり、自分に帰り、自己を再認する人間である。[3]

第二節　イマージュの再認――ベルクソン的契機

ベルクソン『物質と記憶』の二つの章、「イマージュの再認について――記憶力と脳」、と「イマージュの残存――記憶力と精神」において、記憶イマージュの残存と再認の組み合わせが論じられる。この論証をわれわれはリクール自身の記憶痕跡論の延長上で理解することができる。リクールは記憶痕跡を、①大脳皮質の痕跡、②心的痕跡、③文献的痕跡の三つに分類する。ベルクソンによれば、記憶は①と②の接点でおこなわれる。脳は運動器官で、表象の器官ではないので、心的痕跡を大脳皮質に求めることはできないというのが『物質と記憶』の中心的テーゼである。記憶の非物質性を明示するには、心的痕跡はそれ自体で説明されねばならない。ベルクソンは運動にもとづく「反復する記憶」と、表象にもとづく「再会する記憶」とを区別する。そしてその両者の中間にあるのが「イマージュ回想」である。権利問題として仮定される「純粋回想」（souvenir pur）が知覚と結びついてイマージュ化されて、事実問題としての「イマージュ回想」（souvenir-image）となる。イマージュの再認は想起の延長上におかれる。再認するには、想起にともなう「知的な努力」を要し、その努力は「運動図式」によって導かれる。想起による対象の再認とは「不在の対象の現前」という謎を解くことである。純粋回想は過去の表象として「潜在して」いたのであり、その不在のものが現前するのは「イマージュが残存し続けていた」からである。[4] そのとき過去の表象に対して、現実存在に比肩できるような存在を割り当てねばならない。過去と現在の区別は再認自体において与えられ、その再認で、出来事が「その輪郭、その色彩、時間における位置とともに」回帰する。[5] われわれの回想は深い根によって、依然として過去につながれたままである。それがひとたび実現されて、「現在の状態でありながらも現在とはっきり対照をなす何ものかでないとすれば、われわれはけっしてそれを記憶として再認しないだろう」。そこに不在の過去の、現前によって再確認される謎がある。「われわれが過去を現在のなかで再び把握する具体的な行為は再認である」[6]とベルクソンは述べる。

こうしてベルクソンの論証をたどってきてから、リクールは今度は再認という事実から、残存という推定にさかのぼる。ベルクソンは続ける。「回想を再認することは、それを再発見することである。そしてそれを再発見することは、それに到達できなくても、利用可能なものと推定することである。こうして最初の印象の記憶を潜在状態に送り返すことは再認の経験に属する」[7]。したがって「われわれは残存を知覚しないが、それを前提とし、それを信じるのである」。ベルクソンは「過去の全体的保存」ということを言い、「回想はそれ自体で保存されている」と断定する。それこそ「持続」(durée) そのものであり、リクールはそれを単なる回想 (Erinnerung) と区別される Gedanken すなわち内省的記憶として理解する。「この内省的記憶において、過去のイマージュの再認と、自己自身の記憶とが一致するのである」[8]。

『記憶・歴史・忘却』でリクールは忘却を記憶と同じ資格で論じる。ベルクソンは記憶イマージュの潜在と残存を主張しながら、忘却は記憶痕跡の消失であるとして、それに何の役割も与えなかった。それに対し、前述のようにアウグスティヌスは「忘却の記憶」を言う。ハイデガーは『存在と時間』で、深層の忘却と表層の忘却という古代ギリシア以来の二分法にもとづいて、記憶を可能にするのは忘却であると述べる。彼はかつて存在したという過去の「既在性」が想起を可能にするとして、次のように書く。「期待が期待することにもとづいてはじめて可能なように、想起は忘却することにおいてはじめて可能なのであって、その逆ではない」。つまりかつて存在したものが、回想を条件づけるのである。リクールが忘却に積極的な意味を与えるのは、それがかつて存在した過去を再び見いだし、再認することに導くからで、それは探求して、かつて学んだものを再認する、ギリシアの「真理の想起（アナムネーシス）」につながる。ベルクソンは行動と表象を対立させる。表象をともなう想起では、一種の夢想状態で回想にふけるため、意識は生への注意から遠ざかるからである。しかしリクールは、回想を想起する途上での再認は、生き生きした体験ではないかとして、ベルクソンの主張にあえて異を唱える。リクールのこの異議は、過去のイマージュのそれ自体による残存というテーゼをかえって強化するものである。ベルクソンが忘却を、記憶痕跡の完全な消失としてしか考えなかったのに対し、リクールは記憶の心的痕跡のそれ自身による残存は、「忘却の基本形態」と考える。それはいわば「保留された忘却」（l'oubli de réserve）である。失われたと思っていた記憶が、忘却から覚めてよみがえる瞬間の幸福を、リクールは「小さな奇跡」と呼ぶ。現前－不在－再現前、これが再認である。そしてその再認の経験は文学でも表現できるのである。(9)

第三節　フィクション物語における自己の再認

リクールは『時間と物語Ⅱ』で、時間小説と言われる三編の小説をとりあげて、フィクション物語における時間経験の表現を分析する。その作品の一つが、M・プルーストの『失われた時を求めて』である。この七篇からなる長編小説の読解仮説をリクールは次のように提示する。この作品群は二つの焦点をもつ楕円のように構成されている。第一の焦点は、失われた時の探求である。第二の焦点は、失われた時の再発見における主人公の、作家という天職の啓示である。この二つの焦点の間が「通過された時間」で、主人公がこの二つの焦点の間を往復する間に作品は進行していく。

この循環構造を支えているのは「物語る声」(la voix narrative)である。この「物語る声」とはリクール独自の概念で、作品の語り手の声だけでなく、作中人物の声も合体して、物語全体の声として読者に聞こえてくる声である。プルーストの小説では、主人公マルセルの声と、語り手の声とが「物語る声」をなす。出来事を順次語ろうとするマルセルの声に、語り手は絶えず介入してくるので、読者はその二つの声を聞き分けなければならない。語り手は主人公の歩みよりも先にいて、彼の言動に干渉し、「あとでわかるように」を繰り返しては注釈し、「失われた時」に意味づけをする。

語り手はどの時点から語っているのか。有名な第一篇の書き出し「長い間私は夜早くから床についた。ときどき……」が問題になるのは、「床についた」(je me suis couché)の動詞時制が、習慣を表わす直説法半過去形でなく、複合過去形だからである。つまり語り手の現在と直接つながった過去だからである。それは想起しつつ物語っている現在の〈私〉の声である。そのあとで、動詞時制は半過去に移行し、コンブレーでの主人公の幼年時代の思い出が語られるようになる。

主人公は自分の記憶のなかにある多くの歳月を望み見て、めまいをおぼえる。そして最終篇「再び見いだされた時」で、主人公がそれを書こうと決意するところで作品は閉じるが、それは作品の冒頭に反転して、語り手の「今」となって小説が始まるという構成である。語り手の視点は、再び見いだされた過去、再び回想された過去を語るところにある。それは一時言われたような「無意志的記憶」ではない。マルセルは何度か想起しようと試みて失敗するのであるから。マルセルはコンブレーで過ごした幼時を脈絡なく回想しながら、もはや幼年時代の純粋な思い出は得られないとあきらめている。だがプチト・マドレーヌ菓子を口にした瞬間、マルセルは「その原因が何であるかがわからない快感」を覚える。彼はその快感の源を探ろうとする。「探求、それだけではない。創造することが必要だ」。これこそベルクソンの言う「想起の努力」である。そしてその苦行ののち、思い出が一挙に現われる。それは昔コンブレーで日曜の朝、叔母がお茶に浸してさし出してくれたマドレーヌ菓子の味であった。「なぜその思い出が私をそんなに幸福にしたのか、私にはまだわからなかった。その理由を見いだすのはずっとあとに延ばさねばならなかった」と語り手は注釈して、謎のままにする。主人公に、そのような快感の瞬間は、その後何度か訪れる。たとえば以前にマルタンヴィルの三つの鐘塔を見たことがあり、その後三本の木を見たときに覚える快感など。フッサール現象学の用語でいえば、それは過去把持されているものと、現に想起されたものとの「合致」（Deckung）である、とリクールは解釈する。マルセルにとって、というよりプルーストにとっての真実は、現在の現実の観察のうちにはなく、記憶の中の情景を想起し、再認することにある。

第二の焦点は「再び見いだされた時」で、これは同じ題名をもつ最終篇に位置する。前章の「誤認の試練にかけられた再認」の節で述べたように、マルセルはゲルマント大公のパーティに招かれて、大公の館の中庭を歩いているとき、敷石に躓いた。その瞬間、彼は例の快感に襲われる。そのときによみがえったのは、かつて彼がヴェネツィアのサン・マルコ聖堂の洗礼堂で、不揃いの敷石に躓いて覚えた感覚であった。それは回想の再生である。「真の楽園とは、失われた楽園にほかならないのだ」と語り手は述懐する。二つの回想、二つの印象の〈合致〉は、「現代の瞬間であると同時に、〈遠く過ぎ去った時間〉」でもある。語り手はそれを「超時間」(extratemporel)と呼ぶ。そして彼が作家として描こうとするのはそのような経験なのである。主人公が味わった快感について、語り手はこう語る。「思いをこらし、つまりは暗がりから私の感じたものを引き出し、それを精神の等価物に変えようと努めながら、感覚をそれに応じた法則や観念のシーニュに翻訳しようと努力しなければならなかった。ところが私にはたった一つしかないと思われたその方法は、芸術作品をつくるという以外の何であろうか」。

こうして第二の焦点から第一の焦点へ反転したことによる、「失われた時」と「再び見いだされた時」との関係について、リクールは二通りの解釈を示す。第一は「隠喩」である。「再び見いだされた時とは、隠喩によって永遠化された、失われた時である」。第二の解釈は「ヴィジョン」である。語り手が再び見いだされた時の経験をヴィジョンと呼ぶのは、それが幸福な〈再認〉の瞬間だからである。すなわち、再び見いだされた時を、再発見された印象とすることであり、マドレーヌ菓子の与えた印象は、未知の記号で書かれた内心の書物である。「その印刷(impression)、すなわち印象は、現実のものによってわれわれの内心でおこなわれた唯一の書物なのだ」とプルーストは記す。[10]

主人公マルセルの再認の経験を、語り手が書こうとする行為は、再認の再認、すなわち再認のテクスト化であり、それをフィクションにおける物語的自己同一性とみなすことができよう。

第四節　テクスト世界の再形象化

プルーストの『失われた時を求めて』はいわゆる芸術家小説、小説についての小説である。つまり文学作品がいかにして生から生まれ、再び生に回帰するかを例証している、ただしそうして生まれた作品がすべて自伝的小説となるという意味ではない。それはむしろすぐれてフィクションにこそ当てはまる。リクールはそれを三つのミメーシス論で理論化した。アリストテレスの『詩学』にならって言えば、文学の制作行為(ポイエーシス)は、ミュトスすなわち物語の筋のミメーシスすなわち人物の行動の創造的模倣である。物語において、ミメーシス活動はミュトスと結びついて、行動を出来事として組み立てるのである。テクスト制作を統合形象化とするなら、その前段階として、生の先形象化があり、後段階としてテクスト読解の再形象化がある。

第三のミメーシスはテクストの統合形象に応じた読解行為、すなわち読者の再形象化である。書くことと読むことは相関関係にあり、読者はテクストの織りなす世界を自己同化(appropriation)する。テクストの統合形象に同行しつつ、読者が作品の前方に投影する世界をリクールは「テクスト世界」(le monde du texte)と名づける。この世界とは、「世界内存在」の世界である。それはテクストと読者の再形象化との合作である。「読者が受け取るものは、作品の意味だけでなく、それが指示するもの、作品が言語にもたらす経験、そして結局は作品がその前に展開する世界とその時間性である」。読者のテクスト世界の再形象化による同化を、リクールは「テクストの前での自己理解」と言い表わす。テクストの意味理解と自己理解の一致である。ただしそれは想像変様された自己である。読者はテクストを読みながら、有限な自我（moi）を想像変様するためにいったん放棄し、テクストからより広い自己（soi）を受けとる。「世界の変様は自我の変様である」[11]。そのことをプルースト自身が証言している。「その人たち［私の本の読者］は、私の考えでは、私の読者ではなく、彼ら自身の読者でもあろう。私の本というのは、コンブレーの眼鏡屋がさし出す拡大鏡のような、一種の拡大鏡にすぎないのであるから。私の本はそれらによって、私が読者たちに彼ら自身を読む手段を提供する、そういうものなのである」。テクスト読解は自己の再認にいたる作業となりうるのである。

再認（reconnaître）、再現前（représentation）、再発見（retrouver）といった接頭辞 re のついた語彙は、単なる反復、繰り返しではない。フロイトに「事後性」（Nachträglichkeit）という概念がある。それは以前の経験、印象、記憶痕跡が、後日新たな経験によって組み直され、新たな意味を付与されることを指す。リクールの反省哲学は、迂回、媒介の哲学である。直観や直証よりも、時間を介し、他なるものを介しての認識である。忘却を経ての再認は、新たに見いだすこと、同意することである。それは自己の再認（se reconnaître）という再帰的用法につながる。それこそソクラテス的「吟味された生」であろう。

第五節　ホッブズの「生存のための闘争」

reconnaissance の第三の語義は「誰かに何かについて借りがあることを、何ほどかの感謝によって証しすること」である。ここから「相互に承認する」へ発展する。この第三の語義はフランス語に特有であるが、負債の観念を介して、真なるものとみなすという第二の語義へと転移する。第三研究「相互承認」では、トマス・ホッブズの『リヴァイアサン』における「万人の万人に対する戦争」という「自然状態」の理論をヘーゲルが挑戦と受けとめて、ホッブズの「生存のための闘争」を「承認のための闘争」に向け直すのを、さらにリクールが平和的な「互恵的承認」の概念に練りあげるのである。

reconnaissance の第一の語義は「同定する」で、それはまた、他のものと区別すること、誤認を排することである。第二の語義「自己を再認する」は、自己を自己として再認し、他のものでないと証しすることで、それが「私はできる」という能力ある人間像を構成する。そして第三の語義についての研究を著者が「互恵的承認」と題するとき、自己の反省性は他性と弁証法的関係に入るのであり、そこにおいて、〈互いに〉〈相互に〉が問題となる。自己と他者は非対称である。すでに述べたように、フッサールは「私の肉体」の「類比的統覚」による「対化」によって、他者に自我の意味を与えられるとした。それは他我を自我の志向的変様として捉えることである。だが対化による自己と他者の〈共現前〉（apprésentation）は、他性の謎をそのままに保ち、他我は依然として他なる自我のままで、自己と他者の非対称はそのままである。他方、レヴィナスは他者の絶対的他性、絶対的外部性から出発し、自己は他者に無限の責任を負い、他者の顔に応答する者として、主格でなく、対格として規定される。したがって他者と自己は非対称のままである。リクールはこうした非対称の問題を中断して、自我と他我の比較しえないものの間で比較をおこない、両者を等しいものとするところから、相互性の問題に取り組もうとする。

まずホッブズの「生存のための闘争」をヘーゲルがどのように挑戦と受けとめて、彼自身が「承認のための闘争」を展開するようになったかを検討する。そのためにリクールは、ある仮説を提起する。すなわち、「承認のテーマは、政治の源泉についての自然主義的解釈によって投げかけられた挑戦に対する、道徳的な性質の反論とすることで価値を認められたのである」[12]。ヘーゲルが承認の概念でもって対抗する第一の挑戦は、ホッブズの国家観に対してではなく、「自然状態」の理論に対してである。そこでの中心問題は、共に生きるの根底に、ヘーゲルが承認されたい欲望と同一視する本源的に道徳的な動機が実在するかどうかである。またホッブズの理論が見直されるとすれば「本源的な非承認」の理論としてである。

「自然状態」とは思考実験による思考仮説である。その中心にあるのは、自然状態での非業の死への恐怖である。ホッブズが「自然状態」を「万人の万人に対する戦争」として特徴づける三つの原初的な情念とは、競争、不信、誇りである。それらはどれも他者との関係づけなしには考えられないもので、その動機に虚栄心が見いだされる。とすると自然状態は、非業の死の恐怖と虚栄心という二律背反を隠しもっている。

『リヴァイアサン』より二六年前に出版されたグロティウスの『戦争と平和の法』で、著者は「自然法」にもとづく「自然権」を主張した。自然権とは「人格に結びつけられた、ある道徳的な性質のことで、これによって人はいくつかの事がらについて正当に所有したり、為したりすることができる」と定義する。ホッブズのほうは著書で、そのような道徳的性質を明確に拒否する。彼によれば、「自然の権利」とは各人が自らの生命を維持するために、力を行使する自由であり、自らの判断を理性にしたがってどんなことでもおこなう自由である。ホッブズはこの積極的な自由を、「自らの生命を破壊すること、あるいは生命を維持する手段を除去するようなことをおこなうことの禁止」へと変換する。認可し、許可する権利と、禁止する法との区別を、ホッブズは一九の「教え」によって説明する。そのなかで第二の教えは「すべてのものに対する自身の権利を放棄すること」である。それはあらゆる契約を越えでた「無償の贈与」である。それらの教えを、リクールは「倫理もどき」と呼ぶ。その根源にあるのは、「自然状態において結ばれた信約(covenant)は義務的である」とする信約の考え方にある。そこには「他性の次元」が欠落しているのである。互恵性の観念にとって必須なのは、権利の観念そのものにおける、自己性と他性の接合であろう。(13)

第六節 ヘーゲルの「承認のための闘争」

ヘーゲルの「承認」(Anerkennung)の概念は、イエナ期(1802-7)の著作に現われ、彼はそれによってホッブズの「生存のための闘争」を「承認のための闘争」に変換する。ヘーゲルはそれを三つの段階でおこなう。第一に、ヘーゲルはフィヒテに学んで、自己反省を他者へと方向づけし、主観性を二重化する。第二に、否定性の極を肯定性の力学に転換し、無視から顧慮へ、不公平から尊敬へ移行する。第三は承認の法制化、制度化である。承認のための闘争で一貫して保たれているのは、自己との関係と、他者への関係の間の本源的な相関関係であり、〈承認〉はそれに概念的な輪郭を与えるものであることを、リクールは強調する。

「承認」が明確に打ち出されるのは、校訂者たちによって「実在哲学」（Realphilosophie）と題されたイエナ期の著作においてである。実在哲学において、自然は〈廃棄されたもの〉として、距離をおかれる。ホッブズと同様に「自然から外に出ること」さえ引き受けて、ヘーゲルはホッブズと戦おうとする。彼のホッブズへの応答は「精神の自己への還帰を記述する」ことにある。精神は自己自身に対する関係から出発して、自らを他者とする。これが「実在化」の諸段階である。[14]

イエナ期ヘーゲルにおいて、承認は権利との関係とともに生じて来る。権利とは相互承認である。ヘーゲルは承認の契機を、所有から合法化への移行と合致させる。合法化とは、他者排除を逆転させることで、承認こそが愛と権利の転回点において「必然的に生じなければならない第一のものである」。

承認によって、人は能力から実行することへ移行する。すなわち、普遍的な承認された存在になるのである。存在は普遍的な自己であり、普遍的なものは価値である。直接に承認されることに続くのは〈法〉の支配である。法はさまざまな自律的存在を有機的に連結する。承認は、〈承認されること〉で仕事を終えるが、「普遍意志の構成する働き」は国家に委ねられる。[15]

「実在哲学」第三部は「国家体制」(Constitution)と題される。政治的な問題系によって、承認の強調点はもはや相互行為にはなく、普遍意志と特殊意志との位階関係におかれる。そのために専制政治の基礎づけとして、ニコロ・マキアヴェリの『君主論』が援用される。ヘーゲルは「国家の創設に際しては、一般に暗殺、陰謀、残酷さなどと呼ばれるものは、悪という意味をもつものではまったくなく、自分自身と和解させられたものという意味をもつという視点」からその著書は書かれていると見る。そうすると、承認の問題系はすっかり越えられてしまうように見える。「僭主制から帰結してくるのは、現実的な個々の意志の直接的な放棄であり、この放棄は服従への育成である」とヘーゲルは記す。この文脈から出てくる、承認の唯一の等価物は〈信頼〉であろう。放棄による育成として、〈承認されること〉への行程は芸術、宗教、学問を通過したあとの「絶対的に自由な精神」の行程となる。しかしそうなると、それはもはや承認ではなく、和解ということになる。[16]

ヘーゲルの「承認のための闘争」は、『イエナ体系Ⅲ』や『精神現象学』で明確な形をとる。『精神現象学』では、個人どうしで一方が他方から承認を得ようとするとき、闘争が生じるのである。自己意識は他の自己意識との関係においてのみ、満足を見いだすからである。この自己意識が個別性の段階、欲望の立場を離れない段階では、相手を欲望の対象とし、他者の欲望を欲望するとき、闘争が生じる。所有や占有をめぐる闘争が重視されるや、個人の全存在をめぐる「生死を賭した闘争」となる。しかしその闘争で、一方が勝利すれば、相手からの承認は得られない。個人が自立者と承認されるためには、共同体において自分を普遍的な承認される存在としなければならない。この不平等な承認を例証するために、ヘーゲルは『精神現象学』で「主人と奴隷の弁証法」を展開する。

現代ドイツの哲学者アクセル・ホネットは『承認をめぐる闘争――社会的コンフリクトの道徳的文法』[17]（200）で、イエナ期ヘーゲルの承認論の現代化を試みた。リクールはそれを評価し、注釈する。ホネットはイエナ期の承認論を三つのモデルで再構築しようとする。すなわち「愛」「法」「社会的評価」である。ホネットは「愛」と題された承認のモデルに、「限られた数の人物間の強力な感情的絆を含意する」エロス的、友愛的、あるいは家族的な関係の全範囲を含める。ここでは「法」以前の段階の相互承認が問題で、そこにおいて、「各主体は具体的な欲求で、したがって必要としあう存在として、互いに確認しあう」[18]。この愛のモデルに対立するのはさまざまな不信の形である。「人が自分のうちにもつ基本的な自信を壊すような」身体的健全さの侵害、拷問や強姦のようなあらゆる種類の虐待は、この最初の型の無視の範囲を画定するのに十分である。

第二の承認のモデルは法的な面での承認である。愛の領域と相関的な法的関係での承認を、ホネットは次のように性格づける。「われわれが法の担い手として理解できるのは、われわれが同時に、他人に関して有している規範的な責務について知っている場合だけである」[19]。したがって承認がめざすのは、他者と規範である。規範の普遍妥当性を認め、各人を平等に扱うことである。ホネットはそれにともなって責任を重視する。「道徳的な問いに対して、理性的かつ自律的な態度を明らかにする」のが責任である。無視という否定的な経験は、排除や疎外、抑圧の感情とい

う特殊な形をとる。それから生じる憤りは、社会的な闘争であれ、革命や解放戦争であれ、戦争という形をとる、

互恵的承認の第三のモデルは「社会的評価」である。イエナ期ヘーゲルの著作の「国家体制」に代わって、ホネットは「人倫」(éthicité)というヘーゲル的概念を参照項とする。「人倫」は法的な結びつきには還元されないからである。自己尊重が感情的な自信とは区別されるように、社会的評価は自己尊重とも区別される。自由な主体の間の、権利の平等の単なる承認を超えた互恵的承認のあらゆる様態を要約するのが「社会的評価」である。ただし個人のどんな能力が、互恵的承認のこの社会的形式と相関するのか、ホネットは十分に論じていない、とリクールは不満を表わす。[20] 人間を「評価に足る」ものとする媒介物の種類によって、評価の考えが変わってくる。

そこでリクールはリュク・ボルタンスキー、ローラン・テヴノ共著『正当化について——偉大さの諸体系』[21]を参照し、〈偉大さ〉という鍵語によって社会的評価の諸相を探索する。「正当化」とは、自分の社会的地位を権威あらしめるための戦略であり、「偉大さ」とは、人々による社会的評価の謂いである。いろいろな偉大さによって、地位が高いとか低いとかみなされる。

リクールは最後に、政治的マイノリティが承認を求める闘争として、チャールズ・テイラーの「承認をめぐる政治」を取りあげる。少数集団の成員が自らを犠牲者と感じるのは承認の欠如であり、それは自分の価値を低いとみなすイメージの内閉から生じる。それは普遍的平等の原理に立つ政治と対比される「差違の政治」である。

以上、ホッブズの「生存のための闘争」からヘーゲル、またホネットの「承認のための闘争」

までの行程をたどってきたところで、リクールはあらためて、「承認されていることとは何か」、「主体が自分は承認されていると感じるのはいつなのか」と自問する。承認の問題の探求は、国家についての理論の入り口で止まった。ヘーゲルの『法哲学の諸原理』は、「世界歴史」の素描に終わり、そこでは承認の問題系は、「絶対精神」の問題系に入れ替わっている。そのことにリクールは重大な疑念を呈する。その問題系は、「私」が「われわれ」であるような「人倫」の領域としか一致しない。「戦闘や紛争の様式による、感情的、法的、社会的な承認の要求は、〈悪無限〉の形態である無際限な要求に帰結するのではないか」。あくなき要求は、『精神現象学』にいう「不幸な意識」という新しい形をとり、果てしない探求に陥ってしまう。そこでリクールは承認のための闘争の道徳的な動機づけにもどり、闘争でなく、「平和状態」における承認へと探索の方向を定めるのである。(22)

第七節　リクールの平和状態における承認

ヘーゲルの求める承認は、それがホネットによって現代化が試みられても、悪無限的な無限の要求に譲歩し、人々は「不幸な意識」に陥ってしまうのではないか。それに代えてリクールが求めるのは、単に平等で、彼我に対称的な相互承認ではなく、互恵的な承認であり、それはもはや〈闘争〉を経ての承認ではなく、平和状態における承認でなくてはならない。その場合、自己同定や自己の再認といった自己の主題系の範囲を超えた、「互いに」（l'un,l'autre）という自己と他者の関係が問題になる。

『他者のような自己自身』でリクールは倫理の目標を、「正しい制度のもとで、他者のために、他者と共に、善く生きる」と提示した。「互いに」とは、複数の人間が共に生きることである。互いにの人間関係をリクールはこれまで、二つの用語「相互性」(réciprocité)と「互恵性」(mutualité)で表わしてきた。前者は自己と他者の間の法的、道徳的、物質的に平等、均等で、等価な関係を意味する。後者は非対称、非等価を許容する、利害関係を超えた相互関係で、その根底をなすのは愛である。

承認を探求する行程の最後で、リクールは互恵的承認を目標に掲げるのであり、そのためのテーゼをこう定義する。「相互的承認の過程で、承認のための闘争に代わる観念は、互恵的承認という平和的な経験に求めるべきで、その経験は法的秩序からも逃れた、象徴的媒介にもとづいている」。

このテーゼを具体的に展開する前に、西欧文化において平和状態を表現するモデルが現に複数存在しており、そこから一つを選ばなくてはならない。ギリシア語起源の「愛」には、アリストテレス的意味の「フィリア」(友愛)、プラトン的な意味での「エロス」、聖書的な意味での「アガペー」(神の愛)の三つがある。そのうちのフィリアとエロスは相互的で、論理的形式にもとづいている。アガペーは片務的であって、相互的ではなく、相互的承認には反するように見える。そこで最初に、アガペーが特権的な姿をとる平和状態とは何かを解明しなければならない[23]。

フィリアによる平和状態は、アガペーにもっとも近いように見える。アリストテレス『ニコマコス倫理学』におけるフィリア(友愛)の主要な特質は、互恵的承認の諸条件にかなっており、フィリア(友愛)は正義に限りなく近づいて、正義に類似する。しかしアガペーは正義とは対比され、同一視することはできない。同様に、アガペーはプラトン的エロスとも区別される。エロスのように、充足を欲求させる欠乏の感情が、アガペーには不在だからである。アガペーがもっとも対比されるのは正義とである。そこでリクールがルーカス賞受賞の折におこなった記念講演「愛と正義」を参照する必要がある。[24]

正義は正しい制度内での生き方に関わる。正義は司法機構と一体化して、法治国家の特質となる。司法の実践として正義が要求される状況や機会とは、たとえば利害や権利が対立する当事者間の争いに、裁判で判決を下す場合である。この司法の実践はコミュニケーション活動の一部をなしている。その手段として、成文法、裁判所、判事などを含む司法機構があり、裁判の判決は公権力によって強制される。このコミュニケーション活動において、正義の言説は論証し、説得する。

それに反し、愛の言説は論証しない。正義と愛を弁別するものは、正義を配分的正義と同一視するところから生じてくる。配分的正義は、『ニコマコス倫理学』から、ジョン・ロールズの『正義論』にいたるまで、一貫して主張されている。その場合の同一視は、配分という観念に、経済の範囲をこえた重要性を与えることを前提している。「正義という視角から見るとき、社会は役割、務め、利益と不利益、受益と負担の配分として現われてくる」。社会を配分のシステムとして表象するとき、「各人に支払うべきものを返す」(suum cuique tribuere)、これが正義のもっとも一般的な定式である。アリストテレス以来、正しさと平等とを結びつける絆によって、正義は美徳とされてきた。司法の面では、「同様のケースは、同様のケースとして扱う」という等式が正当とみなされる。しかし現実問題として、収入、所有物、権威、責任、名誉などについて、分配が不平等になるのは必然である。この問題に直面したアリストテレスは、算術的平等と比例的平等とを区別することによって、それに対処した。分け前が社会的出資に比例していれば、配分は正当である。

　現代のロールズも、正義と平等の等式を現実の不平等な分配から救い出すために「マキシミンの原則」を立てる。すなわち、もっとも恵まれた者の利益の増加を、もっとも恵まれない者の不利益の減少によって償うことを要求する原則である。これはアリストテレスから受け継いだ比例配分の現代版である。

　以上のように、配分の平等という正義の観念の基底にあるのは、「等価の論理」である。リクールは愛を正義との弁証法的関係におくことによって、愛について客観的に考察する道を開く。まずは愛と正義の不均衡がきわ立つ場合である。愛は正義と異なる言語を語る。第一に、愛は称讃する。パウロの「コリントの信徒への第一の手紙」一三章は、「愛の讃歌」として有名である。第二に、愛は命令する。「あなたの主、父なる神を愛しなさい。そしてあなたの隣人を愛しなさい」。また「雅歌」では、「私を愛して」と恋する男性が、愛する女性に向かって命令する。愛を命令できるのは、ひとり愛する者だけである。第三に、愛の言語はその隠喩化の力によって、さまざまな感情を動員することができる。すなわち、快楽対苦悩、満足対不満、至福対悲哀、など。

講演「愛と正義」でリクールは、キリスト教的倫理の立場から、愛と正義の対立を止揚する道を、キリストの〈恵みの贈与〉の摂理に求める。「敵を愛しなさい」のイエスの命令は、超倫理である。「隣人愛は、敵を愛するというもっとも極端な形をとって、被造物としての人間の超倫理的な依存の感情のうちに、贈与の摂理という最初の関係を見いだす」。贈与の摂理を支配しているのは、「等価の論理」でなく、「満ち溢れの論理」である。パウロはイエス・キリストの救いの業を、「満ち溢れの論理」で解釈する。「しかし恵みの賜物は罪とは比較になりません。一人の罪によって多くの人が死ぬことになったとすれば、なおさら神の恵みと義の賜物とを豊かに受けている人は、一人の人イエス・キリストを通して生き、支配するようになるのです」（ローマ5・15）。「一人の罪によって、その一人を通して死が支配するようになったとすれば、なおさら神の恵みと義の賜物とを豊かに受けている人は、一人のイエス・キリストを通して生き、支配するようになるのです」（5・17）。「満ち溢れの論理」は、この〈なおさら〉によって表現される。罪の結果としてのイエス・キリストの死というマイナスが、一挙に多くの人の生というプラスに転じるのである。

しかしながら『承認の行程』で著者が探求する「互恵的承認」は、キリスト教的な恵みの贈与の摂理に直接結びつけるものではなく、人と人との間の関係、「互いに」の関係における承認である。リュク・ボルタンスキーは『アガペー――平和状態への序論』[25]（1960）の第二部「能力としての愛と正義」で、能力としての愛と正義を、行動社会学の枠内で、人々が為しうる能力として論じる。前述の愛の三つ組のうちで、アガペーを筆頭とする平和状態は全体として、闘争状態と対立させられている。その対立状態には、復讐は含まれず、主として訴訟が挙げられていて、正義が旗じるしとなる闘争状態を指している。したがってアガペーはまずは正義と対比して資格づけられる。争いの停止が平和状態の第一条件なら、正義はそのテストに合格することはない。逆に、アガペーは比較と計算を知らないゆえに、等価性の基準を無用のものとする。ボルタンスキーは著書で、「アガペーの理論は、アガペーの社会的地位は何かという中心的問題を投げかける」と記す。それはアガペーの言説に対する信任や信頼性に依拠する。その信頼性が働くのは、隣人に対する相互性の実践にもとづいている。「隣人とは身近にいる者でなく、われわれから近づいていく者のことである。アガペーの言説の信頼性のテストは、この接近によって開かれた愛と正義の弁証法のなかにある」。

問題はアガペーの詩法と、正義の散文との間に、いかにして橋を架けるかである。アガペーも正義も共に行動の世界を志向し、行動の世界は能力として現われてくる。両者が直面する特権的な事例は〈贈与〉である。前に、リクールはアガペーは欲望と無縁だと述べた。アガペーはただ一つの欲望をもつ。与えるという欲望である。贈与の経済が何であれ、それは太古に起源をもち、現代のわれわれの社会にも存在している。贈与が交換という社会的形式をまとっている世界のただなかで、アガペーは発生するのである。

商業経済ではすべてに値段があり、値段は贈与と、返礼としての贈与との関係を支配する社会的コードにしたがっている。行動社会学が認めるアガペーの人間は、計算と等価性の世界で迷ってしまう。そのような人は返礼の責務を知らないので、贈るときには返礼を期待しない。ドストエフスキーは『白痴』で、このような無垢な人間を創造した。ムイシュキン公爵は驚嘆すべき知性を具えながら、争いや衝突の場面で正義の規則にしたがって仲裁することを知らない。アガペーの人間と正義の人間、それぞれの間にあるのは了解違いである。それは正義の等価性の規則にしたがうことで得られる安全保障を失っている。ボルタンスキーによれば、そのような一方の生き方から、他方の生き方に移るのは、各人の自由である。そこに贈与と返礼の逆説を解く鍵がある。互恵的承認こそは、その逆説を解く鍵となろう。

第八節　贈与と返礼の逆説と相互性の論理

贈与と返礼の相互性についての諸解釈が生じたのは、マルセル・モースの『贈与論[26]』がきっかけであった。人類学者モースは北米、北西海岸のアメリカ・インディアンがおこなっている「ポトラッチ」という競争的な贈与交換を含む饗宴に注目した。それを構成するのは「贈与する義務」「受け取る義務」「返礼する義務」の三つである。そこからモースは、個人間や集団間の贈与は個人の規制を超えた社会的事実であり、無償の、あるいは無意味な贈与は存在しないという観点から、それの「一見自由で無償だが、拘束的で打算的な性格」を解明しようとした。まずモースは、「贈られた物のなかには、贈られた側がそれに返礼するようにさせるいかなる力が存在するのか」という問題を立て、それについて、「ポトラッチにおいて交換される物のなかには、贈り物を循環させようとする力、つまり贈り物が贈られ、返礼されるのを強いる効力が存在する」と推理した。さらにモースは、マオリ族の伝統にしたがって、その効力をハウ（hau）という言葉に結びついた潜在的な概念性で解釈した。

レヴィ＝ストロースは前掲書に寄せた「マルセル・モースの著作への序文」で、このハウによる解釈を批判した。「ハウは、交換の究極の理由ではない。これは［…］特定の社会の人々が無意識の必要性を理解した、意識的形態であって、その理由は別のところにある」[27]。そしてレヴィ＝ストロース自身は、贈与・交換という現象を、無意識の概念に基づいて説明した。

それに対しクロード・ルフォールは「レヴィ＝ストロースは社会を規則によって計算可能な宇宙に還元しようという野望を抱いたために、〈行動に内在する意図〉を捉えそこなっている」と批判した[28]。ルフォールは、最初の贈与と返礼の責務とを関係づけなければ、贈与の意義は見失われてしまうと考え、「贈与は返礼されねばならないという考えは、他者も私と同じように振る舞うにちがいないもう一人の私であることを想定している」と言う。ルフォールは社会の当事者自身の理由づけを、外部の観察者が見捨ててしまうのを斥けるのであり、これはその後に出される解釈の先取りとなる。

以上のさまざまな解釈はいずれも相互性の論理に立っており、その点で行動社会学の平面から離れるだけでなく、正義と愛という二つの〈能力〉が対立する平面からも離れ、アガペーは見失われてしまう。とはいえ相互性の理論の利点を考慮する必要があるとして、リクールはその利点を挙げる。第一の利点は、その理論が復讐、贈与、市場の三つの領域をカバーしていることである。第二の利点は、それが相互性を、悪循環（悪事 vs 逆悪事）から、好循環（贈与 vs 返礼贈与）へとなりうる循環に見立てていることである。復讐の悪循環は、当事者たちの平面では、「殺した者を殺し返す」という規則が、表明されないまでも強く感じられ、それが復讐者を殺人者にする。そのときその規則は復讐者をして、彼を超え出る体系の無名の行為者に変えてしまう。注目すべき現象学的特質として、死刑執行人に自分の首をさし出すことで、執行人に自己を与えるという特質は、復讐の悪循環から贈与の好循環に移行する土台として、供犠の奉納物という性格を想起させる。「殺した者を殺し返す」という原理の支配から逃れる、具体的な行為の意味を見失うべきでない。供犠の定式が「与えてくれる者に与える」であるなら、供犠をさし出す所作は、贈与の体制に入るための端緒となる。

贈与＝返礼の連続を体系的に考察する根拠をたずねるなら、それは贈与された者にとり、返礼することが責務となるという逆説に存する。返礼によって贈与を贈与として認知するというなら、それは贈り物としての意味を破棄することになるのではないか。返礼の責務は、最初の贈与の無償性を帳消しにしてしまう。

マーク・ロギン・アンスパックは『同様にしてもらう条件で――相互性の基本形態[29]』の序文で、「相互性の関係は、二人の個人間の交換に還元できず、超越的な第三者がそのつど現われてくる」と言う。そしてこの再び悪循環になった循環を、ダブル・バインドと解する。彼は相互性のレベルと、個人間の取り引きのレベルとを区別することで、ラッセルの「タイプ理論」のモデルにしたがって解決を提案する。つまり交換自体のレベルと、個人間の礼儀のレベルとの混同から、循環が帰結するというのである。アンスパックは復讐の循環と贈与の循環との重大な相違は認める。前者は経験のうちに感じられるのに対し、後者は古代社会についての現代の研究者の理論のなかにしか存在しない。相互性のレベルと、交換のレベルを区別するのは、理論家のほうである。前者は超越的であり、後者は個々人の振る舞いである。

残る問題は、脱魔術化した世界の時代において、この超越性の地位を規定することである。ジャン＝ピエール・デュピュイは『認知科学の起源で』[30]において、「循環的因果性」という自己超越の概念を練りあげ、それによってハウの超越性と交換の相互性とを循環させようとする。しかしリクールの関心は「循環の全体が相互行為から出現してくる」、その仕方にある。まずは当事者たち間の贈与という、つつましい行為に注意を向けなければならない。まさにその行為から体系が出現してくるからである。当事者たちが贈与を贈与として承認するときに、何をしているかをもっぱら考えなくてはならない。これによって、互恵的承認の意味での承認への移行がなされよう。

相互性の自己超越とは対比される、互恵性の〈内在的〉次元を保持するのに、個人の振る舞いに関するさまざまな表現が助けてくれる。「何らかの仕方で、お返しを期待する」。「相手が与えてくれるために与える」という表現において、「ために」には多くのヴァリエーションがある。そこからわれわれの頭上を循環している、相互性の定式が出現してくる。こうして相互性が行為の〈流れ〉として循環しているなら、当事者たちにとって重要なのは、その〈流れ〉を保つことである。それは信頼の働きである。当事者たちはその流れを続けるというリスクをはらんだ責任を負っている。

ここでアンスパックの「われわれは返礼の問題をやり過ごしてしまわねばならない」という助言を検討してみる。それは二通りに解釈できる。第一は、交換の実行者たちがなぜ返礼をするかの問いから、なぜ贈与するかの問いに立ち戻って、問題をやり過ごすことである。このとき返礼としての贈与は、最初の気前のよい贈与のうちに位置する。これをさらに押し進めると、返礼の実践のなかに、アガペーの「返礼なき贈与」の何かが保持されることになろう。第二のやり過ごしは、贈与と市場の違いにある。アンスパックは「集団全体がこの上なく絶対的な仕方で〈相互性〉の媒介を果たすような交換体系とは、個人間の取り引き、つまり現代の市場にはまったくない体系である」と言う。市場において返礼の責務がないのは、その要請がないからで、支払いが当事者間の互恵的な責務に終止符を打つ。市場とは互恵性なき相互性である。逆に市場は、贈与の交換に固有の互恵的関係の根源へと送り返す。そうすると強調点は、返礼の要請よりも、最初の贈与者の気前よさにおかれる。「返礼の贈与をすること、相互性に合致した所作によって最初の贈与者の気前よさを承認することは、〈関係〉を承認することで、最初の贈与はその関係ための媒介手段にすぎない」とアンスパックは言う。彼はここで「承認する」という動詞を、最初は贈与する所作について用い、二度目は関係者たちの関係について用いている。すなわち相互承認である。[31]

第九節　贈与の交換と互恵的承認

前節では贈与交換の相互性について体系的に論じられた。相互性という用語を体系間の関係にあて、互恵性という用語を個人間の交換にあてるとすれば、以後贈与の交換は、商業的交換とのみ比較される。そこでリクールはまず、マイケル・ウォルツァーの『正義の諸領域』を参照する。

著者は商業財との比較で、文化遺産を、それは金で買えない財とだけ定義し、それの「共有された価値」（shared values）について語る。財の平等な分配の問題が未解決なままのわれわれの社会では、商業的価値の浸食に抵抗するエネルギーをどこから引き出すのか。そこで「共有された価値」を表現する場を探求しなければならない。

次にリクールが取りあげるのは、マルセル・エナフ『真理の値段』[32]である。そこで著者が「儀礼的な相互贈与の謎」と名づけるものを、リクールは象徴的な互恵的な承認という考えで解こうと試みる。エナフは著書の第二部でモースの『贈与論』で開始された議論を引き継ぐのだが、それに先立って、「値段なし」（sans prix）のカテゴリーの検討に着手するという戦略をとる。その利点は、贈与の実践を、経験的な領域での実践から引き離すところにある。それによって贈与は商業的交換として現われることはなくなり、関心は儀礼的性格に移る。残る問題は、それが承認の象徴性につながるのを立証するところにある。西洋文化では、〈値段なし〉の問題系は、真理と金銭との関係によって提起される。ソクラテスは報酬なしで教えると言明していた。報酬を要求したのはソフィストたちであった。ソクラテスは同時に、神々に敬意を表すような贈り物しか受け取らなかった。こうして知的領域と商業的領域との間の、長い反目の歴史が開かれる。アテネの市民たちの間で、商人は自由人から仲間はずれにされていたが、商業はよくも悪くも技術として認められており、それは危険だが必要とされた。中世では聖職者側の、利殖に走る人間に対する否定的評価と、小売商や職人に対する肯定的評価とが競合していた。こうした傾向は、ルネサンス、宗教改革時代にはなくなった。フローベール、ボードレールも、マルクスにおとらず金銭問題に反感を示した。商人の勝利、市場の勝利も、非商業的な財が存在するという問題を消し去らなかった。エナフはこう記す。「商業的な種類ではまったくないような交換関係を考えなくてはならない」。

エナフはマルセル・モースの提起する贈与交換の謎を、再び取りあげる。ただしエナフは、ポトラッチの祝祭的性格を否定するような道徳的解釈や、商業的交換の経済主義的解釈のいずれも斥ける。エナフの思考革命は、贈る者と贈られる者との関係に強調点を移し、中心人物たちの間の交換の互恵性のうちに、謎を解く鍵を探し求め、それを互恵的承認と呼ぶところにある。物そのもののうちにあるとされる力の謎は、お返しの物を承認の過程の抵当、信頼の代替物とみなせば、一掃されるのである。承認関係の性質が、プレゼントと呼ばれるすべてに意味を与える。互恵的承認は言葉よりも、贈るという所作に集中し、贈与に象徴されている[33]。

以上のエナフによる理念型的分析は、さまざまに発展させることができる。第一に、贈与の交換は商業的交換の先駆でも、代替でもないことである。買い求めたプレゼントの品も、売買できる商品として登場することはない。贈与は値段なしである。値段なしが非商業的財の承認のしるしとなるとき、安全、権威の機能、負担、栄誉、責任といった非商業的財について語ることができる。その尊さは値段がつかない。リクールはカントの「趣味判断」の立場から、それに橋を架けようとする。カント的判断力は客観的参照項をもたず、伝達可能性のみに支えられている。そのような判断のうちにこそ、贈与と互恵的承認が存するのであろう。

第二の方向は、贈与の意義と意図との差違についての具体的な経験の検討である。この差異は、贈与の交換と商業的交換との間に存する。ここでリクールはナタリー・ゼーモン゠ディヴィスの『十六世紀フランスにおける贈与についての試論』[34]を参照する。著者は十六世紀の交換形式が錯綜していることについて、三つの特徴で分析する。第一は、〈贈与の精神〉の根源にある信念が複数あること。一方では、聖なる贈与は人間の贈与に優先するという聖書的考えから、人間の贈与の無償性を強く勧め、他方では、施しの倫理から、贈る者と贈られる者は平等であるという考えがある。第二は、十六世紀では、贈与の様態と売却の様態とは、互いに往復可能なので、手続きに関し、贈与の経済と商業経済とは共存し続けた。第三に、「贈与は失敗することがあり、それが十六世紀人の心配の種であった」。すなわち、返礼の拒否、返礼の遅れ、家族内遺贈での約束の撤回、など。著者が「そもそもよい相互性と悪い相互性とを分けることができるか、いかにして可能か」と問う。リクールはこの問いは現代のわれわれも引き受けねばならないとする。[35]

ここで、二番目の贈与、すなわち返礼を最初の贈与として考えるなら、なぜ贈与に参加するかを問題にしなければならない。二番目の贈与を、最初の贈与と同じ感情のカテゴリーにおくと、それは返礼とまったく別のものとなる。つまり返礼を期待しない贈与である。最初の贈与の気前よさに由来する呼びかけへの応答として、アガペーの星のもとに返礼を考えなければならない。与える゠受け取る゠与えるの三つ組で、受け取るが主軸カテゴリーであり、ここで「感謝」（reconnaissant）という語が頭に浮かぶ。この「承認する」（reconnaître）の現在分詞は「感謝する」を意味する。つまり「よく受け取る」、「感謝して受け取る」である。感謝は上記の三つ組を解体し、正義の等価性から遠ざかる。それこそ贈与の交換に押される「値段なし」の証印である。それが返礼とは無縁なアガペーである。

贈与の生き生きした経験を、承認のための闘争と対比させると、贈与の非商業的で、儀礼的な性格が明瞭に浮き出てくる。その儀礼的性格は、承認の象徴性と複雑な関係を保持する。同時に承認の祝祭的性格も強調されねばならない。祝祭は道徳化を免れる一方で、贈与の祝祭性は〈赦し〉の行為につながる。当時西ドイツのブラント首相がショアーの犠牲者の慰霊碑の前で、ひざまずいて謝罪したことにつながるのである[36]。

承認のための終わりなき闘争というアポリアを克服するためには、前述の講演「愛と正義」で述べたような、イエス・キリストの恵みの贈与の摂理によらねばならないのだろうか。リクールはここであくまでも哲学的思惟にとどまる。すなわち、自己と他者の根源的非対称を、いかにして互恵性のなかに取りこむことができるか、というように問題を立てるべきである。そして自己と他者の非対称を、「互いに」「間で」で解消するのである。「私のテーゼはこうである。根源的な非対称をこうして忘却することが、互恵的な形での承認にとって有益である」。鍵は「間で」の意味にある。交換の当事者たちの「間の」関係における互恵性は、相互性から区別されるものである。贈与する者と贈与される者との「間で」が、自己と他者の非対称性と、両者の互恵性の弁証法を止揚する。「他者とは贈与する者であり、かつ受け取る者である、また他者とは受け取る者であり、かつ贈与する者である。受け取るという行為のなかに、そしてそれが呼び起こす感謝のうちに、この二重の他者性は保たれている」とリクールは結ぶ。この互恵性において、フィリア（友愛）は限りなくアガペーに近づく。

結　論

ポール・リクールの哲学全体を人間学として読み解くというのが本書の企図である。リクール自身、しばしば自分の哲学に「哲学的人間学」の名を冠しているし、『人間、この過ちやすきもの』は、はっきり人間学と銘うっている。論文集『哲学的人間学』の編者たちが述べているように、「リクールの思惟の人間学的射程は、語の用法を超え出ており、彼の哲学全体をこの観点から見ることができる」。リクールにとり、哲学することと人間学することは同義であると言えよう。本書では彼の最初期の著作から最後の著書まで、哲学的思索の軌跡をたどってきたが、そこに彼の人間学的意図は一貫している。つねに、人間とは何か、自己とは何かが問われている。

リクールは全著作を通して、さまざまな人間像を描き出してきた。「過ちやすい人」、「罪ある人」、「行動し、受苦する人」。そして「能力ある人」。しかしそれは理想的人間像の探索ではない。有限性、有罪性という人間の条件を、誰しも免れることはできないからである。とはいえ、求められる人間像は倫理と無縁ではありえない。ポスト‐ヘーゲル的カント主義者と自認するリクールに、カント哲学の影響は明らかであるがそれにおとらず、彼は現代のアリストテリシアンである。最後に到達した「能力ある人」の人間学は『ニコマコス倫理学』の現代的適用であると私は考える。

本書では、序説で述べたように、リクール人間学を「解釈学的人間学」として、ロゴス・ミュトス・プラクシスの三つの要素を絡み合わせて解釈してきた。以下にその観点から、結論というより、全体のまとめをしたい。

第一部　人間、この過ちやすきもの

この第一部はミュトスの星のもとにおかれる。

意志の現象学

「意志の哲学」の総題で発表された三著書で描かれる人間像はそれぞれ異なる。『意志的なものと非意志的なもの』で示されるのは「意志する人」である。それに先立って発表された「注意力とその哲学的連関についての現象学的研究」でリクールは注意力を自由な決意の問題に結びつけ、「熟慮と決意を意志的にするものは、注意力の恒常的な働きである」と述べて、意志の哲学への方向を予示する。

『意志的なものと非意志的なもの』でリクールは、意志と自由、自己の身体のテーマを選び、デカルト的コギトを統合的体験として全面的に奪回することを図る。非意志的なものの側に分類される身体が、デカルトの心身二元論で、「延長」に送りこまれるのを避けて、リクールはメーヌ・ド・ビランの心身二元論によって、身体を復権させる。その反面、マルセルの言う「神秘としての自己の身体」は実存に深く根を下ろしており、過ちと超越を括弧に入れる純粋記述の方法は、中立的で、抽象的であった、とリクールは後に反省する。

意志的行為は、決意する、行動する、同意する、の三つに分けて考察されるが、「同意する」は非意志的なものの働きの必然性に同意する意志作用である。そこに自己を絶対的に措定しえない、「ひとえに人間的な自由」がある。「意志の哲学」の構想で予告されていた「奴隷意志論」は書かれずに終わった。「奴隷意志」という用語はマルティン・ルターの『キリスト者の自由』に出てくるが、リクールの場合は、「自分はつねに、すでに繋がれていることを知る自由意志」を指している。

結びのことば「意志することは創造することではない」は、これも書かれなかった「意志の詩学」と関係づけて解釈されよう。リクールは後にこれを「超越の詩学」と言い換えているが、「詩学」を「制作学」の意味で用いるなら、それは部分的に実現されたとして、次のように述べる。「その当時私が詩学と呼んでいたものについて、何も実現されなかったとは言いません。『悪の象徴論』『生きた隠喩』『時間と物語』はいくつかの点で、詩学と呼ばれる権利があります」。「意志する人」には、少なくとも創造する自由はあるのである。

過ちやすい人

『人間、この過ちやすきもの』は、自由意志から悪に陥る可能性を人間性の内に探るゆえに、もっとも人間学的な著作である。「人間は生来脆く過ちやすい」という可謬性の原因を、「自己と自己との不一致」に求め、その命題を前哲学的、前反省的に、プラトンは神話を介して表現し、パスカルは悲惨のパトスをレトリックで表象化する。そこにはパトスのミュトス化、ミュトスのパトス化が複合している。プラトン神話における中間者としてのテュモスの両義的存在を強調したのは、リクールの創見であろう。テュモスは理性と欲望の中間者として「心」であり、テュモスを介して、生からロゴスに至る。このミュトスを哲学的ロゴスに転調するのを、リクールはカントの人間学に依拠して、超越論的構想力による、超越論的総合と実践的総合の二段階でおこなおうとする。しかし前者は志向的、形式的であって、必要だが、十分ではないとして、リクールは実践的総合に訴える。その総合がなされるのは感情においてであり、感情において人間の脆さが具体化する。そこでリクールはカントの「実用的見地における人間学」における三つの〈欲〉すなわち、所有欲、支配欲、名誉欲の分析を援用し、それらの欲の葛藤に、感情の脆さの源を見るのである。

罪ある人

『悪の象徴論』で本格的な神話論が繰りひろげられる。神話は古代人の世界認識の一様態であり、世界観である。神話は絶対の初めから、天地創造を物語る。神話の歴史化、歴史の神話化がなされ、ユダヤ民族における「エジプト脱出」の伝承のように、民族の歴史における神話の再歴史化もおこなわれる。神話には事物の起源を語る起源神話、グノーシス神話のような擬似神話、プラトン神話のような哲学神話があるが、リクールがこの著書で扱うのは真正神話である。彼は神話を象徴表現の一種とみなし、象徴解釈の方法によって神話の真理を獲得しようとするのである。『悪の象徴論』の第一部「悪のシンボリズム」で著者は、悪の告白が象徴言語でなされるところから、それの解釈として生じた罪責意識を第二度の象徴とし、さらにそれを解釈した第三度の象徴、たとえば原罪観念のような教義が生まれると考える。第二部「悪の神話」では、悪の始まりと終わりを語る神話群が四つに分類され、それらがサイクルをなしていることが示される。そのなかでもアダム神話はその普遍性によって、すぐれて人間学的神話であるとして、それを基準として他の神話類型が解釈され、位置づけられるのである。アダム神話の普遍化機能は、悪の起源を現代人と同じ条件をもつ祖先に帰し、悪の起源と善の起源とを堕罪の出来事において二分し、アダムを最初の人として中心的像にし、アダムにおいてすべての人が罪を犯したと言って、人を神と対決させるところにある。アダム神話においては、他の神話群と違い、神は絶対的に神聖にして善なる、倫理的一神教の神である。罪の告白、罪責感は、この唯一絶対の神を前にしてなされる。それゆえ、第一部で叙述されている罪の告白、意識、観念はけっしてユダヤ－キリスト教固有のものではなく、宗教的普遍性をもつのではないだろうか。

悪は過誤の意識では汲み尽くせない実在性をもつ。カントが「根源悪論」で言うように、悪は時間のなかで獲得されたものではないから、生得的なのである。「われわれはそのつど悪をなすが、悪はずっと以前からそこにある」。したがって悪は偶然的であり、われわれの外部に存在する。にもかかわらず、われわれに責任があるのはなぜか、とリクールは問う。

この悪の起源の謎は神話的にしか解明しえない。アダム神話は悪の起源を人間に求め、それを天地創造の起源と分離し、そしてアダムの名を挙げて、人間の悪の具体的普遍性を明らかにする。禁止の掟がかえって彼の欲望を目覚めさせる。蛇は悪の外在性を表わす。人間の歴史的経験において、悪は「すでにそこにある」。リクールはそれを「悪の準本性」とし、それが人間の意志のなかにある、と言い切る。アウグスティヌスは「悪はどこから来るか」の問いを「われわれが悪をなすのはどこから来るか」と言い換えた。リクールはそれを原罪観念の証明ではなく、人間学的な問いと受けとめ、それにアダム神話の解釈でもって答えようとする。まさにそこに真正神話の真理がある。

第二部　物語的自己同一性

この第二部はロゴスの星のもとにおかれる。ここで論議の対象になるのは、主として一九六〇年代から八〇年代にかけて発表された著書、論文である。この時期はフランス現代哲学史で、一九六八年のいわゆる五月事件をはさんで、構造主義論争が繰りひろげられ、また哲学のフロイト主義化が進行した。リクール自身も経歴上の大きな転機を迎えたが、それと軌を一にして、彼の哲学も言語論的転回を遂げることになる。

解釈学としての精神分析

リクールは『フロイトを読む――解釈学試論』をはじめ、生涯にわたってフロイト精神分析について十数編の論文を発表している。彼はその実践には関わらず、あくまでも哲学の立場からフロイト思想を論じる。とりわけ『フロイトを読む』はフロイトの全著作を対象にした読解、分析、解釈であり、精神分析を解釈学として読み解こうとする試みである。その視点からリクールは、フロイトが精神分析に科学性を導入しようとしたために、分析の言説は意味の言語と、力の言語の混合であると指摘した。晩年の論文でもリクールは、フロイトの分析理論と彼独自の発見とは整合せず、彼の発見は理論より価値がある、と書いている。つまりフロイト思想を人間学として読むことは可能なのである。患者が悩み、求めるのは、結局「自分は何者か」ではないだろうか。患者が自己理解に到達したとき、分析は終わる。

『フロイトを読む』刊行後に、当時フランス精神分析界の主流となっていたラカン派から、いわれのない非難、中傷を浴びせられたが、ジャック・ラカンとリクールは、精神分析はもとより、哲学に対しても、立場も方法論もまったく異なる。ラカンは「無意識は言語のように構造化されている」というテーゼのもとに、無意識をシニフィエ（所記）なきシニフィアン（能記）の連鎖として捉え、「無意識は他者の言語」であり、意識的主体の外部にあって、主体を支配している、と主張する。だがシニフィアンとシニフィエを分離した言語理論は、もはや言語を超えた記号論にほかならない。それに対し、リクールの基盤は日常言語である。精神分析において、患者と分析者の対話も日常言語でなされ、そこにおいて抵抗や転移といった相互主観的関係が生じるのである。

リクールはフロイトの文化論、芸術論を評価する。その根底にあるのは、夢のモデル、エディプス理論の類比的転用である。フロイトはさらに宗教論では、類比を系統に変えてしまう。リクールはそれを「科学的神話」と呼ぶ。夢＝神話＝歴史に通底するのは、物語構造である。リクールは精神分析の理論と実践から、物語の重要性を認識するようになる。

解釈学の言語論的転回

一九六〇年代から七〇年代にかけて、リクール哲学は現象学から解釈学的現象学へ、そしてテクスト解釈学の確立へと方法論上の変革を遂げる。その過程は、二冊の方法論集で克明にたどることができる。最初の『諸解釈の葛藤――解釈学試論Ⅰ』(1969) には一九六一～六九年に発表された論文二二編が収められている。巻頭論文「実存と解釈学」で、現象学という若い木の幹に解釈学という古い木を接木することにより、その両方に新しい生命を注入するという意図が宣言される。リクールが受け継ごうとするのは、シュライエルマッハー、ディルタイによって革新されたドイツ近代解釈学、またプロテスタント聖書解釈学である。近代フランス哲学の伝統にはないこの解釈学的方法をさまざまな領域に導入するための模索と努力の跡が、これらの論文に刻みこまれている。とりわけ解釈学的現象学にハイデガー、ガダマーの影響は決定的である。彼はナベールの哲学からも、反省は自己の直観ではないゆえに、解釈学とならねばならないことを学ぶ。語を言語学的単位として、シニフィアン(能記)、シニフィエ(所記)の二分法のみに基づき、指示の次元を捨象する構造言語学に、言語の存在論の立場から反対するリクールは、バンヴェニストのディスクールの言語学を採り入れ、言語は自己と他者、自己と世界、自己と自己を媒介するものであるとして、記号論から意味論に移るのである。

第二の方法論集『テクストから行動へ――解釈学試論Ⅱ』（1986）には一九七一～八五年に発表された論文一六編が収録されている。冒頭の論文「解釈について」で、「私の拠りどころとする哲学の伝統を、次の三つによって特徴づけたい。それは反省哲学の伝統に属し、フッサールの現象学の勢力圏にあり、この現象学の解釈学的ヴァリアントになろうとする」と言明する。この論文集は三群に分類される。第一の分類「解釈学的現象学のために」では、フッサール現象学を基礎としながら、それを解釈学に方向づける必要性を論証する。次にスイスの三大学神学部連合セミナーでおこなった三つの講義「解釈学の課題」「疎隔の解釈学的機能」「哲学的解釈学と聖書解釈学」が並び、そこではリクールがドイツ近代解釈学に学びつつ、解釈学の対象を書かれた作品、すなわちテクストに特定し、それをいかに解釈するか具体的に論じ、彼独自の〈テクスト世界の解釈学〉を表明する。テクストの読解はテクストを自己同化することであり、その対象は作者でなく、テクストの意味する事がらである。テクストは書かれるや、その作者、書かれた状況、テクストの宛てられた最初の読者から三重に自律するという読解理論から解釈理論を導き出すのである。

第二群「テクスト解釈学から行動の解釈学へ」では、具体的なテクスト解釈が説かれる。解釈はテクストの説明と理解を組み合わせてなされる。そして「有意味とみなされる行動はすべてテクスト化される」ところから、テクスト理論は、行動理論、歴史学理論にも適用可能となる。

第三群「イデオロギー、ユートピア、政治学」の論文群では、この拡大されたテクスト理論を社会科学にまで発展させる。ここにおいて「テクストから行動へ」という書名の理由が理解される。

テクストと生の循環

テクスト解釈学の実践として、一九七五年に『生きた隠喩』が、一九八三〜五年に『時間と物語』三巻が上梓される。これらは言語の創造性を探求する双子の作品として同時に構想された、と著者自身が述べている。言語の創造性とは言語的手法で新しい意味を産み出すこと、すなわち意味論的革新を実現することである。それは語の単位を超える文、言説、そしてテクストにおいてなされる。リクールは隠喩を主語に対する異例の述語づけとして、文の現象とする。異例の述語づけによる字義通りの意味の廃墟から、主語と述語の間に類似による新たな関与性を見いだして、新たな意味作用が生まれる。隠喩によるこの意味論的革新は、物語における筋立てによる意味の創造と一致する。隠喩も詩的フィクションとみるなら、隠喩も物語もフィクションによる新たな現実の創造である。フッサールはフィクションを「想像変様」として理論づけ、リクールもそれを受け継ぐ。リクールが「隠喩もまた言語外への思念によって指示作用をもつ」と主張するとき、ロマン・ヤコブソンの「二分された指示」理論にもとづいている。隠喩の字義通りの指示の崩壊から、新たな現実の指示が生起するのである。慣用化して死んだ隠喩ではない、生きた隠喩は生動する現実を指示する。

『時間と物語』の主題となる「物語られる時間」は物語性と時間性の交叉から生まれる。時間はいわば物語の指示対象であり、他方で、物語の機能は、時間に人間的経験の形を与えるように時間を分節することにある。リクールはアリストテレスの『詩学』から時間展開の物語的要素を取り出し、アウグスティヌスの『告白』から詩編歌を歌うときに精神が過去・現在・未来に分散するように、物語展開における時間的要素を取り出し、両者を組み合わせる。

アリストテレスの『詩学』からリクールはミュトス＝ミメーシス＝ポイエーシス概念を物語理論に最大限に採り入れる。行動のミメーシスがミュトス（筋）のポイエーシス（制作）である。ミメーシス概念をさらに拡大して、テクスト制作を中心に、その前段階と後段階に三分して、生－テクスト－生として、生とテクストを循環させる。生のミメーシスとしてテクストが制作されるなら、読解はテクストのミメーシスとして再び生に結びつくのである。

『時間と物語』の第一巻、第二巻はそれぞれ歴史物語とフィクション物語に当てられ、パラレルに論じられる。歴史とは徹頭徹尾書かれたものであり、歴史叙述から物語性を捨象すれば、社会学と異ならなくなる、というのがリクールの基本姿勢である。そのうえで、フィクション物語と対比して歴史叙述がもつ物語的特性は何かと問い、リクールはそれを物語へのあくまで間接的な帰属であるとして、〈準〉（quasi）の接頭辞で説明する。

『時間と物語』第三巻の結論で、「物語的自己同一性」（identité narrative）の概念が提起される。人間は歴史的存在である。自分とは何かを自問するとき、自分の人生をかえりみ、おのずとそれを物語ることになる。人生史は人生物語と切り離せない。歴史叙述において物語的統合形象化のために、歴史とフィクションが交叉するように、人生物語でも歴史とフィクションは交叉する。この物語的自己同一性は、次の著書『他者のような自己自身』でさらに発展するテーマとなる。

第三部 「能力ある人」の人間学

第三部はプラクシスの星のもとにおかれる。

ここで扱われるのは主として一九〇〇年から、死の前年二〇〇四年にかけて刊行された三冊の著書、『他者のような自己自身』『記憶・歴史・忘却』『承認の行程』である。この三冊で浮かび上がってくる人間像が、物語的自己同一性の概念から派生した「能力ある人」である。それは有能な人の意味ではない。リクールが最後に公に語った言葉によれば、それは「私は私の能力によって為すことができることによって自己同定する」という意味である。私の為すことのできること、すなわちプラクシス、実践である。それこそ行動の存在論である。

自己の解釈学をめざして

なぜ自我でなく自己なのか。その理由が『他者のような自己自身』の序説で詳しく論じられる。主体の反省哲学をリクールは「自己の解釈学」として展開する。私は「誰か」の問いに、「私は〜をする」で答える。すなわち、話す、為す、物語る、責任を負うの四つの行為で、他者性をそれぞれに介入させることにより、よりゆたかな自己への反省的回帰となる。

『他者のような自己自身』で著者は英語圏の行動理論、言語理論を相手に積極的に対話を試み、とりわけ語用論を採り入れている。だが分析哲学者たちとリクールの違いは、彼らが行動、行為だけを問題にし、誰がするかと行為者を問わないことにある。誰が自分の行動の責任を負うかは、行動が主語に帰属するだけでなく、道徳的な意味をもつとともに、私はできるという行動能力も意味する。

リクールは道徳と倫理を区別し、道徳を義務論的に考え、倫理を目的論的に定義する。そして自己の倫理的目標を「他者のために、他者と共に、正しい制度において、善く生きること」と設定する。善く生きるは、アリストテレスの倫理学の目標であり、他者のために、他者と共には、アリストテレスのフィリア（友愛）の延長上にある。リクールの独自性は、目標に応える自己の態度を「自己評価」とし、他者に向けられる自己の感情を「心づかい」と言い表わし、それを自己評価の対話的次元を拡張するものとしていることである。対話において、私と君とは互いに代入しあう。その状況では、互いに相手を必要とする、それが心づかいである。正しい制度においてで、義務論の領域に入り、正義が主題になる。ただし正義は必要だが、心づかいと結びつかない限り、平和はもたらされない。

自己性と他者性の弁証法

リクールはハイデガーの『存在と時間』を実存哲学としてよりも、哲学的人間学とみて、つねに参照する。「証し」（attestation）の概念も、ハイデガーのBezeugungに対応している。それはデカルトの確実性による自己基礎づけでも、証明でもなく、証言、信念に近く、自己の解釈学における真理の様態である。

自己性は同一性と対立するだけでなく、他者性とも対立する。これはプラトンのメタカテゴリーである〈同〉と〈他〉の区別とまったく同一ではない。というのは、他者性は多義的だからであり、第一は「他人」、第二は「自己の身体」、第三は「良心の裁き」を意味する。身体はその受動性、外部性によって他者となる。その視点からフッサール、レヴィナス、ハイデガーの他者論が論じられる。

フッサールは『デカルト的省察』の「第五省察」で、物体と区別される肉体どうしが「共通の自然」を形成し、それの類比的統覚によって、ある肉体と他の肉体との「対化（ついか）」（Paarung）が可能になる。それによって、他我は自我と類似したものとして捉えられる。

レヴィナスは『全体性と無限』で、同と他の弁証法において、「絶対的な他、それは他者である」として、他者は自己より優位にあり、自己は他者に無限の責任を負っていると主張する。デリダの批判に応じて書かれた『存在するとは別の仕方で――存在の彼方』では、存在論的言語を〈前言撤回〉し、基礎的倫理学を探求する。他者は起源以前の「無限者」として現前せずに、「痕跡」として啓示される。私はその他者の「人質」「身代わり」である。他者は私に一方的に命令するが、それに従うのは「隷従なき他律」である。レヴィナスに自律の文字はない。

ハイデガー『存在と時間』において、他者は「世界内存在」として私と共存在する「相互共存在」である。しかしこの他者は日常的に他人に顧慮している「世人」へと還元されてしまう。本来的な存在可能の「現存在」に他者は「良心の声」として呼びかける。その声は現存在に「責めあり」と宣言する。それが意味するのは、倫理的欠如ではなく、存在論的欠如である。

以上三者の他者論に、リクールは「自己」の立場から反論する。フッサールに対しては、彼は他我を自我の対化として理解するが、それは他者をもう一人の自己としてのみ考えることではないか。レヴィナスに対しては、他者の命令に応答する自己は、それを自己の命令として聞いているのではないか。他者の身代わりとなる自己自身について、レヴィナスは自己の証しをしない。ハイデガーに対しては、良心の声を聞くとは、他者の命令を聞くことではないか。それは内心の裁きとして聞かれる。「証しは根源的には命令である」。その限りにおいて、良心の声は倫理的である。

リクールは以上の反論を通して、自己性の構造としての他者性を強調する、他者としての自己自身である。自己の解釈学は、ここから「能力ある人」の人間学へと進む。

「能力ある人」の主題

「能力ある人」が主題的に論じられるのは、『承認の行程』の「能力ある人の現象学」においてである。自己の解釈学で、「私は誰か」の問いに、「私は語る」「私は為す」「私は物語る」「私は責任を負う」の四つの行為で答えた。それを「私はできる」という能力で答えるのが「能力ある人」である。これまでの「過ちやすい人」「罪ある人」「行動し受苦する人」も、「能力ある人」に包含されよう。「私はできる」は確信であり、自己の証しである。

『承認の行程』でこの主題が登場するのは、哲学的語彙として reconnaissance の三つの語義のうち、「自己を再認する」と「承認する」の二つの語義に関連してである。

上記の四つの能力はいずれも自己言及的である。語ることができるのは、自分の行動について語ること、言葉によって行為することができることである。為すことができるとは、行為のイニシァティヴを引き受けることである。自分を物語ることができるのは、物語的自己同一性を確認することである。責任を負うとは、自己の行為の責任を負うことである。

「私はできる」を言うとき「私はできない」の無能力、無力についても語らねばならない。傷つきやすさは、自律存在を可能性の条件のままにする。その無能力は、神経症的症状、アイデンティティ・クライシスの原因となるだけでなく、いろいろな社会的弱者を産み出す。リクールは医学学会での講演「苦悩は苦痛ではない」で、苦痛も苦悩も共に「苦しみ」と捉え、それを自己－他者の軸で考える。苦しむのは自分ひとり、と思い悩むとき、他者関係は断たれる。ギリシア悲劇に言う「苦難によって学ぶ」をリクールはこう解する。苦悩は「耐え忍ぶ」よう呼びかける。苦痛にもかかわらず生きよと呼びかけるのであり、それゆえに「苦悩は苦痛ではない」のである。

「倫理と存在論の間の宗教」という主題の学会で、リクールは「宗教の受け手――能力ある人」と題して発表する。リクールは発表で、どのように宗教は能力ある人に彼の能力の自己理解を変革するよう語りかけるかに論点をしぼる。宗教が人間に接近するのは、人間が過ち、罪、悪といった無能力に陥った場合であるのを前提にして、リクールはカントの『もっぱら理性の限界内の宗教』、とりわけそのなかの「根源悪論」に依拠して、論を進める。カントによれば、人間は根源的に「悪への性癖」があるが、本源的に「善への素質」があり、それらが人間のうちに並び住んでいるのである。宗教の場は、悪への性癖と善への素質の交わるところにある。ユダヤ－キリスト教の伝統において、宗教的なものが対決するのはこの原初的状況である。人間が根源的に悪いなら、外部からの超越的な救いのみが、人間に生来の本源的な力を返してくれる。カントもリクールも、その宗教をキリスト教に求める。「その屈辱的な死にいたるまで、あらゆる受苦を、世界の最善のために引き受ける」イエス・キリストが罪の代価を支払ってくれたからである。

表象から再認への行程

リクールは「表象」（représentation）概念を、カント、ヘーゲルそれぞれの Vorstellung との違いを意識しながら用いている。物語理論、歴史理論では、表象は想像力と結びついて、中心的な役割を果たす。歴史は実在した過去の現在における表象であるなら、歴史家は過去をいかに表象するかが問題になる。リクールはミシェル・ド・セルトーの「歴史叙述操作」論を参考に、歴史家の表象を史料についての「対象表象」と叙述するときの「操作表象」に分ける。そして『記憶・歴史・忘却』で、ルイ・マランの二著書によって、十七世紀の歴史家の「操作表象」の実例を示す。そこで重要なのは「不在のものの代理表象である代替物」が仲介することである。リクールはそれを「代理表出」（représentance）と命名し、それを古代ローマの repraesentia、ドイツ語の Vertretung によって補強する。

歴史的過去は痕跡による代理表象であり、過去は、証人として痕跡のなかに廃棄されていると同時に、保存されている。歴史とは痕跡による過去の認識である。史料とされるものは、すべて代理表出ということになる。代理表出は過去のミメーシス的表象である。

歴史的過去のミメーシス的表象というところから、歴史叙述の文体を同・他・類似のメタカテゴリーに分類できる。先在した過去と、歴史学の構成物との関係は、オリジナルとコピーの関係ではなく、あくまでも代理による「合致」である。レオポルト・ランケの「それが実際にあったように」にしたがえば、もはやない過去を、かつてあったように、が歴史の書法である。

『承認の行程』では、歴史の問題から離れて、カント的表象概念が検討される。reconnaissanceの第一の語義「同定する」をめぐって、デカルトの「真と偽を区別する」と、カントの「時間の条件のもとで関係づける」が論じられる。その後で、「表象の没落」を言うのは、カントの主観対客観の Vorstellunng から脱出するためである。それは第二のコペルニクス的転回である。リクールは主客関係による同定の挫折を、プルーストの『失われた時を求めて』に出てくる誤認の場面によって例証する。主人公はパーティに列席している昔の知己を、対象として最初は誤認し、やがてあの人だと再認する。誤認から再認の過程では、ベルクソン的記憶が介入するのである。

自己の再認から相互承認へ

reconnaissance の第二の語義「自己を再認する」から、第三の語義「相互に承認する」に移るとき、能力ある人の人間学に新たな次元が加わる。前述の、誤認の試練にかけられた再認において、記憶を通しての自己の再認の問題が登場する。それはすでにアウグスティヌスの『告白』の主題である。そこでは「何を」想起するかより、「誰が」思い出すかに重点がある。アウグスティヌスは自己を想起する内省的人間を創始した、とリクールは評価する。アウグスティヌスはまた「忘却の記憶」を言う。記憶−忘却−想起は単なる反復ではなく、自己の再認であり、デカルトの直観的、直証的コギトとは区別されねばならない。

過去の再認に関連して、イマージュの再認が問題になる。ベルクソンによれば「われわれが過去を現在のなかで再び把握する具体的な行為は再認である」。不在のものが現前するのは、イマージュが残存していたからであり、「回想を再認することは、それを再発見することである」。ここにアウグスティヌスとの一致がある。過去のイマージュの再認と、自分自身の記憶が一致するとき、それは内省的記憶となる。

記憶−忘却−再認の経験を文学に表現した典型的な例は『失われた時を求めて』である。リクールはこの小説を『時間と物語Ⅱ』と『承認の行程』で詳細に論じる。彼はこの長編小説全体を二つの焦点もつ楕円にたとえる。第一の焦点は失われた時の探求で、第二の焦点は失われた時の再発見による主人公の作家としての天職の啓示である。これは単に主人公が忘れていた過去を思い出す話ではない。語り手は再認の視点から「再び見いだされた時」を語るのであり、それは想起されたものと、現に過去把持されたものとの、フッサールのいわゆる「合致」である。主人公にとっての真実は、現在の現実の観察のうちにはなく、記憶のなかの情景を想起し、再発見することにある。そこで主人公はその印象を精神の等価物に変えようとし、作家の誕生となる。これはフィクションにおける物語的自己同一性の例証であろう。

『承認の行程』の第三部「相互承認」では、自己関係と他者関係との相関関係が扱われる。ホッブズの「生存のための闘争」を挑戦と受けとめたヘーゲルは、それを「承認のための闘争」に変換する。

ホッブズは一六五一年に刊行した『リヴァイアサン』で「自然状態」の理論を開陳した。これは思考仮説で、「自然状態」における非業の死の恐怖が根底にあり、それを「万人の万人に対する戦争」と表現する、それを特徴づける原初的な情念は競争・不信・誇りである。

イエナ期（一八〇二～七年）のヘーゲルはホッブズの「生存のため闘争」を「承認」という道徳的要請に変え、そのために自己反省を他者へと方向づけ、承認を法制化し、制度化しようとする。「承認のための闘争」が明確な形で表明されるのは『精神現象学』のなかの「主人と奴隷の弁証法」によってである。自己意識は他の自己意識との関係においてのみ満足を見いだすのであれば、自己が他者の承認を得ようとして相手を欲望の対象とし、他者の欲望を欲望するとき、闘争が生じる。所有、占有をめぐる闘争は「生死を賭した闘争」となる。そこで一方が勝利すれば、相手からの承認は得られない。

アクセル・ホネットは『承認をめぐる闘争――社会的コンフリクトの道徳的文法』（2000）で、イエナ期ヘーゲルの承認論を、次の三つの承認モデルによって現代化を試みた。すなわち、愛・法・社会的評価であり、それらによって、愛という感情の絆による相互承認、法という規範による万人の平等、自由な主体間の社会的評価による互恵的承認がめざされる。だが個人のどんな能力が互恵的承認の社会的形式に相関するかを、ホネットは示していない、とリクールは批判する。相互承認が以上のような闘争の形をとる限り、承認の要求は果てしなく、悪無限に陥らざるをえない。そこでリクールは「平和状態」での承認の可能性を探索する。それは自己同定、自己承認といった自己性の主題系を超えて、「互いに」の関係における承認でなければならない。そのためにリクールは「相互性」（réciprocité）に変えて、「互恵性」（mutualité）の用語を採用する。互恵的関係は、法的秩序を超えた象徴的秩序の媒介を求める。

平和状態をもたらすのは、西欧社会においては「愛と正義」である。リクールは「ルーカス賞」受賞式での「愛と正義」と題する講演で、キリスト教倫理の立場から、愛と正義の弁証法を止揚する道を「キリストの恵みの贈与」に求める。恵みの贈与の摂理を支配するのは正義の等価の論理でなく、神の愛、アガペーの「満ち溢れの論理」である。

しかしここではリクールは互恵的承認の根拠をあえてキリスト教倫理ではない倫理に求める。そのためにマルセル・モースの『贈与論』から議論を起こすのである。

人類学者モースは北米北西海岸のアメリカ・インディアンがおこなっているポトラッチという個人間や集団間で饗宴をともなって競争的に贈与を交換する風習に注目した。それを構成するのは「贈与する義務」「受け取る義務」「返礼する義務」である。モースは贈り物自体に返礼を強いる何かがあると考え、その効力をハウと名づけた。この贈与－返礼の連鎖をめぐって、多くの論者が議論をたたかわした。リクールはそれらの議論がいずれも相互性の論理にもとづいているとみなす。贈与論の中心問題は、贈与された者にとり、返礼することが責務となるという逆説にある。これを裏返すと、返礼を期待して、相手が与えてくれるために贈与するのか、ということになる。

ここでリクールはマルセル・エナフが『真理の値段』で提示する、商業財と比較して、文化財の「値段なし」のカテゴリーに注目する。儀礼的な相互の贈与は、商業的交換と違い、値段なしの象徴的な互恵的交換である。エナフは贈る者と贈られる者との関係に強調点を移し、それを互恵的承認と呼ぶ。リクールは二番目の贈与を、最初の贈与と同じ感情のカテゴリーにおくと、返礼を期待しない贈与となることに注目させる。そうすると、受け取るを仲立ちにして、贈与も返礼も同じく贈与、無償の贈与、アガペーの贈与となる。贈与を介しての互恵的承認（reconnaissance）は、ここにおいてその現在分詞 reconnaissant（感謝する）になる。感謝は正義の等価性から離れ、祝祭的、儀礼的性格をおび、他方で赦しの行為にもつながる。

こうして、あえてキリスト教的恵みの贈与の摂理によらなくとも、自己と他者の非対称を、「互いに」の互恵性で解消することができる。この互恵性のうちに、フィリア（友愛）は、限りなくアガペーに近づく。

はじめに述べたように、リクールはアリストテレス哲学、とりわけ『詩学』、『ニコマコス倫理学』に深く学び、それを現代に生かそうとする。アリストテレスは『ニコマコス倫理学』第一巻第七章で、幸福こそ最高善であり、幸福の源は「働き（エルゴン）」にあり、人間としての働きとは、実践活動（プラクシス）としての生である、と述べる。アリストテレスにならって、リクールも「善く生きる」を倫理的目標として設定し、幸福の源泉を、われわれの実践活動にあるとする。そして実践活動の主体を「能力ある人」と名づけるのである。

しかし彼は近代人の思考と古代ギリシア人の思考の違いを、自分自身についての反省的意識の有無にあると考える。リクールがその全哲学を通して求め、強調してやまないのは、自己理解、自己の証し、自己の責任である。「私は私の能力によって為すことができることによって、自己同定する」が彼の最後の言葉である。

自己と他者が「共に生きる」ために、リクールもアリストテレスの言う「互いに」「心づかい」のフィリア（友愛）を説く。そしてフィリアを超えてアガペーを希求する。そこに彼自身の信仰があろう。

注

◉序　説

（1）金子晴勇『現代ヨーロッパの人間学——精神と生命の問題をめぐって』知泉書館、二〇一〇年、一一頁。
（2）Paul Ricœur, *Réflexion faite.Autobiographie intellectuelle*, Ed. Esprit, 1995, p.24.
（3）P.Ricœur,*Vivant jusqu'à la mort, suivi de Fragments*, Seuil, 2007.『死まで生き生きと』久米博訳、新教出版社、二〇一〇年、一〇三頁。
（4）P.Ricœur, <Un philosophe protestant:Pierre Thévenaz>, in *Lectures 3*, Seuil, 1994.
（5）P.Ricœur, <Antinomie de la réalité humaine et le problème de l'anthropologie philosophique>, in *Paul Ricœur, Anthropologie philosophique*, Seuil, 2013.
（6）ibid.,p.21.
（7）P.Ricœur, *L'homme faillible*, Vrin, 1960.『人間　この過ちやすきもの』久重忠夫訳、以文社、一九七八年、一二三頁。
（8）P.Ricœur, op.cit. p.23.
（9）ibid., p.24.
（10）P・リクール『人間　この過ちやすきもの』前掲書、三〇頁。
（11）P.Ricœur, *La symbolique du mal*,Vrin,1960.『悪のシンボリズム』植島、佐々木訳、溪声社、一九七七年。『悪の神話』一戸、佐々木、竹沢訳、溪声社、一九八〇年。
（12）P.Ricœur, *Le volontaire et l'involontaire*, Vrin, 1950.『意志的なものと非意志的なもの』Ⅰ、Ⅱ、Ⅲ、滝浦、箱石、竹内、中村訳、紀伊国屋書店、一九九三―九五年。
（13）P.Ricœur, *De l'interprétation. Essai sur Freud*, Seuil, 1965.『フロイトを読む——解釈学試論』久米博

訳、新曜社、一九八二年。

(14) M・ハイデガー『存在と時間』原佑、渡辺二郎訳、中央公論社、一九七一年、一一四頁。

(15) P.Ricœur, <Existence et herméneutique>, in *Le conflit des interprétations. Essais d'herméneutique*, Seuil, 1975, p.10.

(16) P.Ricœur, *La métaphore vive*, Seuil, 1975.『生きた隠喩』久米博訳、岩波書店、一九八四年。

(17) P.Ricœur, *Temps et Récit, I II III*. Seuil, 1983-85.『時間と物語』Ⅰ、Ⅱ、Ⅲ、新曜社、一九八七–九〇年。

(18) P.Ricœur, *Soi-même comme un autre*, Seuil, 1900.『他者のような自己自身』久米博訳、法政大学出版局、一九九六年。

(19) P.Ricœur, *Du texte à l'action.Essais d'herméneutique II*, Seuil, 1986.『解釈の革新』久米、清水、久重訳、白水社、一九七八年。

(20) P.Ricœur, *Parcours de la reconnaissance*, Stock, 2004.『承認の行程』川崎惣一訳、法政大学出版局、二〇〇六年。

◉第一部

第一章

(1) P.Ricœur, <Etude phénoménologique de l'attention et de ses connexions philosophiques>, in *Le Bulletin du Cercle philosophique de l'Ouest*,1940, p.1-28, repris in *Paul Ricœur, Anthropologie philosophique*, op. cit., p.51.

(2) ibid., p.70.

(3) ibid., p.73.

(4) ibid., p.77.

(5) ibid., p.77.

(6) ibid., p.89.
(7) cf.P.Ricœur, *La critique et la conviction. Entretiens avec François Azouvi et Marc de Launay*, Calmann-Lévy, 1995, p.46-47.
(8) P・リクール『意志的なものと非意志的なもの』I、前掲書、一九頁。
(9) 同書、一八頁。
(10) 同書、二八頁。
(11) 同書、二九頁。
(12) 同書、二七頁。
(13) 同書、三〇三頁。

第二章

(1) P・リクール『人間　この過ちやすきもの』前掲書、一二頁。
(2) 同書、二四頁。
(3) パスカル『パンセ』(パスカル全集三) 松浪信三郎訳、白水社、一九五七年、七二頁。
(4) 同書、一〇三頁。
(5) カント『純粋理性批判』篠田英雄訳、岩波書店、一九六五年、二一五頁。
(6) P・リクール『人間　この過ちやすきもの』前掲書、一二五頁。
(7) Homo simplex in vitalitate,duplex in humanitate.

第三章

(1) P・リクール『悪のシンボリズム』前掲書。一四頁。
(2) 同書、「象徴の基準」四六－七二頁参照。

（3）同書、「穢れのシンボリズム」六一－七二頁参照。
（4）同書、「怖れ」七四－九〇頁参照。
（5）同書、「罪」八六－九〇頁参照。
（6）同書、「神の前」九二－九八頁参照。
（7）同書、「神の怒り」一一五－一二七頁参照。
（8）同書、「罪のシンボリズム」一二九－一三六頁参照。
（9）同書、「罪のシンボリズム」一四二－一四六頁参照。
（10）同書、「罪のシンボリズム」一五七－一六四頁参照。
（11）同書、「罪のシンボリズム」一六八－一七六頁参照。
（12）同書、「罪過」一八二－一九七頁参照。
（13）同書、「罪過」一九八－二一二頁参照。
（14）同書、「罪過」二一五－二四六頁参照。
（15）同書、「罪過」二五二－二八三頁参照。

第四章

（1）P.Ricœur, <Structure et herméneutique>, in *Le conflit des interprétations*, op.cit., p.55.
（2）cf.Claude Lévi-Strausse, <Réponses à quelques questions>, in *Esprit*, nov.1963, p.636-637.
（3）P・リクール『悪の神話』前掲書、一〇－一二頁参照。
（4）同書、「神話とグノーシス」一四－一七頁参照。
（5）同書、「悪の起源」二七－三一頁参照。
（6）同書、「原初の混沌」三四－五二頁参照。
（7）同書、「創造ドラマ」六〇－六八頁参照。

(8) 同書、「創造ドラマ」七二－八七頁参照。
(9) 同書、「創造ドラマ」八七－九一頁参照。
(10) 同書、「邪悪な神」九四－九七頁参照。
(11) 同書、「前悲劇的テーマ」九八－一〇四頁参照。
(12) 同書、「悲劇の結び目」一〇七－一二〇頁参照。
(13) 同書、「悲劇的なもの」一二三－一三〇頁参照。
(14) 同書、「アダム神話」一三四－一四九頁参照。
(15) 同書、「神話の構造」一五二－一六三頁参照。
(16) 同書、「誘惑のドラマ」一六八－一七九頁参照。
(17) 同書、「義認と終末論的象徴」一八一－二〇五頁参照。
(18) 同書、「流刑にされた魂の神話」二一二－二一七頁参照。
(19) 同書、「古代の神話」二一九頁参照。
(20) 同書、「最終の神話」二三一－二四三頁参照。
(21) 同書、「神話のサイクル」二六〇－二六七頁参照。
(22) 同書、「悲劇性の再肯定」二六八－二九二頁参照。
(23) 同書、「カオスの神話」二九五－三〇〇頁参照。
(24) 同書、「アダム神話」三〇一－三二五頁参照。
(25) 同書、「堕罪神話」三二五－三二六頁参照。
(26) cf.P.Ricœur, <Préface à Bultmann>, in *Le conflit des interprétations*, op.cit., p.380-392.

◉第二部

第一章

（1）Antoine Vergote, <L'intérêt philosophique de la psychanalyse freudienne>, in *Archives de philosophie*, t.xxi, janvier-mars, 1958.
（2）cf.F.Dosse, *Paul Ricœur. Les sens d'une vie (1913—2005)*, La Découverte, p.290-291.
（3）P.Ricœur, <Le conscient et l'inconscient>, in *Le conflit...*, op.cit., p.161.
（4）P・リクール『フロイトを読む』前掲書、四六六－四六九頁参照。
（5）同書、四八五頁。
（6）P.Ricœur, l'article cité, p.107-110.
（7）cf.P.Ricœur, <La question de la preuve en psychanalyse>, in *Autour de la psychanalyse*, Seuil, 2008,p.19-71.
（8）P・リクール『フロイトを読む』前掲書、「夢の作業」九八－一一〇頁参照。
（9）同書、「夢の類比」一七四－一七八頁参照。
（10）同書、「芸術作品の類比」一七八－一九二頁参照。
（11）同書、「夢幻的なもの」一九五－二二四頁参照。
（12）同書、「幻想と欲望の戦略」二五四－二七四頁参照。
（13）同書、「問い」三四一－三四四頁参照。
（14）同書、「認識論的訴訟」三八一－四〇八頁参照。
（15）同書、「現象学的アプローチ」四〇八－四二七頁参照。
（16）同書、「フロイトと主体の問題」四六五－四七四頁参照。
（17）同書、「始源論と目的論の弁証法」五〇九－五二二頁参照。
（18）同書、「潜在的目的論」五二三－五四三頁参照。
（19）Robert Steele, *Freud and Jung : Conflicts of Interpretations*, R.K.P, 1982,『フロイトとユング』（上）久米博、下田節夫訳、紀伊国屋書店、一九八六年、二二七頁。

(20) 同書、二五頁。
(21) P.Ricœur, <Le récit : sa place en psychanalyse>, in *Autour de la psychanalyse*, op.cit.
(22) ibid., p.280-281.
(23) ibid., p.281-282.
(24) ibid., p.282-284.
(25) ibid., p.284-287.
(26) ibid., p.288-289.

第二章

(1) P.Ricœur, <Le récit:sa place en psychanalyse>, op.cit., p.280.
(2) P・リクール「ことばと象徴」、『解釈の革新』前掲書所収、一一三－一一四頁参照。
(3) P.Rocœur, <Méthode et tâches d'une phénoménologie de la volonté>, in *A l'école de la phénoménologie*, Vrin, 1986, p.60.
(4) P.Ricœur, <Existence et herméneituque>, in *Le conflit des interprétations*, op.cit., p.10.
(5) P.Ricœur, <L'acte et le signe selon Jean Nabert>, in *Le conflit des interprétations*, op.cit., p.220-221.
(6) P.Ricœur, <Structure et herméneutique>, in *Le conflit des interprétations*, op.cit., p.36-55.
(7) P・リクール「哲学と言語」、久米博訳、『思想』一九七八年一月号、三九－四〇頁。
(8) P.Ricœur, <La structure, le mot, l'événement>, in *Le conflit des interprétations*, op.cit., p.80.
(9) ibid., p.87.
(10) Emile Benvéniste, <La nature des prénoms>, in *Problèmes de linguistique générale*, Gallimard, 1971, p.251.
(11) P.Ricœur, <Evénement et sens dans le discours>, in M. Philibert, *Paul Ricœur*, Seghers, 1971, p.179.
(12) André Malet, *Mythes et logos. la pensée de Rudolf Bultmann*, lettre préface de Paul Ricœur, 1962.

(13) P.Ricœur, <Préface à Bultmann,>op.cit

(14) ibid. p.23.

(15) P.Ricœur, <La tâche de l'herméneutique :en venant de Schleiermacher et de Dilthey>, in *Du texte à l'action.*
『解釈の革新』、前掲書、四三頁。

(16) 同書、「W・ディルタイ」一五二頁。

(17) 同書、「M・ハイデガー」一六二頁。

(18) 同書、「M・ハイデガー」一六四頁。

(19) 同書、「H・G・ガダマー」一六八－一七〇頁参照。

(20) 同書、「H・G・ガダマー」一七一－一七四頁参照。

(21) P・リクール「疎隔の解釈学的機能」、前掲書、二三四頁。

(22) 同書、「ディスクール」一七七－一八二頁参照。

(23) 同書、「作品としてのディスクール」一八三－一八七頁参照。

(24) 同書、「発話と文字言語」一八八－一八九頁参照。

(25) 同書、「テクスト世界」一九〇－一九三頁参照。

(26) 同書、「作品の前での自己理解」一九四－一九七頁参照。

(27) P・リクール「説明と理解」、前掲書、二二三－二二七頁参照。

(28) P・リクール「著者まえがき」、前掲書、八頁。

(29) 同書、「行動理論」二一七－二三六頁参照。

(30) 同書、「歴史学理論」三七－四四頁参照。

第三章

(1) P・リクール『時間と物語I』、前掲書、七頁。

(2) P・リクール『生きた隠喩』、前掲書、五頁。
(3) 同書、「隠喩と意味論」一五四－一六八頁参照。
(4) 同書、「文藝批評と意味論」二〇四－二一二頁参照。
(5) 同書、「類似のための作業」二四一－二五三頁参照。
(6) 同書、「イコンとイメージ」二六一－二七六頁参照。
(7) E・フッサール『イデーンI－II』渡辺二郎訳、みすず書房、一九八四年、二二一－二四頁。
(8) 同書、二六頁。
(9) ロマーン・ヤコブソン「言語学と詩学」、『一般言語学』所収、みすず書房、一九七三年、一九四頁。
(10) P・リクール『生きた隠喩』前掲書、三〇〇頁。
(11) 同書、「隠喩的真理」三二五－三二九頁参照。
(12) 同書、「メタフォリクとメタフィジク」三五二－三六〇頁参照。
(13) 同書、「メタフォリクとメタフィジク」三七三－三七八頁参照。
(14) 同書、「隠喩と哲学的言述」三五六頁。
(15) 同書、「対象指示の公準」四〇五頁。
(16) P・リクール『時間と物語I』、前掲書、五九－六二頁参照。
(17) 同書、「ミュトスとミメーシス」六二－六七頁参照。
(18) 同書、「筋－調和のモデル」六七－七四頁参照。
(19) 同書、「時間と物語」九九－一二八頁参照。
(20) 同書、「ミメーシスの循環」一二九－一三五頁参照。
(21) 同書、「三重のミメーシス」九九頁。
(22) 同書、「物語られる時間」一四五－一五二頁参照。
(23) 同書、「時間経験のアポリア」七－三三頁参照。

(24) 同書、「日本語版への序文」四頁。
(25) 同書、「出来事の衰退」一六六―一八八頁参照。
(26) 同書、「理解の衰退」一八八―二二六頁参照。
(27) 同書、「物語派の議論」二四四―二七二頁参照。
(28) 同書、「筋立てによる説明」二七二―二八三頁参照。
(29) 同書、「歴史をどう書くか」二八三―二九二頁参照。
(30) 同書、「歴史の志向性」三一一―三一五頁参照。
(31) 同書、「個別的因果帰属」三一六―三四九頁参照。
(32) P・リクール『時間と物語Ⅲ』。前掲書、「物語的自己同一性」四四五―四五三頁参照。
(33) P・リクール『他者のような自己自身』、前掲書、一八一頁。
(34) 同書、「人格的自己同一性」一四九―一六〇頁参照。
(35) 同書、「人格的自己同一性の逆説」一六二頁。
(36) 同書、「人格的自己同一性の問題」一六二―一六六頁参照。
(37) 同書、「人格的自己同一性の問題」一四九―一五三頁参照。
(38) 同書、「人格的自己同一性の問題」一五三―一五八頁参照。
(39) 同書、「人格的自己同一性の問題」一五九―一六〇頁参照。

◉第三部

第一章

(1) Martial Guéroult, *Descartes selon l'ordre des raisons*, Aubier-Montaigne, 1953.
(2) P・リクール『他者のような自己自身』、前掲書、一一頁。
(3) 同書、「自己性の問題」六―一二頁参照。

(4) ニーチェ「道徳外の意味における真理と虚偽」、『ニーチェ全集』第四巻、西尾幹二他訳、白水社、一九八九年、四六七－四八七頁参照。

(5) P・リクール『他者のような自己自身』、「自己の解釈学をめざして」二〇頁。

(6) 同書、「自己と倫理的目標」二四八頁。

(7) Paul Ricœur, <Individu et identité personnelle>, in *Sur l'individu*, Seuil, 1987, p.54-72.

(8) Peter Strawson, *Individuals*, Methuen & Co., 1957.『個体と主語』中村秀吉訳、みすず書房、一九七八年。

(9) P・リクール『他者のような自己自身』、「人物という原始的概念」四八頁。

(10) François Récanati, *La transparence et énonciation*, Seuil, 1979.『ことばの運命――現代記号論序説』菅野盾樹訳、新曜社、一九八二年。

(11) J.L.Austin, *How to do Things with Words*, Harvard U.P., 1962.『言語行為』坂本百大訳、勁草書房、一九七八年。

(12) P・リクール『他者のような自己自身』、「言表行為の主体」六四頁。

(13) 同書、「言表行為の主体」六四－六八頁参照。

(14) 同書、「言語哲学の二つの道の結合」六八－七二頁参照。

(15) E.Anscomb, *Intention*, Basic Blackwell, 1979.『インテンション』菅豊彦訳、産業図書、一九八四年。

(16) P・リクール『他者のような自己自身』、「意図の概念的分析」九〇－九八頁参照。

(17) D.Davidson, *Essays on Actions and Events*, Clarendon Press, 1980.

(18) P・リクール『他者のような自己自身』、「行動の意味論」一〇五－一一四頁参照。

(19) 同書、「古い問題と新しい問題」一一七－一二四頁参照。

(20) H.L.A.Hart, <The Ascription of Responsibility and Rights>, in *Proceedings of the Aristotelian Society*, No.49, 1948, p.171-194.

(21) P・リクール『他者のような自己自身』、「帰属のアポリア」一二五－一三二頁参照。

(22) 同書、「帰属のアポリア」一三二―一四六頁参照。

(23) A.J.Greimas, *Maupassant:la sémiotique du texte, exercices pratiques*, *Seuil*, 1976.

行為項モデル

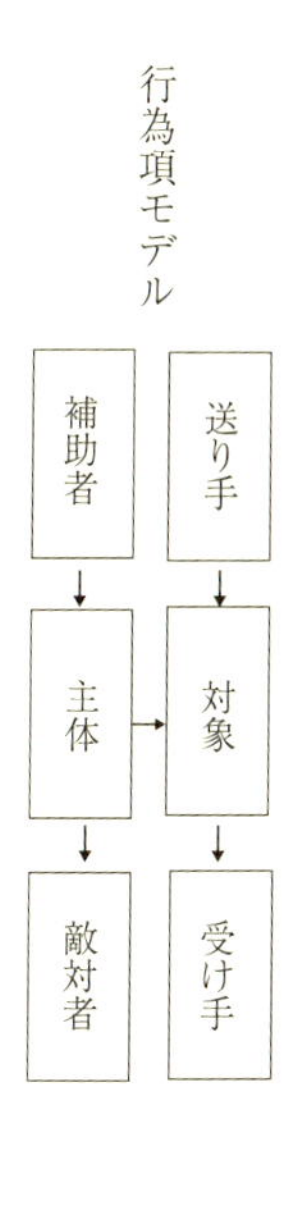

(24) P・リクール『他者のような自己自身』「物語ること」一九六―二〇三頁参照。

(25) 同書、「物語ること」二〇五頁。

(26) 同書、「物語の倫理的含意」二一一―二一三頁参照。

(27) 同書、「物語の倫理的含意」二一三―二一七頁参照。

(28) 同書、「自己と倫理的目標」二二〇―二二一頁参照。

(29) 同書、「他者とともに、他者のために」二三三頁。

(30) 同書、「他者とともに、他者のために」二三三―二三四頁参照。

(31) 同書、「他者とともに、他者のために」二四六―二四八頁参照。

(32) 同書、「正しい制度において」二四八―二五三頁参照。

(33) 同書、「正しい制度において」二五三―二五七頁参照。

(34) 同書、「正しい制度において」二五七頁。

第二章

(1) P・リクール『他者のような自己自身』、「自己性と存在論」三八一―三八二頁参照。

(2) 同書、「証しの存在論的拘束」三七〇－三七四頁参照。
(3) 同書「自己性と存在論」三七五－三七九頁参照。
(4) 同書、三八〇頁。
(5) 同書、「自己性と存在論」三八八－三九〇頁参照。
(6) 同書、「自己性と他者性」三九〇－三九三頁参照。
(7) 同書、「自己の身体または肉体」三九五－三九六頁参照。
(8) 同書、「自己の身体または肉体」三九七－四〇二頁参照。
(9) 同書、四〇二頁。
(10) Emmanuel Lévinas, *Totalité et Infini. Essai sur l'extériorité*, Nijhof, 1984, p.21.
(11) E.Lévinas, *Autrement qu'être ou au-delà de l'essence*, Kluwer Academie Publishers, 1980, p.172.
(12) E.Lévinas, <Discussion d'ensemble>, in P.Ricœur et al., *La révélation*, Publications universitires Saint-Louis, 1977, p.212.
(13) P・リクール『他者のような自己自身』、「他人の他者性」四一三－四二〇頁参照。
(14) 同書、「良心」四二二－四二三頁参照。
(15) 同書、「良心」四二八－四三四頁参照。
(16) 同書、「他人の他者性」四一三頁。
(17) 同書、「良心」四三六頁。
(18) 同書、「良心」四三六頁。

第三章

(1) P・リクール『承認の行程』前掲書、「序論」一六－三〇頁参照。
(2) 同書、「自己自身を再認すること」一〇一－一一一頁参照。

(3) 同書、一一七頁。
(4) 同書、「能力ある人の現象学」一三四－一三六頁参照。
(5) 同書、「言うことができる」一三八－一四一頁参照。
(6) 同書、「為すことができる」一四一－一四五頁参照。
(7) 同書、「語ることができる」一四五－一五一頁参照。
(8) 同書、「帰責性」一五一－一五六頁参照。
(9) P.Ricœur, <Autonomie et vulnérabilité>, in *Le Juste 2*, Ed.Esprit, 2001.「自律と傷つきやすさ」久米博訳、『道徳から応用倫理へ——公正の探求2』所収、法政大学出版局、二〇一三年。
(10) 同書、八四頁参照。
(11) 同書、八九頁参照。
(12) 同書、九〇－九四頁参照。
(13) 同書、九五－一〇三頁参照。
(14) P.Ricœur, <La souffrance n'est pas la douleur>, in C.Marin et N.Zaccai-Reyners dir., *Souffrance et douleur: Autour de Paul Ricœur*, PUF, 2013.
(15) ibid., p.14.
(16) ibid., p.16.
(17) ibid., p.16-19.
(18) ibid., p.20.
(19) ibid., p.20-21.
(20) ibid., p.21-25.
(21) ibid., p.30-33.
(22) P.Ricœur, <Le destinataire de la religion :L'homme capable>, in *Anthropologie philosophique*, op.cit.p.415-

443.

(23) ibid., p.418.

(24) P.Ricœur, <Une herméneutique de la religion :Kant>, in *Lectures 3*, Seuil, 1994.「宗教の解釈学―カント」、『愛と正義――ポール・リクール聖書論集2』久米博訳、新教出版社、二〇一四年。

(25) カント『たんなる理性の限界内の宗教』北岡誠司訳、岩波書店、二〇〇〇年、三四―三七頁参照。

(26) 同書、三七―五一頁参照。

(27) 同書、六七―七一頁参照。

(28) 同書、八一頁。

(29) P.RIcœur, art. cité p.432-433.

(30) ibid., P.442.

第四章

(1) P.Ricœur, *La Mémoire,l'Histoire, l'Oubli*, Seuil, 2000,『記憶・歴史・忘却』(上) 久米博訳、新曜社、二〇〇四年、二一七―二二〇頁参照。

(2) 同書、「歴史家の表象」三六七―三七二頁参照。

(3) 同書、「心性史の昇格」二九五―三〇九頁参照。

(4) 同書、「尺度の変更」三三一―三四二頁参照。

(5) 同書、「表象の弁証法」三四二―三四九頁、四六三―四一〇頁参照。

(6) P・リクール『時間と物語Ⅲ』前掲書、一八三頁。

(7) P・リクール『記憶・歴史・忘却』(上)、「代理表出」四一七―四一九頁、四四〇―四四二頁参照。

(8) P・リクール『時間と物語Ⅲ』、「古文書、史料、痕跡」二一九―二二〇頁参照。

(9) 同書、「歴史的過去の実在性」二五三―二五五頁参照。

(10) 同書、「同のしるしのもとで」二五六－二六一頁参照。
(11) 同書、「他のしるしのもとで」二六一－二六七頁参照。
(12) 同書、「類似のしるしのもとで」二六七－二七五頁参照。
(13) P・リクール『記憶・歴史・忘却』、「歴史家の表象」三九一－三九三頁参照。
(14) 同書、「歴史家の表象」三九三－三九五頁参照。
(15) 同書、「歴史家の表象」三九五－三九九頁参照。
(16) P・リクール『承認の行程』前掲書、「序論」二四－三二頁参照。
(17) 同書、「デカルト―真を偽から区別する」四六－五二頁参照。
(18) 同書、「カント―時間の条件の下で関係づける」五六－六七頁参照。
(19) 同書、「カント……」七二－七七頁参照。
(20) 同書、「表象の没落」八一－八四頁参照。
(21) 同書、「表象の没落」八四－八五頁参照。
(22) 同書、「表象の没落」八六－八七頁参照。
(23) 同書、「誤認の試練にかけられる再認」九五－九六頁参照。
(24) 同書、「誤認の試練にかけられる再認」九六－九七頁参照。

第五章

(1) P・リクール『記憶・歴史・忘却』前掲書、「アリストテレス」五二頁。
(2) 同書、「個人的記憶、集合的記憶」一八七頁。
(3) 同書、「内的視線の伝統―アウグスティヌス」一六一－一六七頁参照。
(4) 同書、「記憶力と想像力」九三－九五頁参照。
(5) Henri Bergson, *Matière et Mémoire*, in *Œuvres*, éd.centenaire, PUF, 1963, p.234.

(6) ibid., p.235.

(7) Henri Bergson, <Effort intellectuel>, in *L'énergie spirituelle*, op.cit., p.234.

(8) P・リクール『承認の行程』前掲書、「記憶と約束」一七九－一八〇頁参照。

(9) P・リクール『記憶・歴史・忘却』（下）前掲書、「忘却」一九九頁。

(10) プルースト『失われた時を求めて』の引用の訳は鈴木道彦全訳（集英社版）による。

(11) P・リクール「疎隔の解釈学的機能」、『解釈の革新』前掲書一九四－一九七頁参照。

(12) P・リクール『承認の行程』二三五頁。

(13) 同書、「ホッブズの挑戦」二三六－二四六頁参照。

(14) 同書、「イエナ期ヘーゲル―承認」三六〇－三六二頁参照。

(15) 同書、「概念から見た精神」二六二－二六六頁参照。

(16) 同書、「国家体制」二六六－二六八頁参照。

(17) Axel Honnet, *Kampf um Anerkennung, Zur moralischen Grammatik sozialer Konflikt, Mit einen Nachwort,* Suhrkampf Verlag, 2003.『承認をめぐる闘争――社会的コンフリクトの道徳的文法』（増補版）山本啓、直江清隆訳、法政大学出版局、二〇一四年。

(18) 同書、一二八頁。

(19) 同書、一四五頁。

(20) P・リクール『承認の行程』「社会的評価」二八九－二九〇頁参照。

(21) Luc Boltanski, Laurent Thévenot, *De la justification. Les économies de la grandeur*, Gallimard, 1996.

(22) P・リクール『承認の行程』「多文化主義」三〇六－三〇九頁参照。

(23) 同書、「二つの平和状態――アガペー」三一七－三二二頁参照。

(24) P.Ricœur, *Amour et Justice*, J C B Mohr, 1990, rééd.Editions Point, 2008.「愛と正義」久米博訳、『愛と正義』前掲書所収。

(25) Luc Boltanski, *L'Amour et la Justice comme complétude*, Métaillé, 1990.

(26) Marcel Mausse, *Essai sur le don.Formes et raison de l'échange dans les sociétés archaïques*, in *L'Année sociologique, seconde série,1923-19.* モース『贈与論——太古の社会における交換の諸形態と契機』有地、伊藤、山口訳、弘文堂、一九七三年。

(27) 同書、二二三頁。

(28) Claude Lefort,<L'échange et la lutte des hommes>, in *Les Formes de l'histoire*, Gallimard, 1951.

(29) Mark Rogin Anspach, *A charge de revanche, Figures élémentaires de la réciprocité*, Seuil, 2002.

(30) Jean-Pierre Dupuy, *Aux origines de la réciprocité*, La Découverte, 1994.

(31) P・リクール『承認の行程』「贈与とお返し」三三〇－三三二頁参照。

(32) Marcel Henaff, *Le prix de la vérité. Le don, l'argent, la philosophie*, Seuil, 2002.

(33) P・リクール『承認の行程』「互恵的承認」三三三－三三七頁参照。

(34) Nathalie Zemon-Davis, *Essai sur le don dans la France du XVIe siècle*, Seuil, 2003.

(35) P・リクール『承認の行程』「互恵的承認」三三八－三四三頁参照。

(36) 同書、三四六頁。

書誌

ポール・リクールの主要著書

1947年 *Karl Jaspers et la philosophie de l'existence*(avec Mikel Dufrenne), Seuil.

1948年 *Gabriel Marcel et Karl Jaspers,philosophie de mystère et philosophie de paradoxe.*Seuil.

1950年 *Idées directrices pour une phénoménologie,Edmund Husserl*,traduction et présentation,Gallimard.

1950年 *Philosophie de la volonté 1 Le volontaire et l'involontaire*,Aubier, rééd.Seuil,2009.『意志的なものと非意志的なもの』紀伊国屋書店、「Ⅰ決意すること」滝浦静雄、箱石匡行、竹内修身訳、一九九三年。「Ⅱ行動すること」滝浦静雄、竹内修身、中村文郎訳、一九九五年。「Ⅲ同意すること」滝浦静雄、中村文郎、竹内修身訳、一九九五年。

1954年 *Essence et substance chez Platon et Aristote*,Sedes,rééd.Seuil,2009.

1960年 *Philosophie de la volonté 2, Finitude et culpabilité 1,L'homme faillible*, Aubier,rééd.Seuil.『人間　この過ちやすきもの』、以文社、久重忠夫訳、一九七八年。

1960年 *Philosophie de la volonté 2, Finitude et culpabilité 2,La symbolique du mal*,Aubier,rééd.Seuil.『悪のシンボリズム』、渓声社、植島啓司、佐々木陽太郎訳、一九七七年。『悪の神話』、渓声社、一戸とおる、佐々木陽太郎、竹沢尚一郎訳、一九八〇年。

1955／1964年 *Histoire et Vérité*,Seuil.

1965年 *De l'interprétation,essai sur Freud*.Seuil.『フロイトを読む——解釈学試論』、新曜社、久米博訳、一九八二年。

1969年 *Le conflit des interprétations.Essai d'herméneutique I*,Seuil.

1975年 *La métaphore vive*,Seuil.『生きた隠喩』、岩波書店、久米博訳、一九八四年。

1983年 *Temps et Récit*,t.1 L'intrigue et le récit historique,Seuil.『時間と物語Ⅰ』、新曜社、久米博訳、一九八七年。

1985年 *Temps et Récit*,t.2 La configuration du temps dans le récit de fiction, Seuil.『時間と物語Ⅱ』、新曜社、久米博訳、一九八八年。

1985年 *Temps et Récit*,t.3 Le temps raconté,Seuil.『時間と物語Ⅲ』、新曜社、久米博訳、一九九〇年。

1986年 *Du texte à l'action.Essai d'herméneutique II*,Seuil.『解釈の革新』、白水社、久米博、清水誠、久重忠夫訳、一九七八年。

1986年 *A l'école de la phénoménologie*,Vrin.

1986年 *Le Mal, un défi à la philosophie et à la théologie*,Labor et Fides.『物語神学へ』、新教出版社、久米博、小野文、小林玲子訳、二〇〇八年。

1990年 *Soi-même comme un autre*,Seuil.『他者のような自己自身』、法政大学出版局、久米博訳、一九九六年。

1990年 *Amour et Justice*,Mohr,rééd.Seuil,2008.

1991年 *Lectures 1,Autour du poliique*,Seuil.『レクチュール——政治的なものをめぐって』、みすず書房、合田正人訳、二〇〇九年。

1992年 *Lectures 2,La contrée des philosophes*,Seuil.

1994年 *Lectures 3,Aux frontières de la philosophie*,Seuil.

1995年 *Réflexion faite*,Esprit.

1995年 *La critique et la conviction* (entretiens),Calmann-Lévy.

1995年 *Le juste*,Esprit.『公正の探求1——正義をこえて』、法政大学出版局、久米博訳、二〇〇七年。

１９９５年 *Figuring the sacred*,Fortress Press.『リクール聖書解釈学』、ヨルダン社、久米博、佐々木啓訳、一九九五年。
１９９７年 *Idéologie et utopie*,Seuil.『イデオロギーとユートピア』、新曜社、川崎惣一訳、二〇一一年。
１９９７年 Autrement,lecture d'Autrement qu'être d'Emmanuel Levinas,PUF.『別様に』、現代思潮社、関根小織訳、二〇一二年。
１９９８年 *La nature et la règle,ce qui nous fait penser* (avec Jean-Pierre Changeux). Odile Jacob.『脳と心』、みすず書房、合田正人、三浦直希訳、二〇〇八年。
１９９８年 *Penser la Bible* (avec André LaCocque),Seuil.
２０００年 *Mémoire,Histoire,Oubli*,Seuil.『記憶・歴史・忘却　上』、新曜社、久米博訳、二〇〇四年。『記憶・歴史・忘却　下』、新曜社、久米博訳、二〇〇五年。
２００１年 *Le juste 2*,Esprit.『公正の探求２』、法政大学出版局、久米博、越門勝彦訳、二〇一三年。
２００４年 *Sur la traduction*,Seuil.
２００４年 *Parcours de la reconnaissance*,Seuil.『承認の行程』、法政大学出版局、川崎惣一訳、二〇〇六年。
２００７年 *Vivant jusqu'à la mort,suivi de Fragments*,Seuil.『死まで生き生きと――死と復活についての省察と断章』、新教出版社、久米博、二〇〇九年。
２００８年 *Amour et Justice*,Editions Points.『愛と正義』、新教出版社、小野文、久米博、小林玲子訳、二〇一五年。
２００８年 *Ecrits et Conférences 1.Autour de la psychanalyse*.Seuil.
２０１０年 *Ecrits et Conféences 2,Herméneutique*.Seuil.
２０１３年 *Ecrits et Conférences 3,Anthropologie philosophique*,Seuil.

ポール・リクールについての主要著書

ABEL Olivier,*Paul Ricœur.La Promesse et la règle*,Michalon,1996.

ABEL Olivier,et al.,*La juste mémoie.Lectures autour de Paul Ricœur*,Labor et Fides,2006.

ABEL Olivier,POREE Jérôme,*Le vocabulaire de Paul Ricœur*,Ellipses,2009.

AMALRIC Jean-Luc,*Ricœur,Derrida.L'enjeu de la métaphore*,PUF,2006.

AZOUVI François,REVAUD D'ALLONNES Myriam dir.,*Paul Ricœur*,Cahiers de l'Herne,2004.

AMHERDT François-Xavier,*L'herméneutique philosophique de Paul Rcœur et son importance pour l'exégèse biblique*,Ed. du Cerf,2004.

BOCHET Isabelle,*Augustin dans la pensée de Paul Rcœur*,Editions facultés jésuites de Paris,2004.

BOUCHINDHOMME Chiristian,et al. dir., *«Temps et Récit » de Paul Rcœur en débat*, Cerf,1990.

BUHLER,Pierre et FREY,Daniel dir.,*Paul Ricœur :un philosophe lit la Bible*,Labor et Fides,2011.

«Paul Ricœur,interprétation et reconnaissance»,*Cités*,No 33,2008.

DELACROIX Christian,DOSSE François,GARCIA Patrick dir.,*Paul Ricœur et les sciences sociales*,La Découverte,2007.

DOSSE François,*Paul Ricœur,les sens d'une vie*,La Découverte,2008.

DOSSE François,*Paul Ricœur.Un philosophe dans son siècle*,Armand Colin,2012.

DOSSE François,*Paul Ricœur,Michel de Certeau :entre le dire et le faire*,Ed. de L'Herne,2006.

DOSSE François,GOLDENSTEIN Catherine dir.,*Penser la mémoire avec Paul Ricœur*,Seuil, 2013.

« Paul Ricœur»,*Esprit*,No 7-8,1988.

«La Pensée Paul Ricœur»,*Esprit*,No 3-4,2006.

FIASSE Gaël dir.,*Paul Ricœur:de l'homme coupable à l'homme capable*,PUF,2008.

FOESSEL Michaël,LAMOUCHE Fabien,*Paul Ricœur.Anthologie*,Seuil,2007.
GREISCH Jean,*Paul Ricœur.L'itinérance du sens*,Ed. J. Millon,2001.
GREISCH Jean,KEARNEY Richard dir.,*Paul Ricœur.Les Métamorphoses de la raison herméneutique* (actes de la décade de Cerisy-la-Salle 1988),Cerf,1991.
KEARNEY Richard dir.,*Paul Ricœur.The Hermeneutics of Action*,SAGE Publications,1996.
KEMP Peter,*Sagesse pratique de Paul Ricœur.Huit études*,Ed. du Sandre,2010.
« Paul Ricœur:une anthropologie philosophique»,*Le Poétique*,No 26,2010.
MICHEL Johann,*Paul Ricœur,une philosophie de l'agir humain*,Cerf,2006.
MICHEL,Johann,*Ricœur et ses contemporains*,PUF,2012.
MONGIN Olivier,*Paul Ricœur*,Seuil,1994. 『ポール・リクールの哲学——行動の存在論』、新曜社、久米博訳、二〇〇〇年。
MULLER Bertrand dir.,*L'histoire entre mémoire et épistémologie.Autour de Paul Ricœur*,Ed. Payot,2005.
MONTEIL,Pierre-Olivier,*Ricœur politique*,Presses Universitaires de Rennes,2013.
PHILIBERT Michel,*Paul Ricœur ou la liberté selon l'espérance*,Seghers,1971.
POREE Jérôme,VINCENT Gilbert dir.,*Répliquer au mal :symbole et justice dans l'oeuvre de Paul Ricœur*,Presses Universitaires de Rennes,2006.
POREE Jérôme,VINCENT Gilbert dir.,*Paul Ricœur.La pensée en dialogue*,Presses Univrsitaires de Rennes,2010.
REAGAN Charles E,*Paul Ricœur.His Life and His Work*,University of Chicago Press, 1996.
« L'homme capable.Autour de Paul Ricœur»,*Rue Descartes*,PUF,2006.
SILVER Dan R,*Theology After Ricœur :New Direction in Hermeneutical Theology*, Westminster John Knox,2001.
THOMASSET Alain,*Paul Ricœur.Une poétique de la morale*,Lewven University Press, 1996.
VINCENT Gilbert,*La religion de Ricœur*,Ed. de l'Atelier,2008.

VALLIC Marie-Antoine,*Le sujet herméneutique.Etude sur la pensée de Paul Ricœur*, Ed. universitaires européennes,2010.

川口茂雄『表象とアルシーヴの解釈学――リクールと『記憶、歴史、忘却』』、京都大学学術出版会、二〇一二年。

久米博『象徴の解釈学――リクール哲学の構成と展開』、新曜社、一九七八年。

久米博『テクスト世界の解釈学――ポール・リクールを読む』、新曜社、二〇一二年。

杉村靖彦『ポール・リクールの哲学――意味の探索』、創文社、一九九八年。

巻田悦郎『リクールのテクスト解釈学』、晃洋書房、一九九七年。

あとがき

二〇一四年の春、前田耕作氏の『パラムナード――知の痕跡を求めて』の出版記念会に出席した折、その出版元せりか書房の船橋純一郎氏から、リクールについて書いてみないか、という提案をいただいた。同書房との私のつきあいは長い。これまでミルチャ・エリアーデ、ジョルジュ・ギュルスドルフ、ロジェ・カイヨワなどの翻訳を出していただいたが、そのつながりは、留学先で知り合った岸田秀氏を介してであった。一九六八年にせりか書房初代編集長、久保覚氏が立ち上げた「現象学研究会」は日本の〝現象学運動〟の魁とも言うべく、そこを拠点に俊秀たちが巣立っていった。折からフランスでは〝五月革命〟直後で、ポスト構造主義時代に入り、かの地から多様な思潮の波が次々と押し寄せてきた。それは一九七〇年代以降のせりか書房の出版書のタイトルにはっきり反映している。前田氏の出版記念会は私に当時の記憶をよみがえらせてくれた。

リクール研究書というより、平易な概説書風にという要望であったのに、出来上がったのは、前著『テクスト世界の解釈学――ポール・リクールを読む』（新曜社）の姉妹編のようなものになってしまった。ただし続篇ではなく、これだけで完結している。両著に共通しているのは、リクールの第一作から、九一歳で上梓した最後の著作までを扱い、彼の哲学の展開の全過程をたどっていくことである。というのも、つねに同時代の思想と対決し、対話し続けてきた彼の思索の行程は、ある意味で、二十世紀後半の〈小フランス哲学史〉とみなせると考えられるからである。

ここで私事にわたることを許していただきたい。一九六五年に留学したストラスブール大学プロテスタント神学部大学院で、論文指導教授面接の際、神話研究をしたいと申し出ると、マルク・フィロネンコ教授が挙げた参考書の一つに、五年前に出版されたばかりのリクールの『悪の象徴論』があった。それがリクールとの最初の出会いである。早速買い求め、私はその中のアダム神話の解釈を読んで、意味を創造する解釈というものを教えられた。そしてその神話解釈の方法にならって、博士論文「古代日本人における罪の観念――日本神話解釈試論」を書きあげ、審査後に一部をパリ大学のリクール教授に献呈した。

一九七七年九月リクール教授が日仏哲学会の招きで、フランス政府文化使節として来日された折に、私ははじめてお目にかかった。そして東京大学での彼の講演の通訳を務めた。一九八〇年代後半から、私と妻が二年ごとの学会に出席する機会に、パリ郊外の彼のご自宅やロワール川河口の海岸にある別荘を訪ねるのが恒例になり、それは二〇〇四年まで続いた。ご夫妻の飾ることのないホスピタリティはいつまでも消えない思い出である。二人で散歩の折、「あなたを私の哲学のとりこにしたくない」と言われた。おそらく彼の著書の翻訳、紹介に打ちこんでいる私を思いやっての言葉であっただろう。だが私はあえて〝とりこ〟になろうとした。それまで一介の文学研究者であった私にとり、リクール哲学は西欧思想の本質と伝統に向かって開かれた〈広い門〉

であり、それを通って深く学びたいと願ったからである。それこそ彼の言う「テクストの意味理解を通しての自己理解」ではないだろうか。

最後にリクールが〈祈りの人〉であったことを言い添えたい。彼はキリスト教哲学者と評されるのを嫌い。そのために哲学的著作と神学的著作を峻別したのであるが、毎年別荘から帰京する途次、フランス中部の小さな村にある超教派の修道院「テゼ共同体」に立ち寄り、そこで黙想と祈りの数日を過ごすのであった。そのことを私がテゼを訪れたとき、彼を接待した修道士からうかがった。

このように執筆の機会を与えてくださり、丁寧に校正してくださった船橋純一郎氏に感謝申しあげる。

二〇一六年晩春

久米　博

著者紹介

久米　博（くめ　ひろし）

1932年生まれ。東京大学文学部卒業。東京都立大学大学院人文科学研究科博士課程満期退学。1967年ストラスブール大学プロテスタント神学部大学院修了。同大学宗教学博士。桐朋学園大学教授、立正大学教授を歴任。

主要著書：『象徴の解釈学』『キリスト教』『現代フランス哲学』『テクスト世界の解釈学——ポール・リクールを読む』（以上、新曜社）、『夢の解釈学』（北斗出版）、『隠喩論』（思潮社）。

主要訳書：P・リクール『フロイトを読む』『時間と物語Ⅰ・Ⅱ・Ⅲ』『記憶・歴史・忘却』（以上、新曜社）、同『生きた隠喩』（岩波書店）、同『他者のような自己自身』『正義をこえて』『道徳から応用倫理へ』（以上、法政大学出版局）、同『物語神学へ』『死まで生き生きと』（以上、新教出版社）、同『リクール聖書解釈学』（ヨルダン社）、M・エリアーデ『宗教学概論1‐3』（せりか書房）。

人間学としてのリクール哲学——ミュトス・ロゴス・プラクシス

2016年8月25日　第1刷発行

著　者　久米　博
発行者　船橋純一郎
発行所　株式会社　せりか書房
　　　　〒112-0011　東京都文京区千石1-29-12　深沢ビル
　　　　電話 03-5940-4700　振替 00150-6-143601
　　　　http://www.serica.co.jp
印　刷　中央精版印刷株式会社
装　幀　工藤強勝

ISBN978-4-7967-0355-0

〈事項索引〉

［ア行］

［カ行］

［サ行］

［ナ行］

［ハ行］

［マ行］

［ヤ行］

［ラ行］

［ワ行］

人名索引

［サ行］

［タ行］

［ナ行］

［ハ行］

［マ行］

［ヤ行］

［ラ行］